LES
ODEURS DE PARIS

PARIS

IMPRIMERIE BALITOUT, QUESTROY ET Ce

7, rue Baillif et rue de Valois, 18

LES
ODEURS DE PARIS

PAR

LOUIS VEUILLOT

Deuxième Édition.

PARIS

PALMÉ, ÉDITEUR DES *BOLLANDISTES*

RUE DE GRENELLE-SAINT-GERMAIN, 25

1867

PARIS — ROME

Paris est un emplacement célèbre, sur lequel se forme une ville encore inachevée.

L'on tient que cette ville sera la merveille du monde, le triomphe de la science moderne, matériellement et moralement. Il faut que les habitants y jouissent d'une liberté entière, et demeurent dans le plus grand respect. Pour résoudre ce problème de toute bonne police, on a voulu d'un côté favoriser la circulation des idées, de l'autre assurer la circulation des régiments. Un système d'égouts très-savant, pourvoit à ce double dessein. Les idées qui se trouveraient embarrassées dans les voies ordinaires, ont les journaux, les théâtres, les cafés, et encore d'autres moyens détournés. Quant aux régiments, si la voie était par hasard coupée, ils manœuvreraient aussi bien sous terre, ce qui assure leur avantage. Car les idées de ce temps-ci ne sont pas faites pour tenir tête aux régiments, surtout lorsqu'elles les rencontrent où elles ne les attendaient pas.

Néanmoins, comme il y a aussi beaucoup d'idées dans les égouts, où elles sont attirées par une pente naturelle, et comme rien n'est parfait en ce monde, il ne serait pas impossible, malgré l'abondance des lanternes, qu'un choc eût lieu. L'on pourra voir quelque jour la victoire toute infecte sortir d'un puisard.

Les égouts de Paris méritent qu'il s'y passe quelque chose d'illustre. Des personnes qui ont tout vu disent que ces égouts sont peut-être ce qu'il y a de plus beau dans le monde. La lumière y éclate, la fange y entretient une température douce, on s'y promène en barque, on y chasse aux rats, on y organise des entrevues, et déjà plus d'une dot y fut prise.

Les rues de Paris sont longues et larges, bordées de maisons immenses. Ces longues rues croissent tous les jours en longueur. Plus elles sont larges, moins on y peut passer. Les voitures encombrent la vaste chaussée, les piétons encombrent les vastes trottoirs. A voir une de ces rues du haut d'une de ces maisons, c'est comme un fleuve débordé qui charrierait les débris d'un monde.

Véritablement Paris est une inondation qui a submergé la civilisation française, et l'emporte toute entière en débris. Où l'emporte-t-il ainsi concassée? Moi, je crois qu'il l'emporte à la préfecture de police, quelque victoire qui surgisse des égouts. Si de tous ces débris la préfecture de police saura faire une autre civilisation, je l'ignore. Ce que sera cette autre civilisation, qui le veut savoir, n'a qu'à lire Tacite et Pétrone.

Les constructions du nouveau Paris relèvent de tous les styles; l'ensemble ne manque pas d'une certaine unité, parce que tous ces styles sont du genre ennuyeux, et du genre ennuyeux le plus ennuyeux, qui est l'emphatique et l'aligné. *Alignement! fixe!* Il semble que l'Amphion de cette ville soit caporal. Voilà un prodige du dix-neuvième siècle, que nul autre siècle peut-être n'a vu : on a rebâti Paris, et quasi la France, sans qu'il se soit révélé un architecte. Jusqu'à Louis XVI, on eût presque une architecture par règne.

Il pousse quantité de choses fastueuses, pompeuses, colossales : elles sont ennuyeuses; il en pousse quantité de fort laides : elles sont ennuyeuses aussi.

Ces grandes rues, ces grands quais, ces grands édifices, ces grands égouts, leur physionomie mal copiée ou mal rêvée, garde je ne sais quoi qui sent la fortune soudaine et irrégulière. Ils exhalent l'ennui. On est là dedans comme chez ces gens d'hier et d'ailleurs, qui vous font bien boire, bien manger, bien asseoir, qui vous chauffent bien, qui allument un luminaire à vous brûler les yeux, mais qui n'ont rien à vous dire, sitôt qu'ils ont achevé de réciter le journal de tout à l'heure. Qu'il pleuve, qu'il neige, qu'il faille rester dehors, vous voulez sortir. C'est ce qui fait le succès du vaudeville, de Thérésa et de la pipe.

Les habitants du Paris complet s'ennuieront comme on ne s'est jamais ennuyé sur la terre. Il n'est rien qu'on ne puisse craindre d'un peuple qui s'ennuie, et rien qu'on ne lui puisse imposer. Or, le peuple de Paris sera le monde, comme a été le peuple de Rome, peuple qui s'ennuyait.

Le Paris nouveau n'aura jamais d'histoire, et il perdra l'histoire de l'ancien Paris. Toute trace en est effacée déjà pour les hommes de trente ans. Les vieux monuments même qui restent debout ne disent plus rien, parce que tout a changé autour d'eux. Notre-Dame et la Tour Saint-Jacques ne sont pas plus à leur place que l'Obélisque, et semblent aussi bien avoir été apportées d'ailleurs comme de vaines curiosités. Où seront les lieux historiques, les demeures illustres, les grands tombeaux ?

Les hommes de la Révolution ont eu la rage de faire passer des rues sur les sanctuaires qu'ils avaient démolis. Ils se sont dérangés pour accomplir cette chère besogne, ils ont sacrifié même leur bien-aimée ligne droite.

On continue. Dans le Paris nouveau il n'y aura plus de demeure, plus de tombeau, plus même de cimetière. Toute maison ne fera qu'une case de cette formidable auberge où tout le monde a passé et où personne n'a souvenir d'avoir vu personne.

Qui habitera la maison paternelle ? Qui priera dans l'église où il a été baptisé ? Qui connaîtra encore la chambre où il entendit un premier cri, où il reçut un dernier soupir ? Qui pourra poser son front sur l'appui d'une fenêtre où jeune il aura fait ces rêves éveillés qui sont la grâce de l'aurore dans le jour long et sombre de la vie ? O racines de joie arrachées de l'âme humaine! Le temps a marché, la tombe s'est ouverte, et le cœur qui battait avec mon cœur s'est endormi jusqu'au réveil éternel. Pourtant quelque chose de mes félicités mortes habitait encore ces humbles lambris, chantait encore à cette fenêtre. J'ai été chassé de là, un autre est venu s'installer là : puis ma maison a été jetée par terre et la terre a tout englouti, et l'ignoble pavé a tout recouvert. Ville sans passé, pleine d'esprits sans souvenirs, de cœurs sans larmes, d'âmes sans amour! Ville des multitudes déracinées, mobile amas de poussière humaine, tu pourras t'agrandir et devenir la capitale du monde; tu n'auras jamais de citoyens!

Rousseau avait trouvé ce beau mot de « désert d'hommes » pour peindre Paris, quand Paris, peuplé seulement de six à sept cent mille âmes, n'était qu'une ville de province divisée en une quantité de paroisses où tout le monde se connaissait, où chacun faisait partie d'une corporation, vivait dans son quartier, avait des amis, des patrons, des parents. Et bientôt, qui donc, dans Paris, aura seulement un voisin? Quel homme y pourra compter sur un autre homme pour une assistance quelconque, pour une résistance à quoi que ce soit d'injuste et d'odieux ? Il y a le sergent de ville, et voilà tout. Le sergent de ville connaît tout le monde, protége tout le monde, ramasse tout le monde. Mais que cet unique protecteur a de droits sur tout le monde, et que ses pupilles ont à observer de règlements !

La vile multitude, ce vieux et hideux personnage historique, n'était à vrai dire, dans la civilisation chrétienne, qu'un fantôme; une figure de rhétorique comme les Dieux, les Grâces, les Muses et autres legs du grec et du latin. A présent elle existe, Paris l'a créée, et nous en sommes, et il n'y a pas autre chose dans l'enceinte des fortifications. Qui se croit hors de la multitude se trompe. Il en vient, il y rentrera, il n'en est pas sorti. Il n'est que la fraction minime et fatalement obéissante de quelque multitude particulière, elle-même fatalement asservie au mouvement de la multitude générale. Or, le mouvement de la multitude, c'est le vent qui en décide. Le destin de la multitude est de se soulever au vent, de s'éparpiller, d'aveugler, de souiller, de tomber, de laisser la force aller où elle veut. Mais où qu'elle aille, la force ne trouve jamais que de la poussière et ne peut donner à cette poussière un semblant de consistance qu'en l'arrosant de sang.

J'ai fait un livre intitulé *le Parfum de Rome*. Il m'a donné l'idée de ces *Odeurs de Paris*. Rome et Paris sont les deux têtes du monde, l'une spirituelle, l'autre charnelle. Paris, la tête charnelle, pense que le monde n'a plus besoin de Rome, et que cette tête spirituelle, déjà supplantée, doit être abolie.

Il y a sans doute des contradicteurs. Mais, quand une idée de telle nature possède la majorité, ou ce qui en tient lieu, tout ce que la contradiction peut dire n'est que risible.

On jure bien aussi que ce n'est pas Paris, mais Florence qui propose d'abattre Rome. Florence n'est pas une tête, pas même un bras. Est-ce que c'est le bourreau qui tue ?

Pendant que le parfum de Rome s'exhalait de mon âme embrasée d'admiration, de reconnaissance et d'amour, les odeurs de Paris me poursuivaient, me persécutaient, m'insultaient. Je voyais l'impudence de l'orgueil ignorant et triomphant, j'entendais le ricanement de la sottise, l'emportement plus stupide du blasphème, les odieux balbutiements de l'hypocrisie. Je méditais de mettre en présence la ville de l'esprit, qui va périr, et la ville de la chair, qui la tue. Les circonstances m'ont décidé. L'année 1866 est solennelle pour l'Europe ! Elle a déjà apporté ce que l'on n'attendait pas; si elle apporte encore ce qui est annoncé, elle verra une chose inouïe dans les siècles chrétiens, inouïe dans la suite recommencée des siècles après le déluge. C'est en 1866, c'est tout à l'heure que, par l'abandon de Rome aux bêtes farouches de l'Italie, *lupi rapaces,* l'apostasie des nations catholiques, tacitement opérée, sera officiellement proclamée.

Un regard sur la capitale de la civilisation charnelle ne saurait être inutile en pareil moment.

Ce n'est qu'un regard. Je n'ai pas prétendu écrire un portrait de Rome, tâche au-dessus de mes forces; j'entreprendrais bien moins de faire une description de Paris, besogne au-dessous de ma dignité. D'ailleurs Paris a ses peintres spéciaux en grand nombre et de grande audace, que j'aurai l'occasion de citer quelquefois. Ils en diront assez. Si je laisse un voile sur la plaie, on en sentira l'odeur âcre ou fade, toujours morbide.

Un jour, à Rome, allant du Pincio, où le hâtif printemps entr'ouvrait les fleurs, au Vatican, où l'encens brûlait sur l'autel; je lisais dans la *Revue des Deux-Mondes* que Rome « sent le mort. » Cela m'était dit par M. Taine, tout justement à l'entrée du pont Saint-Ange, devant les statues des apôtres Pierre et Paul, l'un crucifié, l'autre décapité, et qui pourtant ne sont pas morts; ce qui me persuada que Rome non plus n'est pas morte. Être crucifié ou décapité n'est plus la même chose que mourir. Et je me souvins aussi qu'en France, moi-même et beaucoup d'autres, nous sommes étrangement tourmentés d'une malsaine odeur de renfermé. Car malgré la libre circulation des idées, entretenue avec tant de largeur et tant de pompe, nous ne laissons pas de connaître des idées qui n'ont nullement la permission de prendre l'omnibus, et M. Taine le sait très-bien. Mais M. Taine, essentiellement parisien et essentiellement de l'époque, attaché tout à la fois au recueil de M. Buloz et au char de l'État, peut se trouver dans la même condition que beaucoup de libres penseurs : ils n'ont pas la faculté de croire tout ce qu'ils disent, ni la permission de dire tout ce qu'ils croient. M. Taine croit-il bien que Rome « sent le mort ? » oserait-il avouer que Paris sent le renfermé ? La libre pensée est un renard qui sait toujours parfaitement où et quand il convient d'avoir un rhume de cerveau.

Faute de pouvoir ou de vouloir aller chercher à leur source toutes les mauvaises odeurs parisiennes, j'ai donné une grande place aux produits littéraires. Après tout, peu de choses dans Paris et dans le monde, à l'heure qu'il est, sentent plus mauvais que le papier fraîchement imprimé, et contiennent plus de miasmes mortels. Qu'on ne me dise pas, à propos de tel ou tel journal, que j'ai attaqué de minces adversaires : il n'est pas de petit garçon dans ces maisons-là, et Poivreux, et Galapias, et Galvaudin, et vingt autres sont des personnages en comparaison de qui les ducs et pairs de l'ancien régime n'étaient que populace. Ce matin même, Passepartout nous conte qu'une sorcière, sachant qu'elle avait l'honneur de travailler devant lui, fut intimidée au point qu'elle manqua ses tours. Assurément la sorcière eût parfaitement fonctionné devant une commission de députés et de sénateurs, même académiciens. La première chose que fait un ministre retraitant, c'est de donner séance à Passepartout : et comme il s'attife ! et comme il veut que Passepartout lui fasse un bon papier !

Que Passepartout subisse le destin des puissances et souffre le murmure des êtres de néant.

— Ah! je viens de faire un dur voyage!

A Rome, dans la belle clarté du jour, nous allions visiter les basiliques de marbre et d'or, toutes pleines de chefs-d'œuvre, de grands souvenirs, de reliques sacrées; nous vénérions les tombeaux augustes et féconds, les ruines majestueuses où l'histoire est assise et parle toujours. Quels pèlerinages et quels chemins! Sur ces chemins nous rencontrions la science, la piété, la pénitence, et toutes avaient des ailes et des sourires, et leurs yeux baignés de lueurs divines se tournaient vers le ciel. L'amitié était là aussi; et les fleurs dans les herbes recouvraient des débris dont la splendeur abattue n'avait fait que changer de beauté; et le silence, roi de ces nobles espaces, nous laissait partout entendre les plus douces voix de la vie.

Dans Paris, à travers la boue jaillissante, à travers la foule morne, à travers l'infecte nuit, j'allais des fumées de la pipe aux vapeurs du gaz, des cafés aux théâtres. C'est là que le peuple s'amuse, c'est là qu'il s'instruit. J'ai vu, j'ai entendu, j'ai noté la voix des histrions et les mouvements de la foule; j'ai senti le souffle et la main de la mort : *Erant in diebus ante diluvium comedentes et bibentes et nubentes, usque ad eum diem quo intravit Noë in arcam, et non cognoverunt donec venit diluvium, et tulit omnes....*

———

J'ai parlé comme j'ai senti. Je ne m'accuse ni ne m'excuse de l'amertume de mon langage. Encore que je n'aime guère le temps où je vis, je reconnais en moi plus d'un trait de son caractère, et notamment celui que je condamne le plus : je méprise. La haine n'est point entrée dans mon cœur, mais le mépris n'en peut sortir. Il est cramponné et vissé là, il est vainqueur quoi que je fasse, il augmente quand je m'étudie à l'étouffer ; il désole mon âme en lui montrant, comme un effet de la perversité humaine, cette universelle conjuration contre le Christ, où l'ignorance a plus de part peut-être que la perversité. Ma raison, non moins révoltée que ma foi, accable ce que je voudrais conserver d'espérance, et me dicte des paroles acérées qu'il me semble que je ne voudrais pas écrire. J'en viens à croire que c'est ma fonction, de faire entendre aux persécuteurs de la vérité quelque chose de cet indomptable mépris par lequel se vengent la conscience et l'intelligence qu'ils écrasent, et de leur montrer dans un avenir prochain l'inexorable fouet qui tombera sur eux. Je suis cet homme qu'une force supérieure à sa volonté faisait courir sur les remparts de Jérusalem investie, mais encore orgueilleuse, criant : Malheur! malheur! Malheur à la ville et au temple! Et le troisième jour il ajouta : Malheur à moi! Et il tomba mort, atteint d'un trait de l'ennemi.

LIVRE PREMIER

LA GROSSE PRESSE

I

LE RENFERMÉ.

J'avais quarante-cinq ans, j'avais fait de la politique imprimée durant un quart de siècle, et j'ignorais absolument deux choses que j'ai apprises coup sur coup en un rien de temps : la première est la facilité de se compromettre sans le vouloir, la seconde est la difficulté de se compromettre quand on le voudrait.

L'*Univers* venait d'être supprimé, j'étais à Rome. Je visitais les églises, je fréquentais un très-petit nombre d'amis, je rencontrais un plus petit nombre de gens de connaissance, je lisais quelques livres, je prenais quelques notes, je recevais quelques lettres de ma famille : je me compromettais ! Un surveillant invisible pour moi suivait mes pas, en rendait compte à Paris, indiquait l'instant de mon retour, tenait la police en éveil à la gare. A peine rentré chez moi, ma valise à peine ouverte, trois hommes se présentent, me montrent un mandat, saisissent mes papiers : me voilà compromis.

Que contenaient ces papiers saisis? Pas grand'chose, et on en convenait. Simplement de quoi tisser une petite accusation de manœuvres à l'étranger contre la sûreté de l'État. Ce crime ne se prescrit que par trois ans selon les uns, par dix ans selon les autres. Il est punissable de mort; mais il ne faut pas que le tissu soit trop léger.

J'aurais aimé qu'on me fît procès. On me répondit avec une courtoisie charmante que je ne pouvais pas m'attendre à cela, que j'avais autrefois rendu trop de services. Je protestai que je n'invoquais pas ce souvenir. On protesta que rien ne le ferait oublier. — Le Pouvoir ne se contente pas de se montrer juste, il lui sied encore d'être reconnaissant. — Alors, qu'on me rende mes papiers! — Oh! non. Car enfin, sans aucune intention de les utiliser, à Dieu ne plaise! il faut pourtant prévoir un cas de grande nécessité qui obligerait d'y venir.

C'était M. Billault, ministre de l'Intérieur, qui me parlait de la sorte, en paroles très-douces, avec un sourire fin, peut-être légèrement ironique.

L'amusement que mon aventure donnait au public me mortifiait assez. Divers journaux racontaient plaisamment et complaisamment ce tour de police : l'on se divertissait trop de ma simplicité à me laisser prendre. Je sentis bien quelque chose de cela dans le style de M. Billault.

M. Billault était jurisconsulte fort expert. L'idée me vint de savoir de lui si je ne pourrais pas moi-même intenter un procès en restitution de ces papiers gênants. Je le priai de me donner une consultation d'avocat. — Tout de suite, me dit-il. Et sans désemparer, il m'expliqua que je devais d'abord présenter requête au Conseil d'État pour obtenir l'autorisation d'actionner M. le Préfet de police, après quoi je n'aurais qu'à plaider comme tout le monde, devant les tribunaux de tout le monde. — Mais, observai-je, Votre Excellence pense-t-elle que j'obtienne cette autorisation? Moi, je ne le crois point. — Ni moi, dit-il avec un sourire plus fin et quelque peu plus ironique.

Telle fut la consultation que je reçus de M. Billault, en tête-à-tête, dans son cabinet de ministre de l'Intérieur. Je ne me rappelle pas sans plaisir ce trait, si obligeant d'un homme qui fut depuis honoré de deux statues par souscription. Son sourire surtout me parut décisif. Il me persuada que le plus expédient pour moi, était de ne pas occuper davantage l'attention publique et de rester dans ma situation d'homme compromis. Aucune situation n'est plus simple : elle vous laisse toute la liberté d'aller et de venir. Seulement vous êtes partout dans le cas de voir apparaître un exempt, muni d'un mandat d'amener : et alors vous n'allez ni ne venez plus; vous suivez l'exempt où il vous mène, et vous demeurez où il vous met.

Compromis sans l'avoir voulu, je méditai de me compromettre de plein gré. Que ceux qui croiraient la chose aisée se détrompent. On peut conspirer et manœuvrer contre l'État et ne pas s'en douter, j'étais fixé sur ce point. Conspirer volontairement n'étant pas dans nos usages chrétiens, comment me compromettre? Je pensai que la voie la plus sûre était d'écrire dans les journaux. Il y a de certains jours où il me semble que j'écrirais volontiers à raison d'un mois de prison par ligne.

Mais la première condition pour se compromettre dans un journal, c'est de trouver un journal qui consente à se compromettre avec vous. Or, le journal à qui vous proposez cette partie, vous dit : — « Monsieur, d'abord, il n'est pas sûr que vous vous compromettiez : il se peut fort bien que l'on vous dédaigne; il est même vraisemblable que l'on vous dédaignera pour ne s'en prendre qu'à moi. Vous aurez le soulagement de dire votre pensée, je suis seul menacé d'en porter la peine. Cette peine, ce n'est pas la prison, même dure; ce n'est pas l'amende, même forte; on pourrait affronter cela. Je suis menacé de suppression, je suis menacé de la mort. Que je meure pour vous avoir procuré la satisfaction d'écrire un article, votre cause en sera-t-elle bien avancée? Laissez-moi vivre et parler à ma guise, avec la prudence nécessaire en ce temps-ci. Je suis un privilége, je vaux un million. Faites des témérités qui ne compromettent que vous. »

Soit! Voici un nouveau ministre de l'Intérieur qui se croit tout à fait disposé à étudier l'opinion, c'est-à-dire à laisser parler les gens; je vais lui demander l'autorisation de fonder un journal. Que je puisse ensuite trouver cent cinquante ou deux cent mille francs, et je serai libre... de me compromettre.

— Monsieur le Ministre, daigne Votre Excellence me donner l'autorisation nécessaire pour établir un journal politique, afin que je tente de réunir deux cent mille livres. Ce n'est pas la moindre chose; il me faut des prêteurs qui veuillent bien risquer de perdre le capital avec les intérêts. Moyennant cette bagatelle, j'entrerai en jouissance de mon droit de citoyen. J'aurai quelques raisons d'être sage, et je n'attaquerai rien de tout ce que la Constitution veut couvrir.

— Monsieur, vous n'êtes point repris de justice, ou du moins vous avez des lettres d'abolition, et vous passez pour expliquer clairement vos idées : je serais charmé de vous entendre. Mais (j'en ai regret) vous ne comprenez pas la politique du Gouvernement comme il faut la comprendre pour la bien critiquer. Je vous connais; votre journal ne serait point l'œuvre de conciliation qui convient au temps où nous sommes. Dans l'intérêt même de l'Église, il est du devoir du Gouvernement de s'opposer à tout ce qui peut amener des malentendus funestes entre l'Église et l'État. En même temps que mon refus, agréez l'assurance de ma considération distinguée.

―――

Reste la brochure. Il paraît beaucoup de brochures de toutes sortes ; quoique les plus hardies ne soient pas les plus exposées, peut-être, il semble à première vue que l'on peut prendre ce moyen de se mettre mal avec l'État. Faisons une brochure.

Pendant que j'écris ma brochure, son moment passe, les événements se pressent ; les faits prévus deviennent imminents et vont être des faits accomplis. Enfin, me voici chez l'imprimeur ! Il me reçoit sans allégresse :

— Hum ! On aura l'œil sur cet écrit. Je crains que vous ne vous compromettiez. — Ce n'est point ce qui m'inquiète. — Moi, cela m'inquiète beaucoup...

Il a parcouru de l'œil une page du manuscrit. — Tenez, voilà une phrase qui ne peut passer... Tenez, voilà un mot des plus périlleux...... Tenez, voilà une comparaison impossible... Vous ne passerez pas.

— Qu'importe ! essayons toujours. — Essayez, si vous voulez. Quant à moi, il m'importe si bien, que je n'essaye pas.

— Désapprouvez-vous mes idées ? — Je n'approuve ni ne désapprouve rien, et si j'ai une opinion, elle n'entre point dans mes ateliers. La conscience de l'homme ne s'occupe plus des opérations du fabricant. Croyez-vous que je lise la centième partie des choses que j'imprime? Mais je ne veux point prendre la responsabilité de cet écrit, et je doute que vous trouviez un imprimeur qui s'y expose.

—Comment! l'art libéral de l'imprimerie, le véhicule de la pensée, le flambeau du monde, le marteau de toutes les oppressions.....

—Ta, ta, ta! Je connais cette vieille chanson; je l'ai chantée comme vous, mieux que vous, car j'y avais de la sincérité. Il y a longtemps que l'on disait tout cela; il y a des siècles! Permettez-moi de vous faire observer que nous ne sommes plus à l'époque où la Corporation des Imprimeurs était agrégée à l'Université royale et jouissait de ses priviléges; ni à l'époque plus récente où l'imprimerie, moins honorée, avait vu les priviléges abolis remplacés par la licence et faisait ce qu'elle voulait. Je ne suis pas un imprimeur; je suis le gérant d'une entreprise industrielle. Je conduis mon entreprise et je produis mes dividendes en vertu d'une patente qui peut m'être retirée pour simple contravention, par simple mesure administrative. Or, il a fallu tant de réglements pour surveiller l'exercice de cette profession dangereuse, qu'il est impossible de ne pas en enfreindre quelqu'un. Devant l'Administration, le plus sage imprimeur pèche sept fois par jour, et aucune imprimerie ne reste ouverte que par grâce. Mais s'il plaît à l'Administration d'être indulgente, il peut lui convenir de ne l'être pas. Quand un écrit lui paraît répréhensible, rien ne la force de poursuivre l'imprimeur en même temps que l'auteur, rien aussi ne l'en empêche. Les peines sont la prison pour vous et pour moi, de grosses amendes pour vous et pour moi, le retrait du brevet pour moi seul. Le retrait du brevet, Monsieur, c'est la ruine, tout simplement.

— Et qui vous dit que nous serons poursuivis ? qui vous dit surtout que nous serons condamnés ?

— Qui vous dit que nous ne le serons point ? Je refuse d'en courir la chance. Non poursuivi, non condamné, c'est insuffisant; le juste veut encore ne point déplaire.

Ainsi parle l'imprimeur; et l'écrivain n'a plus qu'à traîner son innocence.

Mon innocence, hélas ! commence à me peser !...

Mais c'est bien le moindre souci des dieux.

———

Voilà ce qui me fait penser, contrairement à l'heureux M. Taine, que notre beau Paris sent aussi une odeur de renfermé, laquelle ne diminue en rien l'âcreté de ses autres odeurs.

Mais enfin, c'est le régime du couvent, et encore qu'il soit difficile de s'y faire, on le subirait avec plus de patience, si l'on y gagnait du moins de n'être plus insulté. Il n'en va pas ainsi, tant s'en faut !

Après avoir fait l'expérience de la facilité de se compromettre sans le vouloir, et de la difficulté de se compromettre honnêtement et légalement lorsqu'on le veut, j'ai eu encore le crève-cœur d'apprendre combien ce régime est cher à la multitude des gens de journaux, et quel misérable instinct les anime en général contre toute loyale liberté. J'en savais long sur ce chapitre; mais ce qui m'a été révélé par eux-mêmes, je ne l'aurais pas deviné, et je ne l'aurais pas cru. Il s'est d'ailleurs formé une génération de journalistes toute nouvelle dont rien de ce que j'ai vu de 1830 à 1860 ne pouvait me donner l'idée.

Pour avoir constaté, parce que je m'y voyais contraint (1), que je ne peux ni fonder un journal, ni au

---

(1) L'occasion est expliquée dans la lettre suivante que j'ai dû adresser à un journaliste de Paris :

« Paris, 25 septembre 1865.

« Monsieur,

« Depuis la suppression de l'*Univers*, il y a six ans, le bruit a souvent couru que j'allais faire paraître un journal en Belgique. Je n'en ai jamais rien cru et j'ai laissé passer. Mais, cette fois, un démenti insuffisant me contraint d'intervenir.

« Je ne songe nullement à fonder un journal en Belgique, ni maintenant ni plus tard : premièrement, parce que ce journal ne franchirait pas la frontière, puisqu'on a l'humeur ici de me tenir au secret; secondement, parce que cette frontière infranchissable me protégerait trop : n'ayant à répondre de rien, j'aurais peur de tout, et je me trouverais moins libre même qu'en France.

« C'est à Paris que je veux faire un journal. J'en ai demandé l'autorisation trois fois; j'ai essuyé trois refus, de moins en moins cérémonieux. On ne se gêne pas avec les opinions impopulaires. Mais, à vrai dire, ces refus ne m'ont pas désolé. L'autorisation me paraît un médiocre avantage, elle a aussi sa frontière, et j'estime qu'autant vaut attendre.

« Lorsqu'il sera possible de créer un journal sans autorisation, et lorsque les journaux auront des juges, alors, quel que soit le risque, j'en essaierai. »

fond écriré dans les journaux, même en Belgique, j'ai reçu une tournée d'injures libérales. Les feuilles impériales veulent ignorer que je suis au secret, les feuilles républicaines trouvent que c'est bien fait, que je l'ai bien mérité. Il existe à Lyon un *Progrès* qui n'est pas sans importance. Il fait venir sa politique et sa littérature de Paris, pour les avoir plus fraîches et de cette qualité supérieure que la province ne fournit plus. Ce que les correspondants de ce *Progrès* lui écrivent sur le propos de mon bâillon me semble caractéristique :

« Qu'il n'essaie donc pas de nous apitoyer; ce pleurard (c'est moi), qui ne sent la nécessité de la liberté que pour lui seul, et qui, demain encore, ne se servirait de sa plume que pour demander qu'on brise celle de ses adversaires. Ses larmes de crocodile nous trouvent parfaitement insensibles, car si quelque chose pouvait nous consoler de toutes les restrictions qui nous étreignent, ce serait de voir réduit à l'impuissance l'apôtre de l'inquisition; et si nous ne pouvons pas élever la voix, nous avons au moins la consolation de ne plus avoir l'imagination troublée par les hurlements de l'apologiste de toutes les violences. »

Tels sont, peints par eux-mêmes, ces derniers défenseurs de la liberté. L'on dira qu'il y en a d'autres. Sans doute, mais pas beaucoup, et pas bien différents! Je monte sans transition du plus bas au plus haut. Assurément, M. Prévost-Paradol, de l'Académie française, ne saurait être soupçonné d'un pareil sentiment, pas plus qu'il n'est capable d'un pareil langage. Néanmoins, avec une parfaite politesse, il m'adresse des observations qui ont un peu le même sens. Le *Progrès* me traite en excommunié qui ne pourra jamais être absous; M. Paradol me reçoit à miséricorde, non sans me rappeler que j'ai beaucoup péché, et parce qu'il espère que je suis pénitent. S'il me supposait moins corrigé par le malheur, peut-être qu'il ne resterait pas loin, sauf la forme, des conclusions du sévère *Progrès*. Le journal dans lequel il écrit me le fait entendre. Or, M. Prévost-Paradol m'oblige de lui confesser l'affreuse vérité. Je ne crois pas avoir péché autant qu'il le pense, mais je pense n'être pas converti autant qu'il le croit.

Nous nous sommes jadis assez vivement combattus. Je revendiquais pour la *vérité* des droits qu'il appelait des priviléges et qu'il repoussait de toute sa force; je contestais que l'*erreur* dût avoir des priviléges qu'il appelait et qu'il appelle encore des droits. Si nous nous retrouvions en présence, le même dissentiment, pour ne pas dire la même séparation, existerait entre nous; il n'y aurait de changé que l'accent de la polémique, un peu chaud peut-être des deux parts. Seulement il commettrait une injustice dont je ne me rends pas coupable envers lui, s'il me prenait pour un ennemi de la liberté, et s'il me contestait l'usage de la liberté, il ferait à son principe un outrage que je ne fais pas au mien, ni quand j'invoque ni quand je conteste un certain exercice de la liberté. Je connais, moi, une *vérité* et une *erreur*, et je n'admets aucune espèce de parité ni d'égalité entre cette vérité et cette erreur. Ceux qui ne connaissent ni erreur ni vérité, ou qui établissent sur le même pied et dans le même droit la vérité et l'erreur, doivent en conscience, et quoi qu'il leur en coûte, livrer l'erreur à la libre discussion de la vérité. Dès qu'il s'y refusent, que nous reprochent-ils? Ils sont intolérants comme ils nous accusent de l'être, mais intolérants avec hypocrisie, sans cesser de proclamer leur prétendue tolérance; intolérants pour mettre à couvert leurs opinions, lorsque nous ne le sommes que par respect pour nos dogmes.

Cela dit, je crois que les libéraux séparés verraient plus juste, s'ils pouvaient comprendre quelle est, entre nous, la cause de la séparation.

Cette cause, au fond, n'est pas l'amour ou l'aversion de la liberté, mais une conception différente de la liberté.

Beaucoup de libéraux se rapprocheraient de la conception catholique, si l'aversion insensée qu'ils nourrissent contre l'Église ne les liait quasi indissolublement au noble système de ces messieurs qui se consolent « de toutes les restrictions qui les étreignent » par le plaisir « de voir réduit à l'impuissance l'apôtre de l'inquisition. » Et que prétend faire leur libéralisme avec ces messieurs et ces talents-là, rudiments informes de sous-inquisiteurs et de sous-chambellans?

Je me sens parfaitement en état de démontrer à n'importe quel libéral, sans excepter M. Prévost-Paradol, que je n'ai pas moins que lui aimé la liberté, que je n'ai pas moins sincèrement, moins ardemment, moins obstinément essayé de la servir; et que l'*Univers* n'a pas été supprimé pour avoir trop méconnu la cause de la liberté. Seulement, nous ne voulons donner à la liberté, ni les mêmes droits, ni les mêmes règles et les mêmes devoirs, ni peut-être le même but. Pour nous, catholiques, la liberté ne peut être qu'un moyen de rentrer ou de rester dans l'ordre et dans la paix. Et l'ordre et la paix sont avant tout le respect de la loi de Dieu.

Je ne demande pas la liberté d'écrire pour écrire et prouver autre chose. Je ne veux pas une liberté sans lois; je ne me trouverais pas libre sous une loi qui me permettrait tout, sauf la liberté de réclamer de toutes mes forces contre la liberté qui prétend ne pas souffrir de lois, parce que cette liberté, incapable de s'imposer à elle-même aucune loi, est destinée à une fin prompte et mauvaise.

Je veux être libre contre cette liberté ou plutôt contre cette tyrannie qui prétend nous interdire la confession de la vérité, nous fermer l'histoire, nous ôter le passé, proscrire l'apologie des lois et des actes de l'Église. Je souffre plus et je suis plus lésé de ne pouvoir soutenir et défendre une encyclique pontificale que d'être privé de donner mon avis sur l'entreprise du Mexique ou sur la publicité des conseils municipaux.

Mais ce n'est pas ainsi que le *Progrès* de Lyon entend la liberté, et même quand d'autres libéraux inclinent à pardonner, il faut être excommunié et injurié, du moment qu'on n'entend pas la liberté comme le *Progrès* de Lyon. Penser autrement que ces tolérants, c'est ce que le parti de la tolérance ne peut tolérer; estimer qu'il faut respecter la loi de Dieu, c'est la doctrine absolument intolérable.

Hélas! et l'on finira pourtant par tolérer bien autre chose, une chose qui ne sera pas du tout la loi de Dieu et qu'il faudra tolérer et adorer; et le grand peuple de la libre-pensée fournira une rude et abondante Sainte-Hermandad pour y tenir la main!...

II

VUE GÉNÉRALE.

Le progrès de l'imprimerie, en universalisant l'habitude de lire, n'a pas également répandu la connaissance du vrai, le goût du beau, l'amour du bien; il ne tourne pas à l'honneur de la presse, et moins encore au profit de la liberté. Le sentiment de la liberté, s'il a paru s'étendre, a néanmoins singulièrement perdu de sa force. Toute discipline est plus haïe, toute violence est plus docilement supportée. L'histoire nous montre en toutes ses pages les peuples à la fois plus fidèles et plus fiers qu'en ce temps. Ils aimaient quelque chose qu'on ne leur ôtait qu'avec la vie; ils haïssaient quelque chose qu'ils repoussaient tant qu'ils avaient la vie. Maintenant ils n'aiment rien et ils haïssent tout, mais d'une haine molle et lâche, prompte à céder, constante à trahir; d'où résulte la facilité de les dominer et l'impossibilité de les gouverner. La presse quotidienne a été le principal instrument de cette décomposition; elle a changé le tempérament moral de l'humanité, elle y a fait régner l'indifférence. L'indifférence pèse aussi sur elle.

La presse subit le sort ordinaire des agents d'anarchie, elle est devenue un instrument de règne. Après avoir longtemps maîtrisé l'opinion et rendu les lois impuissantes, elle a vu l'opinion se retirer d'elle et les lois l'abandonner aux duretés des règlements. Elle a été empoignée comme une danseuse de mardi-gras, emmenée à la préfecture, immatriculée, soumise à l'autorisation et aux inspections de salubrité. Tout a été permis contre cette déchue qui naguère pouvait tout se permettre; elle a tout accepté. Nous avons vu le hautain personnel des écrivains d'opposition se former promptement en escouades ministérielles. Hommes et caporaux, ils ont su tout de suite leur nouveau métier; ils ont manié l'encensoir, ils ont dénoncé l'indépendance, ils ont pris la liberté au collet avec un style consommé et une allégresse entière. A peine s'est-il manifesté en quelques uns quelque gêne de visage. Ce peu de vergogne a peu duré. Mais rendons leur justice! La plupart n'ont guère à se reprocher que d'avoir longtemps ignoré leur vocation. Ils étaient nés pour le service qu'ils font. Dans cette situation nouvelle, plus changée qu'ils ne l'avouent, ils demeurent eux-mêmes plus qu'ils ne croient.

En 1851, sous la République, plusieurs d'entre eux étaient déjà florissants — fleurs rouges! — Ils juraient de maintenir la liberté, surtout la liberté de la presse, ou de mourir pour elle. Un journal catholique leur prédit ce qui arriverait bientôt à la presse et à eux-mêmes :

« ... Fatiguée de la liberté de la presse, la France
« y cherche un remède; gare la censure! Elle essaiera
« ceci, puis cela, puis un bon bâillon...

« Écrivains, orateurs, nous y pousserons tous,
« nous y passerons tous. Nous serons solidaires des
« excès, des sottises que nous n'avons pas su em-
« pêcher. Pour avoir souffert que la tribune et la
« presse devinssent ce qu'elles sont devenues, nous
« porterons le bâillon que nous aurions dû tout les
« premiers appliquer sur tant de lèvres folles et
« d'encriers pestilentiels. Sera-ce grand profit ou
« grand dommage?

« Ce qui est certain, c'est que le temps où nous
« sommes avertit de s'attendre à tout. Il se peut
« que l'horreur du mensonge aille jusqu'à vouloir
« bâillonner aussi la vérité. Ce serait d'ailleurs un
« marché qui conviendrait fort à nos apôtres de l'es-
« prit humain et de la liberté de tout dire. Combien
« d'entre eux s'arrangeraient de ne jamais parler, si

« seulement on les établissait avec de bons ciseaux
« et de bons gendarmes à leurs ordres, censeurs de
« l'Église ! »

Nos bons apôtres de la liberté de tout dire ont dépassé la prédiction. L'on n'avait pas deviné que les uns, non contents de censurer, se permettraient encore d'écrire; que les autres, au lieu de déposer la plume et de disparaître pudiquement dans un bureau, s'établiraient délateurs de la pensée muette, vilipenderaient des adversaires désarmés et se déclareraient ennemis si frénétiques de cette liberté pour laquelle ils avaient juré qu'ils sauraient mourir. Quoi de plus naturel cependant? Avaient-ils jamais donné lieu de croire qu'ils fussent capables de comprendre et d'aimer la liberté? Ils haïssaient la règle, c'est bien autre chose; et quiconque hait la règle est fait pour le frein.

En même temps qu'ils ont haï la règle, ils ont redouté le combat.

Sans amour, sans doctrine, sans fierté, orgueilleux et incapables, investis du pouvoir d'écrire sans autre vocation que la brutalité de l'envie, sans autre force que la brutalité de l'ignorance, par tous les chemins ils devaient arriver où ils sont venus; tout les appelait, tout les poussait au servage. C'est là cette belle égalité démocratique, le rêve des temps nouveaux. Il faut que tout serve ou soit asservi. L'égalité, l'égalité!

tous les fronts sous le niveau qu'ont pris les leurs; et plus de liberté qui puisse passer au delà, ni de rayon qui puisse descendre dans cette ombre! Ils auraient, la plupart, été monarchistes, aristocrates, n'importe quoi. Plusieurs ont fait l'essai d'être catholiques, et le vent qui parut un moment tourner de ce côté les a trouvés dociles. Mais ils sont ce qu'il leur convient d'être : révolutionnaires et appointés, égalitaires et décorés, libres de se lâcher sur les supériorités sociales sans s'attirer d'affaires, libres d'attaquer et d'outrager la religion, libres de frapper des adversaires qui ne peuvent plus se défendre...... et du pain assuré pour leurs vieux jours !

La presse n'avait perdu que la liberté; l'attitude et le langage des journalistes embrigadés lui ôtent l'honneur. Comme cette fille que Circé avait maudite, la liberté de la presse a enfanté des chiens qui dévorent leur mère.

Malheureusement, la déconsidération où la presse est abîmée ne l'empêche pas de nuire. L'ordre public en souffre comme la morale, et le Gouvernement n'en reçoit pas moins de préjudice que les particuliers.

En premier lieu, le Gouvernement ne peut subir sans dommage les continuels encensements de ces ci-devant hurleurs de démagogie et de socialisme, la plupart sans lettres, trop souvent même remarquables par leur inculture. Le spectateur du drame politique répugne à partager l'enthousiasme de pareils claqueurs. Mais si l'on juge que cela est assez bon pour la démocratie et que cette claque grossière enlève pourtant le parterre, encore faudrait-il leur interdire de montrer le poing à la partie sérieuse et silencieuse du public, qui veut entendre la pièce afin de la juger.

C'est un grief très-amer dans beaucoup d'esprits de voir et de sentir combien de choses, combien de personnes, combien de classes sont livrées sans défense aux venimeuses atteintes de ces plumes révolutionnaires, devenues insensiblement semi-officielles ou auxiliaires.

Aux observations que plusieurs des feuilles tolérées ont hasardées sur ce point, il a été répondu d'un ton cassant qu'il n'y a pas de presse semi-officielle et que, quant aux auxiliaires, ils sont libres de leurs sympathies, sans cesser d'être passibles de répression. Il faut admettre tout ce qui porte le cachet d'une réponse d'État et ne pas argumenter trop obstinément contre le *Moniteur*. Mettons donc que les journaux qui reçoivent des communications ne reçoivent pas d'inspirations, et que les autres s'aventurent sans aucune connaissance des limites où ils pourraient rencontrer la répression : il n'en est pas moins vrai que ces journaux, si respectueux pour le Gouvernement (sauf en matière d'éloges), si insolents envers tout le reste, exploitent leur privilége sous la surveillance et le bon plaisir de l'Administration. De là, dans l'opinion, une logique qui attribue à l'Administration une part assez grave de la responsabilité qu'elle dénie.

Non, l'Administration ne commande pas ces injures, ne dirige pas ces détestables manœuvres dont l'unique objet est de décrier le clergé et de flétrir la bienfaisance chrétienne; l'Administration ne souffle pas ces violents appels à la légalité qui tue la parole, qui tue la pensée, qui tue la charité, qui tue la liberté; l'Administration ne dénonce pas la prière et l'aumône, ne les accuse pas de conspirer contre l'État lorsqu'elles prononcent le nom de Jésus-Christ; l'Administration ne s'amuse pas à provoquer ainsi la haine populaire contre le prêtre, contre la religieuse, contre les catholiques, ne prend point plaisir à désespérer ainsi tant d'inoffensifs citoyens qui portent leur part des charges sociales et ne demandent en retour que de pouvoir y ajouter la surcharge des œuvres de piété. Tous ces outrages à la foi religieuse, tous ces attentats contre la paix publique, toutes ces alarmes et toutes ces indignations jetées par surcroît dans les consciences déjà navrées, ne sont pas le fait de l'Administration, elles sont le fait des journaux. Mais enfin, il n'y a plus en France qu'un seul rédacteur en chef de tous les journaux, c'est le Ministre de l'Intérieur : et ce ministre n'aurait qu'un mot à dire; immédiatement cet odieux travail des journaux cesserait.

Telle est la conviction du public; il faut avouer que

la raison et les faits l'appuient également. Tout le monde avoue que la presse n'a reconquis aucune estime depuis 1851, et se trouve plus que jamais sans force dans l'opinion ; tout le monde sait que l'Administration peut commander, tout le monde sait que les journaux ne peuvent ni ne veulent résister, et que si un art leur est plus connu encore que l'art de corrompre, c'est celui d'obéir.

Il y a six ans, un journal catholique, après avoir été averti pour attaque aux articles organiques, pour attaque à l'armée, pour attaque aux *nations étrangères*, a été enfin supprimé par cette raison qu'il nuisait à la religion catholique en ne la présentant pas sous un jour assez aimable. Comment comprendre que l'Administration qui a donné ces preuves de vigilance et remporté cette victoire, ou n'ait vu aucune nécessité, ou n'ait trouvé aucun moyen d'astreindre à quelque décence tous ces journaux anti-catholiques dont elle est d'ailleurs si aimée ? Quoi ! l'on ne saurait les empêcher d'attaquer le Concordat et les lois qui protégent l'Église, de vilipender le clergé, de diffamer ses œuvres, de rendre la religion odieuse et exécrable par toutes les perfidies que la presse peut mettre au service d'un esprit dépravé ? Ce mystère passe le sens commun.

Le Gouvernement, sans paraître se rendre compte assez exactement de la gravité de cette situation, en est visiblement importuné. Son sentiment s'est manifesté de temps en temps par des circulaires qui ont semblé promettre quelque chose, et par des notes semi-officielles qui n'ont abouti à rien. Ce que l'on y voit de plus clair, c'est que le Gouvernement, parfois, au risque de rencontrer dans la presse d'autres adversaires, y voudrait avoir d'autres amis. Rien de plus naturel qu'un tel désir. Mais le moyen de l'accomplir reste à trouver.

Une des circulaires ministérielles fit croire, l'on ne sait guère pourquoi, que la presse allait passer sous un régime presque libéral. Un fameux journaliste du soir, ancien ogre rouge, compara le ministre à Montesquieu et encore à quelque autre grand auteur; puis le vent tourna; et soudain le vespertin qui venait de saluer l'aurore de la liberté, cria qu'il fallait prendre bien garde, et ne pas compromettre la sûreté de l'État en déchaînant les plumes anarchiques. Cela fit rire, — tristement !

Il y a encore une autre malédiction sur la presse. Le seul changement qui soit survenu dans sa condition, depuis 1851, n'a été avantageux ni pour elle ni pour le public.

Aux termes du décret de 1851, un journal pouvait être supprimé après deux avertissements; il était supprimé de droit après deux condamnations. Par une loi postérieure, les avertissements sont prescrits au bout de deux ans, et deux condamnations encourues n'emportent plus la suppression.

Les avertissements étant facultatifs quant au sujet, quant aux motifs et quant à l'heure, et rien n'empêchant d'en donner deux en deux jours et le même jour, il suit de là que le bénéfice de la prescription par deux ans est fort mince. Le journal chargé de deux avertissements, et qui a marché deux ans sous ce poids assez lourd, aurait tort de se croire trop dégagé le jour où le poids tomberait périmé. Le lendemain il peut être muni d'un avertissement tout neuf, et d'un second le surlendemain, qui le rendra circonspect encore pour deux ans; il peut être supprimé légalement le troisième jour.

De plus, par une autre disposition du décret, tout journal peut toujours être supprimé sans aucun avertissement préalable. Il y a la légalité ordinaire et la légalité extraordinaire, très-bonnes et incontestables toutes deux. La suppression après deux avertissements est la légalité ordinaire : elle a peu servi. Beaucoup de journaux ont continué de vivre sous deux avertissements; le *Siècle* en a eu trois et ne s'en est pas plus mal porté. La légalité extraordinaire est la suppression foudroyante, sans avertissement antérieur ou sans mention des avertissements déjà donnés. Le décret de suppression de l'*Univers* ne parla point des avertissements que ce journal avait reçus, comme pour faire entendre qu'il était supprimé en dehors de ses anciens crimes, pour un crime plus grave, l'impiété. La *Bretagne,* autre feuille catholique, atteinte du *lasso* quelques jours après, pour avoir plaint l'impie, était vierge d'avertissement. La suppression foudroyante a lieu par décret précédé, si l'on veut, d'un rapport du ministre de l'Intérieur, lequel expose comme il veut les motifs de la suppression. Et cela est sans appel, pas plus devant l'opinion que devant les tribunaux. Il faut avoir recours à la clémence, autre manière de mourir.

Cette prédisposition à la mort subite en l'absence et indépendamment de toute maladie déclarée, permet au Gouvernement de borner à deux ans la durée de cette maladie de langueur que contracte tout journal averti deux fois. La facilité de rouvrir toujours la plaie à peine cicatrisée réduit pareillement à presque rien l'avantage de ne plus risquer d'être emporté par une condamnation insignifiante en soi, motivée sur quelque inadvertance envers les règlements ou sur quelques torts commis envers les particuliers.

Quant à l'inadvertance envers les règlements, c'est une question de bonne foi que la Justice et l'Administration décident avec indulgence; aucun journal n'a péri pour avoir transgressé les règlements. Quant aux torts envers les particuliers, les journaux honnêtes savent les réparer de bonne grâce, à première réquisition; les autres finissent par s'exécuter lorsqu'ils voient que décidément la partie lésée veut une réparation. Donc, peu de danger de ce côté. Ce n'est point par ces dispositions que la presse est liée ; en les écartant, on ne l'a pas affranchie.

Il y a plus : cet avantage insignifiant, les véritables amis de la presse, je veux dire les amis de sa dignité, l'auraient refusé, du moins en ce qui regarde les torts faits aux particuliers. La seule sécurité de la presse est dans l'estime publique, et elle devrait souhaiter que le public ne perdît rien des rares garanties qu'il a contre elle. En fait de garanties contre les journaux, tout est au profit de l'État, et il y a luxe ; le public, au contraire, est fort mal pourvu, pour ne pas dire à peu près entièrement dépouillé.

Les journaux qui craignent le moins d'attaquer l'honneur d'autrui sont ceux qui craignent le plus d'accueillir les réclamations de leurs victimes, car ces réclamations démontrent trop combien ils ont eu la méchante volonté de nuire. Ils attaquent les pacifiques, des prêtres, des religieuses, toutes sortes d'honnêtes gens qui pardonnent, qui dédaignent, qui détestent le bruit. Si pourtant ces honnêtes gens, poussés à bout, réclament, on sait l'art de les fatiguer par mille lenteurs. Faut-il enfin céder ? La réclamation n'est publiée qu'à demi, tournée en ridicule, submergée de commentaires insolents, et ne produit plus qu'une aggravation de l'offense. Imaginez un maire de campagne, un pauvre vicaire, une religieuse aux prises avec ces émouchets de la presse parisienne que les notables du département eux-mêmes considèrent comme des aigles ! L'offensé craint la polémique, il fuit devant des adversaires trop forts pour lui, entourés de complices, assurés d'avoir le dernier mot.

La perspective d'un procès, c'est-à-dire, dans tous les cas de calomnie, la perspective d'une condamnation certaine, est la seule chose qui fasse à son tour reculer le journal. Il ne veut pas courir ce risque, et il se soumet.

———

C'est ainsi que l'illustre évêque de Perpignan, Mgr Gerbet, n'ayant pas jugé à propos de rester sous le feu particulièrement désagréable d'un très-ridicule journaliste, a pu lui imposer silence et lui infliger néanmoins une correction aussi cuisante que méritée. L'Évêque était tout tranquillement accusé de provoquer au régicide, et le joli écrivain qui portait cette accusation prétendait la certifier par la citation textuelle d'un écrit du prélat. Si l'Évêque n'avait pas sérieusement fait entrevoir la police correctionnelle, jamais son texte n'aurait été rétabli dans le journal qui l'avait sottement falsifié. Même en lui accordant la rétractation humiliante qu'il exigeait, on tâchait de la reprendre, de maintenir la calomnie, d'abuser encore le public. Il ne le souffrit point, écrivit de nouveau, envoya l'huissier, et le spectre correctionnel, à ce second coup, opéra pleinement. Ceux qui s'occupent de la presse doivent étudier cet instructif épisode. On verra comment un vénérable Évêque, un esprit et un talent que la postérité, — s'il y a encore une postérité pour la langue française, — placera sur le rang de Fénelon, a été traité par l'un de ces insignes messieurs qui ont maintenant le monopole de la presse. Et puisque cet Évêque avait lui-même été journaliste, on aura l'occasion de mesurer le progrès qui a fait tomber la presse des mains des Gerbet aux mains des Grandguillot. Notez que parmi les mignons du bureau de la presse, M. Grandguillot ne fut pas ce que l'on a vu de plus défectueux.

Le droit de réponse n'est pas sérieux. La pratique en est difficile, coûteuse, souvent répugnante, il atteint difficilement le but, il n'est pas entré dans les mœurs. C'est une chose malséante de répondre à certains journaux, et qui peut répondre à tous ? Les journaux n'ayant plus à craindre les conséquences si graves d'une condamnation en police correctionnelle, le droit de réponse devient à peu près illusoire. Si les lenteurs ne suffisent pas pour décourager le réclamant, l'on peut risquer un procès dont l'issue la plus redoutable ne va pas au delà d'une légère amende et d'un emprisonnement de quelques jours. On le risquera volontiers, lorsque l'emprisonnement devra être le bénéfice d'un secrétaire de rédaction chargé de famille.

La masse des lecteurs se soucie peu de ces aventures et ne s'éloignera pas d'un journal, parce qu'il aura souvent scandalisé l'insouciante probité publique et se sera souvent attiré le châtiment. Mais cette masse ne fait point la force; et quand le moment est venu, c'est toujours comme au mardi-gras : il suffit de quelques sergents de ville pour appréhender la danseuse au milieu du public honteusement amusé, et la conduire au violon. Vainement elle invoque la « masse, » elle n'y trouve point de répondants.

Ce qui manque à la presse, c'est une certaine existence soumise aux lois et non plus totalement dépendante du pouvoir. Elle n'a aucun besoin d'aucune sorte d'immunité contre les particuliers ou contre les dogmes, tant religieux que politiques. Plus elle devra s'observer elle-même en ce qui regarde les particuliers, plus elle aura la faculté de se contenir elle-même sur le terrain des opinions, plus vite et plus sûrement elle remontera dans l'estime publique. Des droits la relèveraient; toutes les immunités ne pourront que lui accroître le poids déjà écrasant de la colère et du mépris. En effet, les immunités la rendront de plus en plus insolente et oppressive envers les faibles, la laisseront de plus en plus servile et abaissée devant les forts, ou, pour mieux dire, devant le fort, puisqu'il n'y en a qu'un. Le Gouvernement seul est fort, tout le reste est faible. Ce qu'il protége est respecté, ce qu'il abandonne est vilipendé.

Si les journalistes de ce temps-ci, — ceux qui peuvent parler, — avaient soin de l'honneur de leur profession et de l'avenir de la liberté, s'ils étaient autre chose que des hommes de parti violents et impudents, ou des sicaires dévoués à toutes les besognes rétribuées, ou enfin des esprits perdus d'indifférence, de doute et de paresse, ils ne demanderaient pas des immunités dans la servitude, mais plutôt des responsabilités dans la liberté. Ils rougiraient d'avoir des priviléges et point de droits, des armes et point d'adversaires, d'être enfin une force de police contre les idées en pays conquis, plutôt que de loyaux soldats volontairement engagés pour faire légitimement une juste guerre.

Je peux me permettre ce langage. J'ai été journaliste. Durant vingt années, j'ai tenu la plume tous les jours. Quand cette plume a été brisée entre mes mains par un acte aussi facile à prévoir qu'à exécuter, je n'avais, je l'espère, jamais trahi ma profession, embrassée d'un libre choix, expérience déjà faite de tous ses labeurs et de tous ses déboires. Je ne pense pas que dans cet emploi j'aie été volontairement injuste envers personne, ni que j'aie refusé de réparer un tort, sachant l'avoir commis. Je n'ai pas décliné la charge de combattre ce qui me semblait contraire au bien public. J'ai fait de l'opposition sans jamais nier le droit du pouvoir. J'ai pris le parti du Gouvernement sans prétendre à aucune faveur, car je ne soutenais pas le Gouvernement parce qu'il était le Gouvernement, mais parce que, dans ce temps-là, le Gouvernément était lui-même ma cause ; et en le soutenant je gardais ma liberté et j'en usais. Enfin, je n'ai voulu tromper personne, et c'est ce que j'appelle n'avoir pas trahi ma profession, que j'estime très-belle et même glorieuse, lorsqu'elle est exercée assez dignement.

Et comme je ne l'ai pas trahie, je ne l'ai pas non plus flattée.

Je connais la presse. S'il s'agissait d'en faire présent au monde, j'hésiterais sans doute, et vraisemblablement je m'abstiendrais.

Mais il ne s'agit plus d'installer au milieu de la civilisation cet engin périlleux et peut-être destructeur. Il s'agit de vivre avec lui, d'en tirer le bien qu'il peut produire, de neutraliser, d'atténuer au moins le mal qu'il peut faire.

Je n'ai jamais tu que ce mal ne pût être très-grand et supérieur probablement au bien ; je n'ai jamais désespéré que le bien ne pût être réel et capable de contrebalancer jusqu'à un certain point le mal.

J'ai toujours pensé que la seule manière de maintenir cette sorte d'équilibre, était de donner à la presse une assez grande somme de liberté, et de lui imposer par des lois sévères une somme égale de responsabilité.

Une liberté illimitée comme on l'a demandée souvent, et telle qu'elle a presque existé quelquefois ; une servitude illimitée telle qu'elle est imposée aujourd'hui, ce sont deux moyens différents mais également efficaces pour faire produire à la presse le mal absolu. Alors elle est véritablement et exclusivement un instrument de destruction. Dans les deux cas, au point présent de la civilisation, avec l'influence que la presse y exerce nécessairement, l'autorité, la religion, la morale, l'art, la langue, la politesse des mœurs, ne peuvent avoir un ennemi plus redoutable que la presse complétement libre ou complétement asservie.

III

DEUX FIGURES.

Galvaudin est homme de lettres et député. Comme homme de lettres, ses opinions sont larges ; comme député, ses votes sont décents. Comme homme de lettres et comme député, il écrit dans le *Mercure belge;* là, il concilie la décence et la largeur.

Il est si bien renseigné qu'il ne fait jamais passer que les nouvelles qu'il faut.

Pour varier ses correspondances et égayer la gravité des communications politiques, il hante les grands festins officiels. Comme député, il les mange ; comme homme de lettres, il les décrit ; comme correspondant du *Mercure belge,* il se les fait payer. Il faut bien qu'il mange pour décrire, il faut bien qu'on le paie puisqu'il a décrit. Heureux Galvaudin !

Chaque coup de fourchette qu'il donne, c'est vingt sous qu'il met dans sa poche, peut-être trente sous. Le *Mercure* ne saurait se montrer chiche envers un homme qui ne fait passer que les nouvelles qu'il faut.

L'homme qui ne fait passer que les nouvelles qu'il faut est très-utile pour plaider en faveur de celui qui fait passer les nouvelles qu'il ne faut pas. L'innocent obtient la grâce du coupable.

Dernièrement Galvaudin entretenait le monde du grand dîner de Son Excellence Monsieur le...

Monsieur le... connaît les hommes. Il a deux chiens qu'il aime par-dessus tout. Ces deux chiens restent dans son antichambre lorsqu'il reçoit. En reconduisant ses visiteurs, il prend plaisir à regarder ses chiens. Un jour qu'il reconduisait Galvaudin, il lui a dit : — Voilà de nobles bêtes ! de nobles créatures de Dieu !

Après la description du dîner et des convives, le publiciste et législateur Galvaudin est venu aux chiens de Son Excellence. Il leur a consacré une quinzaine de lignes, contenant le détail de leurs grâces et traits d'esprit.

Et mon valet de chambre est mis dans les gazettes.

Mais Alceste se fâcherait-il si c'était son chien et

non son valet de chambre qu'on eût mis dans les gazettes ? La gloire du valet de chambre est personnelle ; la gloire du chien retourne toute à son maître.

Le même flatteur de chiens, dans le même *Mercure*, a beaucoup vanté les bottes d'un autre ministre. C'était un ministre encore jeune, qui posait un peu pour le pied. Galvaudin a dit comme ce ministre était bien chaussé, et ses bottes bien luisantes ; il s'est étonné qu'un simple mortel pût trouver un si beau vernis.

Ne le croyez point si absolument sot. Il ignore peut-être pourquoi vous ne l'estimez pas, mais il sait bien que ce grand personnage aime ses chiens, et cet autre ses bottes, et qu'il se rend agréable en appuyant sur le mérite des chiens et en faisant reluire les bottes. Cette note pourra n'être pas superflue. Elle pourra maintenir des électeurs, elle pourra faciliter l'octroi d'une concession. Quant à la moralité, hélas ! Galvaudin n'est qu'un précurseur. Le temps vient, et c'est maintenant, où ces bassesses n'étonneront plus. Laissez mourir quelques hommes, laissez tomber quelques souvenirs, vous verrez ! Galvaudin lui-même trouvera qu'on va bien loin, il dira, et il n'aura pas tort qu'il gardait mieux là dignité qui convient au député et à l'homme de lettres.

Au commencement de la guerre d'Italie, Jubin rédigeait un journal par autorité de Justice. C'est-à-dire que les propriétaires le voulaient mettre à la porte, s'apercevant qu'il tuait l'abonné ; mais la Justice a ses idées, qui ne sont pas toujours les nôtres, et elle maintenait Jubin. Naturellement il était Italien, italianissime. Oh ! comme l'abonné tombait. Un jour, saisi d'un beau zèle, totalement résolu d'affranchir la patrie du Dante et de n'y plus souffrir un Autrichien, il conseilla aux Italiens « la guerre au couteau. » Pour le coup, il fit sensation.

Personne ne le croit méchant dans l'âme, et l'on accordait qu'il n'avait dit cela que pour dire quelque chose. — Hélas ! pensaient les propriétaires du journal, nous nous moquons bien de son couteau ! C'est sa plume qui tranche nos destinées...

Toutefois ce tour de littérature parut un peu sauvage, surtout en premier-Paris. Et comme Jubin est député, on le pria de veiller à ne pas trop contaminer le Corps. L'affaire devenait grave. Jubin, qui d'abord n'en avait fait que rire, se rétracta, protestant qu'il n'avait voulu parler que de tout petits couteaux, et encore par figure de rhétorique.

Mais la Justice n'en eut pas le démenti : le journal creva.

IV

BONIFACE!

Un grand journal, bien imprimé, sérieux, vertueux même, et même religieux; un journal qui a ce que l'on appelle de la tenue, c'est le *Constitutionnel*. Là écrivent Dréolle, Vitu, Grandguillot, Limayrac, tous chevaliers de la Légion d'honneur et de plusieurs ordres étrangers; et quelquefois des dieux y prennent la plume sous le nom de Boniface.

Boniface, qu'est-ce que c'est? Cela se murmure, on ne l'articule pas. « Autant le ciel est au-dessus de la terre, a dit un jour l'ami Guéroult, qui sait bien des choses, autant Boniface est au-dessus de Grandguillot! » Voilà de quoi rêver, car Dréolle et Vitu sont grains de poussière devant Grandguillot, qui n'est rien devant Boniface.

Grandguillot n'ignore point sa stature, comparativement aux autres mortels qui écrivent dans les journaux mortels. Il reçoit les rayons premiers de Boniface, et sa tête resplendit déjà quand tout demeure encore dans l'ombre. Grandguillot ne fait aucune difficulté de prendre certains peuples sous sa protection. Je me souviens de lui avoir entendu dire : « Le peuple allemand nous inspire de l'intérêt. Dréolle n'ose pas encore ouvrir tant son cœur et se

bras ; il protége modestement les Moldo-Valaques :
« Les Moldo-Valaques savent que nous sommes leur
ami. » Vitu étend sa plume sur la belle Italie :
« L'Italie n'ignore pas l'affection que nous avons pour
elle. » Mais Boniface seul règle les affaires du monde
entier. Il ne fait pas comme Limayrac, qui destitue
parfois les souverains ; de la part de Boniface, ce
serait trop grave.

Les jours de Boniface, Paris, n'est plus Paris :
c'est *Bonifaciopolis*.

V

TROIS AUTRES FIGURES.

Galvaudin, Trivois et Fouilloux, de la presse officieuse, sont à peindre quand par hasard quelque téméraire, s'oubliant la plume à la main, vient à les chiffonner. Ils se retirent soudain, en bon ordre, prononçant ce qu'ils appellent des paroles de dignité. Ce n'est pas qu'ils craignent ! Ils ne se feront point le tort de croire qu'un adversaire quelconque leur soit à redouter. Mais très-sérieusement, ils s'étonnent de rencontrer encore sur la terre des écrivains qui osent s'attaquer aux confidents et précurseurs du seigneur. *Communiqué.* Un sentiment mal défini se remue au fond de leurs âmes. Je viens, mignons, vous apprendre à lire en vous-mêmes : Vous pensez que les gens qui frappent sur votre galon pourraient bien être coupables de lèse-majesté et qu'il ne vous sied pas de les combattre, mais qu'il faut qu'on les juge. A Rome, quand un patricien châtiait son esclave insolent, l'esclave prenait dans ses mains une image de César ; et si le maître irrité ne s'arrêtait pas, il avait manqué de respect à César, et il était digne de mort.

N'est-ce pas que c'est cela ?

Et puis l'on s'étonne que Galvaudin, Trivois et Fouilloux ne sachent pas le français et ne se donnent pas la peine de l'apprendre ! D'abord, n'apprend pas le français qui veut, et il faut être né pour cela ; et pourquoi apprendre le français ? Le seigneur Communiqué n'a nul souci du français.

C'est une belle et noble langue, le français. On ne sait pas le français, on ne le parle pas, on ne l'écrit pas sans savoir quantité d'autres choses qui font ce que l'on appelait jadis *l'honnête homme*. Le français porte mal le mensonge. Pour parler français, il faut avoir dans l'âme un fonds de noblesse et de sincérité. Vous objectez Voltaire. Voltaire, qui d'ailleurs n'était pas un sot, n'a parlé qu'une langue desséchée et déjà notablement avilie. Le beau français, le grand français n'est à la main que des honnêtes gens. Une âme vile, une âme menteuse, une âme jalouse et même simplement turbulente ne parlera jamais complètement bien cette langue des Bossuet, des Fénelon, des Sévigné, des Corneille, des Racine ; elle possèdera quelques

4

notes, jamais tout le clavier. Il y aura du mélange, de l'obscurité, de l'emphase. Quant à ces grimauds, je défie seulement qu'ils s'élèvent jusqu'à la plate correction. Comment parviendraient-ils à mentir et à déraisonner sans fausser, gonfler, crever une langue que le Christianisme a faite pour la logique et la vérité?

Dans ces écoles, dans ces cuisines des officieux, on pille le dictionnaire, et une ignorance perverse en fait d'horribles fricassées. Ils rencontrent parfois des choses d'un ridicule insensé et amer; ils les présentent avec ingénuité, elles obtiennent de la sottise publique un succès désespérant pour le bon sens qui en voit là fortune. Ainsi, sans être sifflé que par la misérable petite troupe des honnêtes gens instruits, un officieux anonyme s'est pu dire : *Catholique sincère,* MAIS *indépendant.* S'il avait dit : « Chrétien sincère, mais indépendant, » cela n'eût pas paru plus absurde que toute autre locution à l'usage du docteur Coquerel. « Chrétien indépendant, » tout court, eût été moins déraisonnable encore, du moins à l'œil. Car, de quoi indépendant? du Christ, sans doute? Et alors vous n'êtes pas chrétien, Monsieur l'Officieux, puisque le chrétien dépend du Christ et ne peut briser sa dépendance qu'à la condition d'abjurer. Mais *Catholique,* mais *sincère* et *indépendant,* voilà le comble de la contradiction et en même temps le comble de la niaiserie, car il s'agit de tromper les catholiques, et vous parlez de façon à n'en tromper aucun.

Le catholique sincère, — écoutez ceci Trivois, Fouilloux et Galvaudin, — le catholique sincère est celui qui fait profession de croire que Jésus-Christ, vrai Dieu et seul Dieu, parle par la bouche de Pierre, qui est le Pape. Et lorsque vous vous proclamez catholiques *sincères*, et qu'en même temps vous rejetez l'enseignement du pontife romain, c'est comme si vous preniez soin de déclarer que vous êtes... ce que l'on sait très-bien.

Pour dire la vérité, s'ils travaillent à déposséder le Pape, ce n'est pas qu'ils y tiennent personnellement. Trivois est modéré, Fouilloux a secrètement des principes, Galvaudin fut nourri par l'Église. Que *Communiqué* leur ordonne de n'être plus que sincères et point indépendants, les voilà orthodoxes, et peut-être avec plaisir, et prêts à faire feu sur Ricasoli ; et ils demanderont la croix de Saint-Grégoire, s'ils ne l'ont déjà.

En logique, en morale surtout, c'est là que les journaux officieux sont indépendants. Mon Dieu, cette pauvre morale, comme ils la tripotent ! J'en veux fournir un exemple. On y trouvera diverses odeurs de Paris, distillées de main experte.

VI

CHRONIQUE DE GROSSE PRESSE.

Certain journal officieux possède un chroniqueur, que je soupçonne d'être quelque vieille femme sous son accoutrement masculin. Un homme, même faisant la chronique, ne saurait avoir cette voix et ce fumet, n'aurait pas surtout ces audaces. Quel vieux sans-souci d'eunuque, s'il est mâle! Depuis Pandarus de Troie, jamais courtier d'amours ne montra plus d'aisance au métier. Sa manière est de conter des histoires où l'on voit toutes sortes de belles jeunes femmes, « du meilleur monde, » couronner toutes sortes de beaux gens de lettres et artistes peintres et musiciens. On sent là un appétit dépravé qui se porte au cuistre, et j'attends pour un de ces matins l'histoire d'une duchesse, veuve ou mariée, — peu importe, — qui viendra d'enlever un pion du lycée de Cahors, pour lui partager trois cent mille livres de rente.

Mais le plus inimaginable, et ce qui devrait à la fin révolter la direction du journal, c'est le style. L'infection du fond est dépassée par les sordidités de la forme. Je ne sais comment il fait, ce chroniqueur; ce n'est pas naturel d'écrire ainsi. Le diable, qui aime à déshonorer son monde, lui aura mis en main quelque crayon tournant! Une image pourra rendre l'impression d'horreur sous laquelle m'a laissé ce que je viens de lire.

Figurez-vous la loge d'une actrice de province fortement chevronnée. Un quinquet fumeux, d'affreuses défroques éparses sur les meubles écorchés, vingt cosmétiques aux senteurs rances, voilà le décor. La dame s'habille en causant avec ses amis : elle se teint, elle se farde, elle se cotonne, elle s'accroche des cheveux, elle se plante des dents, elle pleure ses crins gris qui restent au peigne, elle tousse, elle boit des liqueurs fortes, elle fait une reprise à son manteau de cour, elle raconte ses victoires passées ; elle est prête, elle va jouer *Célimène.* Sentez-vous la pitié, le dégoût, l'épouvante ? Avez-vous besoin de fuir comme si cette haleine vous poursuivait, comme si ce fard s'approchait de votre visage, comme si cette voix enrouée vous parlait, comme si ces pensées tachaient votre conscience ? Vous avez une idée de la manière.

Savourez maintenant un échantillon. C'est la description du bal de l'Opéra et des choses intéressantes qui s'ensuivent :

« Paris a ses plaisirs qu'on ne saurait rencontrer ailleurs, il a ses bals masqués et son carnaval excentrique, qui attire les curieux du bout du monde. Pour la *généralité*, l'intrigue spirituelle et *causeuse* est remplacée par la danse *échevelée*, par les *cabrioleuses de tous les grades*, et le bal de l'Opéra n'est plus qu'une immense débauche de mouvements et de paroles. On tire à boulets rouges sur les hommes riches, on s'occupe surtout de leur portefeuille, on ne cherche pas à éveiller leur curiosité, mais à fixer leur attention *positive* (*sic*) et à en recueillir les fruits. Pour les hommes célèbres, c'est autre chose. Les femmes qui cherchent l'argent vont à l'argent, celles qui cherchent l'esprit vont à l'esprit. Il n'est guère d'*illustres* qui ne soient connus personnellement, surtout depuis la photographie ; leurs portraits sont partout. Ils peuvent s'entendre nommer en passant ; c'est à eux que les femmes *distinguées s'attaquent*. Il en est de *fort nobles*, de fort belles, pour qui c'est une distraction favorite. »

Voyez-vous une femme *fort noble* s'attaquant à *Trivois*, qui est illustre, et une femme *fort belle* faisant sa distraction favorite de déranger *Fouilloux* ?

« Et chaque samedi *il se déroule* plusieurs aventures très-amusantes ; *elles ont ou elles n'ont pas de suites ; ce sont* la plupart du temps de petits romans dont le dénouement reste *incomplet*, et qui n'en *sont* pas moins de charmants souvenirs. »

Vous sentez les cosmétiques rances, et « *charmants souvenirs* » me paraît exprimer merveilleusement les cheveux gris qui restent au peigne ébréché.

A présent, nous allons voir sir Pandarus négociant une affaire entre Troïle et Cressida :

« Il y a quinze jours, trois personnes soupaient dans un cabinet de la Maison d'or, après un bal de l'Opéra. C'était *d'abord* une jeune femme aux yeux bleus, aux cheveux blonds, à la taille élégante. Son *sourire bordé de perles ne le cédait qu'à son teint mat et uni* ; on ne savait *lequel* admirer davantage. C'était *ensuite* une femme plus âgée, dont la physionomie *pleine de charmes* aura toujours vingt ans... »

Cette femme plus âgée, mais *pleine de charmes,* ne serait-elle pas la marquise du coin, Madame Macette de Vatenville, qui tient assortiment de sujets pour la chronique?

« C'était *enfin* un jeune homme *poétique et rêveur,* fort connu et fort apprécié dans la littérature et dans le monde. »

Cherchez entre le chevalier Bruscambille et le beau Philibrand.

« La jeune femme semblait triste, son amie l'encourageait de son mieux, et leur *chevalier* l'interrogeait avec un intérêt *bien senti* sur la cause de sa tristesse. »

J'ai laissé passer les expressions gauches et minables, mais il me semble que le terme de *chevalier* est ici tout à fait impropre. Dans le français même de l'auteur et des femmes « distinguées » qu'il met en scène, il faudrait *chamelier*:

La confidente prend la parole, et dit au jeune homme poétique et rêveur : « Je vous expliquerai ce qui vous semble obscur *dans notre manière d'être.* Tel est le ton des femmes fort nobles qui posent devant la chronique.

La matrone poursuit. Elle explique comment son amie au-sourire « bordé de perles, » ayant reconnu le jeune homme poétique et rêveur, *lui a demandé à souper* pour avoir occasion de lui faire « connaître sa position et le prier de l'aider à en sortir. » Suit le détail de la « position » de l'amie :

« Elle a été mariée en province, à seize ans, à un homme sans intelligence et sans cœur, *plus âgé qu'elle et incapable de la comprendre*. Elle se réfugia *dans son imagination* pour se consoler, lut beaucoup de romans et *se monta la tête*. Un jeune homme, amoureux d'elle, *en profita;* il lui persuada qu'elle serait toujours malheureuse *dans de pareilles conditions*, et *un beau soir* ils partirent ensemble pour Paris. Le mari ne se dérangea pas pour courir après eux. La famille, la ville entière les accablèrent de malédictions; mon amie ne *s'en effraya pas;* elle s'appuyait sur son amour; elle le croyait éternel, et tout ce qui n'était pas cet amour ne lui paraissait pas digne de l'occuper. Les amants conservaient *une sorte de décorum*, ils ne demeuraient pas ensemble, et, à la rigueur, *avec un peu de hardiesse*, on eût pu nier la partie *essentielle du scandale*. »

Voyez-vous comme cette « plus âgée, » mais « pleine de charmes, » vous raconte tout cela en habituée, aussi platement et aussi peu gênée que s'il s'agissait d'une aventure avec sa revendeuse !

Elle continue :

« Tout *alla bien* pendant les premiers mois, la lune de miel eut un éclat *splendide*, ils s'aimèrent et se le répétèrent *sans s'en* fatiguer, jusqu'au moment où l'amoureux fit de *nouvelles connaissances*. Elles l'entraînèrent; il commença par se faire attendre, puis il vint moins souvent, puis il ne vint plus du tout. Après trois jours d'angoisses, la pauvre femme se mit en quête; elle apprit qu'*il la trompait*, qu'il passait ses nuits en *parties et au bal,* et qu'il menait la joyeuse vie du carnaval dans toute sa folie... »

Peinture du désespoir de la pauvre abandonnée, une seconde fois incomprise. Il y a des détails ineffables. L'abandonnée ne pouvant rencontrer son infidèle, prend un parti héroïque :

« Elle courut chez lui, *demanda la clef à son portier*, bien résolue à s'établir *dans sa chambre,* où il finirait par rentrer. Le portier n'avait pas cette clef, ou il ne se souciait pas de la donner, *tant y a* que *la malheureuse* monta jusqu'à la porte, et s'assit sur le PAILLASSON ! Ce qu'elle souffrit pendant cette nuit, vous le devinez ; je ne saurais l'exprimer. »

Et moi je ne saurais plus rien ramasser après ce « paillasson, » et je m'arrête devant ce trait de littérature d'un journal autorisé par le gouvernement français.

Et penser que c'est avec cela qu'on divertit les gens bien pensants, et qu'on leur gâte leurs épouses !

VII

A MONSIEUR LOUIS JOURDAN
RÉDACTEUR DU *SIÈCLE*.

J'évite la lecture du *Siècle,* compère Louis Jourdan. Vous êtes là un chœur de cacographes qui n'avez plus rien à me montrer, et qui me donneriez trop la tentation d'écrire.

Je n'écris point quand je veux, compère! Il me faut ou beaucoup de papier, ou un peu de timbre, et passer par bien des tourniquets redoutés. Pour écarter ce poète d'avant-cour, M. Augier, qui me giboyait en plein théâtre impérial, j'ai dû brocher environ trois cents pages. Qu'il s'agisse de politique, de religion, d'économie sociale, ou seulement de repousser les attaques de l'histrionnerie, la moindre chose que je veuille dire m'oblige de demander au lecteur 75 centimes tout au moins. Vous autres, heureux cacographes, vous êtes libres comme la Belle-Hélène. Vous tenez tous les propos, vous faites tous les gestes, vous dansez toutes les danses; vous donnez par dessus le marché un assassinat, un viol, le programme des théâtres, dix adresses de remèdes secrets, — et tout cela pour trois sous.

Prissé-je le parti insensé de faire chaque semaine

une brochure à 75 centimes, il y a des lois qui me protégeraient contre ma folie. *Périodicité déguisée,* délit prévu par quantité d'articles munis de crocs, de pinces et de courroies : amende, prison, confiscation. Vous le savez, homme juste!

Vous comprenez donc que la lecture des journaux me ferait davantage sentir, sans nul profit, le bâillon que je porte depuis six ans. Votre *Siècle* aimant surtout à s'occuper de l'Église, je m'écarte du *Siècle* surtout. Imaginez un prisonnier qui ne pourrait regarder à travers ses barreaux sans voir une certaine livrée outrager sa mère... Ah! cacographes, si j'ai parfois, quand j'étais libre, troublé vos délices, vous êtes vengés!

Mais en dépit de mes précautions, le *Siècle* est entré chez moi tout à l'heure, autour d'un ressemelage. J'ai vu votre nom, compère; j'ai vu que vous parliez de Voltaire, de Nonotte, de Patouillet, et j'ai pensé qu'il y avait pour moi, dans ce numéro du *Siècle,* autre chose encore que mes vieux souliers.

J'ai lu, j'écris. Que voulez-vous? Je me sens si bien mon Jourdan au bout de la plume! Après tout, compère, vous êtes un écrivain de quarante mille abonnés, d'un million de lecteurs, et une des grandes figures de ce temps; et le *Siècle* est un réceptacle de choses très-parisiennes.

Au bout de six ans, je vous retrouve tel que je vous

ai laissé. Hélas! pardonnez-moi le compliment, vous n'avez rien perdu!

En ce temps-là, vous étiez fécond en aperçus borgnes et en raisonnements boiteux; votre esprit ne voyait pas juste, ne marchait pas droit; vous faisiez l'entendu et vous chopiez toujours; vous affichiez des maximes libérales et vous les dissolviez par des affirmations de sectaire; vous ne cessiez de crier justice, liberté, amour, et vous ne manquiez jamais de conclure pour le fort contre l'opprimé : je retrouve tout cela. Il vous était ordinaire aussi de raisonner contre vous-même, d'apporter des preuves qui ruinaient vos arguments : je retrouve cette méthode. Quelque peau que vous eussiez revêtue, ou de brebis ou de lion, toujours vous laissiez passer des oreilles d'une extraordinaire longueur : oh! que c'est toujours bien vous!

Dans le morne sanhédrin cacographique, votre physionomie se distinguait par un épanouissement prodigieux de satisfaction. Aucun ne doutait de soi, vous seul aviez cette plénitude et ce sourire. Vous êtes tel encore, et je dois avouer que jamais vous ne me parûtes plus incapable, ni si content.

Venons à l'affaire.

Vous savez donc, vase d'érudition, que Voltaire a injurié deux jésuites, dont l'un se nommait Nonotte et l'autre Patouillet. Mais pourquoi Voltaire a-t-il injurié ces deux jésuites? Vous l'ignorez probablement; vous le voulez ignorer, peut-être! Ou ce point passe votre science, ou il gêne votre conscience. Vous avez besoin de ne pas savoir que les deux jésuites, orateurs et polémistes instruits, furent en outre religieux fidèles, fidèles amis, gens de cœur dans toute la belle force du mot.

Assurément, compère, la nombreuse rédaction du *Siècle*, soigneusement distillée, ne donnerait pas au récipient un seul humaniste ni un seul écrivain qui valût le seul Nonotte ou le seul Patouillet; et toutes vos vertus n'emporteraient point les leurs, chacun d'eux ayant le poids reconnu d'un homme de bien.

Défenseur de Christophe de Beaumont contre le Parlement, le P. Patouillet souffrit l'exil pour la juste cause de ce grand évêque. Le doux et inoffensif Nonotte, enveloppé dans la proscription des Jésuites, acheva de vivre, honoré de l'affection de ses concitoyens. Il mourut en 1793, à temps pour n'être pas guillotiné, la plume à la main, ayant gardé la règle proscrite, voyant le succès des doctrines voltairiennes, assuré d'avoir combattu pour la vérité et pour l'humanité. Ses principaux ouvrages, souvent traduits, ont été réimprimés plusieurs fois; nous avons une édition récente de son *Dictionnaire philosophique de la Religion*. Qui s'avisera, compère, de traduire, même en bon français, les *Prières de Ludovic*, votre ouvrage capital, et quel fou d'éditeur voudra jamais imprimer une bottelette de vos articles choisis?

Je consens que l'on dédaigne la science arriérée du P. Nonotte (supérieure néanmoins à celle de Voltaire), et j'accorde que l'estimable *Histoire du Pélagianisme,* du P. Patouillet, n'est pas à graver sur airain. Mais enfin l'auteur des *Prières de Ludovic* prend place dans la hiérarchie littéraire fort au-dessous de Nonotte et de Patouillet. — Oui, Monsieur, et c'est ce que tout le monde vous dira.

Après la publication de l'*Essai sur les Mœurs,* le P. Nonotte donna un livre intitulé : « *Erreurs de M. de Voltaire.* » Déjà le P. Patouillet, adversaire résolu du fanatisme janséniste, avait atteint le grand porte-voix de toute hérésie. Voltaire entra en fureur pour toujours : il ne cessa plus de crier que Patouillet et Nonotte étaient des assassins. Sa première charge contre Nonotte contient toutes les injures qu'il vociféra vingt ans. Il termine par ces élégances voltairiennes : « Si tu « n'avais été qu'un ignorant, nous aurions eu de la « charité pour toi ; mais tu n'as été qu'un satirique « insolent, nous t'avons puni. » Les cacographes atteindraient cette hauteur.

Voltaire a surtout appelé Nonotte Nonotte et Patouillet Patouillet. C'est le fond de cette fameuse moquerie. Supposons que Nonotte se fût nommé Havin, et que Patouillet se fût nommé Jourdan, il n'y aurait plus rien de drôle.

Quant à prouver que l'*Essai sur les Mœurs* n'est pas

un livre frivole et indécent, Voltaire ne s'en tira point. Vous devriez, compère Jourdan, entreprendre cette apologie. Obtenez du Gouvernement et de M. Havin que nous vidions face à face, vous et moi, dans le *Siècle*, le procès de Voltaire contre Nonotte à l'occasion de l'*Essai sur les Mœurs*. Vous serez Voltaire, je serai l'autre, et vous m'appellerez Nonotte tant qu'il vous plaira. Je vous promets des émotions.

Nonotte en éprouva peu. Attaquer Voltaire, lui tenir tête, c'était grave pourtant. Voltaire avait la grimace du singe, la dent de la vipère, la rancune du damné, ne se privait de rien, osait tout impunément. Il ne se contentait pas de houspiller, de mordre, de calomnier, de tutoyer, d'y revenir ; il était bien avec la police, tradition conservée dans son école. Quand il avait longuement diffamé ses contradicteurs, il les faisait supprimer et il les diffamait encore. Fréron et d'autres subirent la bassesse de ses vengances, elles avaient suivi Patouillet dans l'exil, elles s'acharnèrent sur Nonotte proscrit. Mais le bonhomme ne recula point. Tranquillement il fortifiait son livre et donnait ses calmes réponses, approuvées des gens de bien. Je crois fort que le vieux jésuite, avec son nom inimaginable de Nonotte, si facile à berner, a tiré des tendres yeux d'Arouet quelques larmes plus chaudes que son rire. Arouet ne rit pas de bon cœur, il grince ; le jésuite chemine d'un pas lent et régulier, comme si son tricorne était parfaitement à l'épreuve des traits barbelés d'Apollon. Ramassant tous ces sarcasmes, il en composa le joli recueil des *Honnêtetés littéraires.* Voltaire craignait fort les verges, on le voit à ses trépignements, et il ne laissa pas d'être souvent fouetté. A mon avis, rien que par cette sensibilité d'épiderme, Dieu fut déjà très-amplement vengé ici-bas des impertinences du maître moqueur. Pauvre Voltaire! immatriculé maintenant parmi ceux que Tertullien appelle les *sots éternels,* il voit qui balance l'encensoir devant son plâtre accouplé avec Rousseau de Genève, plus honoré que lui!

———

A présent, laissez-moi chercher, compère, pourquoi vous venez, en 1866, injurier Patouillet et Nonotte.

Est-ce parce qu'ils ont combattu un écrivain dont le mérite surpassait le leur? — ou parce que cet écrivain était, pour des raisons quelconques, plus puissant sur l'opinion? — ou enfin parce qu'ils ont honnêtement gardé leurs noms comiques de Nonotte et de Patouillet en présence d'un homme qui avait eu l'esprit de ne pas se montrer au monde sous le nom d'Arouet?

Je considère la rédaction du *Siècle.* Que voyons-nous là? Un gros de demi-lettrés (je fais bien les choses) qui jugent et souvent déchirent quantité d'écrivains morts ou vivants dont le mérite surpasse infiniment le leur; des Nonottes et des Patouillets (sauf réserves) qui ne se gênent pas d'exécuter les Joseph de Maistre, les Bonald, les Châteaubriant, les Guizot et tant d'autres singulièrement plus experts qu'eux-mêmes au métier de penser et d'écrire. Et, comme je me suis donné l'honneur de vous le dire, le vrai Nonotte et le vrai Patouillet dépassent déjà de beaucoup Patouillet-Bédollière et Nonotte-Jourdan.

Si Patouillet et Nonotte, bons humanistes, bons théologiens, écrivains fort passables, n'eurent pas le droit de se prendre à *l'Essai sur les Mœurs,* et doivent être honnis séculairement pour cette impertinence, je demande quels sont les droits du *Siècle* à l'égard de n'importe qui ? Dites vous-même ce que mériterait l'auteur des *Prières de Ludovic* s'attaquant à l'auteur des *Soirées de Saint-Pétersbousg !*

J'approuverais peut-être, moi, qu'on ne pût écrire dans un journal avant certain petit examen ; je n'empêcherais pas, peut-être, que tout journaliste convaincu d'avoir trop erré en matière de littérature et d'histoire, fût mis à pied comme un cocher d'*omnibus* qui accroche trop souvent : mais que ce soit le *Siècle* qui pousse à la répression des écrivains incapables, — c'est cynique !

Objecterez-vous qu'au *Siècle* on a des noms tout gracieux : Plée, Havin, Gigault de Bédollière, Jourdan ? Allez ! tout cela n'est pas si loin du son de Patouillet. Il y a des gens que ces noms font rire. Observez, cacographes, qu'aucun de vous ne passe nulle part pour la fleur des pois. Vous avez pu vous faire cinquante mille abonnés, mais pas un flatteur. Dans le nouveau *Trésor littéraire*, d'étranges pièces sont entrées : rien du *Siècle* ! Méditez ce certificat à l'envers, et saluez Nonotte *réimprimé* maintes fois !

Et si vous tenez, compère, que tout écrivain vivant et mort relève de la critique, que les moindres ont droit de contrôle sur les plus illustres, que dans la république des lettres, le suffrage universel est en vigueur de tout temps, c'est mon avis. Mais alors, pourquoi cette furie contre Patouillet et Nonotte ? Pourquoi Voltaire doit-il être excepté de la loi commune ? Parce qu'il est dieu ? Vous êtes fétichiste ! Parce qu'il est fort et triomphant ? Vous êtes sicaire !

Un mot sur la cafardise libérale. Elle a sa place dans vos moindres compositions, et je la rencontre ici.

Tout en barbouillant de votre mieux deux honnêtes gens qui ont rempli leur devoir envers la vérité, vous faites un tableau vertueux des obligations de la polémique. La polémique doit être sincère, équitable, réservée, douce, etc. ; elle doit ménager les personnes, respecter les caractères, etc. Tout cela, vous le dites pour glorifier qui ? Voltaire, le polémiste le plus diffamant, le plus souillant, le plus emporté qui fut jamais ; Voltaire, dont le plus ordinaire tour était d'accuser de vices infâmes quiconque contestait ses idées, ou seulement avouait dormir à ses vers :

Vous m'avez endormi, disait le bon Trublet.
J'ai réveillé mon homme à grands coups de sifflet.

Et le pauvre bon Trublet en eut pour le reste de ses jours.

Mais peut-être que vous ignorez ce détail. En vérité, je ne serais nullement surpris que vous n'eussiez point lu Voltaire. C'est si éloigné de votre façon ! Et puis, vous pourriez être de ces dévots prudents qui n'entrent jamais dans le temple, pour ne pas rougir en eux-mêmes des ignominies de l'idole.

———

J'arrive au fond, et tout ce qui précède n'est que pour me distraire mélancoliquement en considérant un de mes vainqueurs. Car je sais et ne nie pas, compère, que vous êtes une portion notable de ce bœuf dont j'ai parlé quelque part (1), qui foule le pâtre désarmé.

Nonotte, Patouillet, Voltaire même vous importent peu. Vous n'avez pas pour but de venger l'auteur de la *Pucelle*, et ces noms ne vous sont qu'un chemin couvert pour arriver ailleurs. Il vous est survenu, Dieu sait pourquoi, quelque besoin d'injurier les anciens rédacteurs de l'*Univers* supprimé. Ce sont eux, n'est-ce pas, qui sont Nonotte et Patouillet ? Que ne le dites-vous tout franc ? Aucun ne le pren-

(1) *Libres Penseurs.*

drait pour outrage, et ils confessent qu'il y a des ressemblances plus éloignées. Toute révérence gardée envers le P. Nonotte et le P. Patouillet, les rédacteurs de l'*Univers*, avec de moindres mérites, ont soutenu le même combat contre de moindres adversaires. Ils ont été moins meurtris par la polémique voltairienne, fort ramollie en ce temps et totalement incapable d'immortaliser ses victimes; ils n'ont pas été moins proscrits par la police, toujours affidée aux voltairiens. Supprimés, bâillonnés, n'est-il pas juste et naturel qu'ils soient aboyés encore par la meute qu'ils ont fait reculer tant de fois?

Et je ne trouve pas du tout au-dessous de vous, compère, que vous fassiez ce service-là.

———

Comme successeur principal du P. Nonotte, qui certainement n'a gardé aucun ressentiment contre M. de Voltaire, considérant que plus d'une fois vous fûtes endommagé, je vous remets cet essai de vengeance. Allez en paix, mon garçon; il n'est pas dans vos moyens de faire beaucoup de mal. Mais pourtant prenez garde et tâchez de gouverner mieux votre voix.

Votre article est intitulé: *La Maison Patouillet, Nonotte et compagnie*, comme si l'*Univers* avait été un lieu où se fissent des trafics. Il ne faut pas donner à entendre de ces choses-là, et vous souffrirez que je vous crie: *Casse-cou!*

Nonotte et Patouillet, compère, ont défendu la vérité à leurs dépens, et les rédacteurs de l'*Univers* de même. Personne jamais n'a ouï dire qu'ils eussent rédigé des prospectus, ni manipulé aucune commandite, ni tendu aucuns gluaux au peuple des bailleurs de fonds. Je ne prétends pas que ce soit crime de faire cela, je dis qu'ils n'ont pas fait cela.

Et s'ils l'avaient fait, ce ne serait point à vous, compère, de les lapider. Ne vous souvient-il plus d'une maison Jourdan et Cie qui brochait de la littérature appliquée à la production des dividendes, et d'un *Journal des Actionnaires* qui finit par filer un assez vilain coton ?

Soyez onctueux, mon ami, rien qu'onctueux ; vous glisserez mieux dans les mains qui vous pourraient prendre.

Vale.

LIVRE II

LA PETITE PRESSE

I

VUE GÉNÉRALE.

En ce temps-là, entre le crépuscule de Lafayette è l'aurore d'Émile, le pavé de Paris appartenait à quelques douzaines de pauvres diables qui avaient permission d'assembler le peuple dans les carrefours. Ils étaient les restes assainis de la Cour-des-Miracles, vendeurs d'orviétan, montreurs de phénomènes, faiseurs de tours, diseurs de bonne aventure et de chansons ; ils portaient les vieux noms du pays de Bonne-Humeur : Bobèche, Paillasse, L'Enrhumé, Tire-de-Long, Petit-Salé, etc. On ignorait leur vie privée, ils menaient la vie publique le plus correctement du monde, révérencieux à l'autorité, respectueux pour les mœurs, n'insultant personne ni par gestes ni par propos, courtois entre confrères. Le vieux L'Enrhumé, qui faisait tomber les cors et durillons, ménageait Petit-Salé, son jeune rival, qui prétendait les fondre ; et Petit-Salé, touchant son chapeau, disait : — Monsieur L'Enrhumé possède son secret, moi le mien. Paris est assez grand pour nous deux, et l'humanité souffrante a besoin de moi comme de lui !

Leur principal moyen de succès à tous était la parole. Il s'agissait d'attirer la foule, et ensuite de lui vendre le remède à tous maux, ou de lui faire payer d'avance le tour merveilleux qu'on n'exécuterait pas et la vue du phénomène qu'on ne montrerait pas. La foule ne croyait pas au remède, ni au phénomène, et elle avait été prise cent fois à la promesse du tour impossible. Cependant elle achetait et elle payait. C'était le prodige du discours sérieux, appelé *boniment*. Plusieurs s'en tiraient avec une véritable adresse. *Boniment* a passé dans la langue politique, où il est devenu indispensable, comme diverses autres locutions de ces braves gens-là, telles que *blague*, *flouerie*, *le tour est fait*.

J'ai souvent, dans ma jeunesse, écouté Bobèche, Paillasse, Tire-de-Long, M. L'Enrhumé et les autres. Je n'ai jamais observé qu'ils fussent ennemis de l'ordre social, ni nuisibles à aucune bonne chose. Ils n'inventaient aucune religion, n'étaient point réformateurs ; leurs remèdes ne coûtaient pas cher, n'empoisonnaient point ; ils ne donnaient l'adresse d'aucune dame, d'aucun fricotier, d'aucun brelan, ne poussaient le public ni à Bade ni ailleurs; ils ne racontaient aucun procès criminel, n'entamaient aucun roman-feuilleton. L'on a dit qu'ils facilitaient les opérations des voleurs à la tire : peut-être! Mais du moins ils n'annonçaient jamais une société commerciale, n'indiquaient point de bons placement; et les tireurs qui pouvaient travailler dans les groupes formés autour d'eux, avec ou sans complicité de leur part, ne tiraient guère que le mouchoir.

Quant à ce qu'ils coûtaient, tous ensemble ne fondaient pas le public de cent francs par jour.

Ils ont complétement disparu, ils ont été complétement remplacés par la presse à un et deux sous.

Je les regrette plus que je ne peux dire au point de vue littéraire, au point de vue hygiénique, au point de vue social, au point de vue moral, et à tous les points de vue.

———

Ce n'est pas le moindre méfait de la grande presse, d'avoir donné lieu de créer la petite presse, et cette création n'est pas le moindre châtiment de ces méfaits.

Ils ont été si lourds et si vides, ces gros journaux; ils ont tant cahoté et tant radoté, qu'enfin le public s'est senti incapable de lire le *premier-Paris*, et il en a demandé la suppression; puis il a demandé autre chose. Et Timothée Trimm est sorti tout fait du cerveau de Polydore, comme Vénus de l'écume de la mer.

Et le public a dit : C'est cela, et voilà le journal dont le besoin se faisait vraiment sentir, le dernier mot de la presse !

Et Timothée Trimm a tous les jours pour auditeurs assurés un fonds de trois cent mille Français ; ce qui le met absolument au-dessus de tout autre écrivain.

Le déchet pour la grosse presse est considérable et va s'aggravant. L'on peut trouver avec elle que c'est humiliant ; elle doit avouer avec nous que c'est juste.

Par les raisons que j'ai dites, je préférais Paillasse et Bobèche ; mais s'il s'agit de Fouilloux et de Galvaudin, je fais comme tout le monde, et je cours à Timothée.

II

LES BOULEVARDIERS.

Le tombereau de chaque matin qui passe enlevant le papier noirci de la veille, emporte dans ces sordides alias, parfois, des ouvrages de prix. La petite presse surtout fournit ces joyaux. On y trouve, — pas tous les jours, ni toutes les semaines, mais encore assez souvent, — de véritables bijoux, des pages allègres, fines, éloquentes, honnêtes, d'un excellent bon sens, presque d'un excellent français. Enfin tous les mérites y sont, sauf l'accent de nature. Paris n'a point de nature. Mais l'inspiration est d'une âme bien faite, le travail révèle une main d'ouvrier ; et dans ce faire consommé, l'on saisit encore un parfum de jeunesse.

Les théâtres offrent quelque chose d'analogue. On voit des actrices jeunes. Sans doute, elles ont du fard. Cependant le fard n'a pas encore rongé la peau, le vaudeville n'a pas encore éraillé la voix, un vrai rire éclate et mord avec de vraies dents. Tels sont ces jeunes articles ; ils rient et mordent d'un rire et d'une dent sincères. Les jeunes comédiennes sentent néanmoins l'école, et les articles aussi. La pleine originalité n'est pas à requérir, non plus que la pleine nature, et l'on sait que le plus aimable écrivain, comme la plus jolie fille, ne peut donner que ce qu'il a. Mais le fonds est riche, l'on espère que l'originalité pourra venir.

Vaine attente ! L'originalité ne vient point et la jeunesse s'en va. Elle s'en va trop vite. Quand ces brillants débutants se soutiennent six mois, c'est déjà beaucoup, très-peu font leur année. On en pourrait citer trois ou quatre qui ont passé ce terme, mais il faut consentir qu'ils en restent où ils sont, avec le même sourire et les mêmes grâces que le premier jour, sans leur demander aucun progrès. De jolis garçons de quarante ans.

Ce n'est pas qu'ils ne s'appliquent et ne fassent quelque étude. Ils ont très-bien remarqué par où ils ont plus d'avantage. Un certain geste, un certain zézaiement, un *tic* ou un *chic*, dit la langue spéciale. Ils se fixent là. Certains acteurs ont agrafé la vogue avec un défaut de prononciation. Ils imitent ces acteurs. Point de changement, point de renouvellement, surtout point de développement.

Pomponasse a vu le succès d'une sorte de farine belge qu'il a naturellement sur le visage : il ajoute de la farine de plus en plus belge, il est enfariné pour toujours, et il a un fils qui s'enfarine.

Urticole a été particulièrement applaudi du boulevard pour un certain contraste de couleurs et une certaine élasticité de jarret : rien ne fera désormais qu'il ne s'habille en arlequin et qu'il ne saute, et tout le ventre qu'il pourra prendre ne l'empêchera point de sauter, dût la planche crever.

Pachignnard (d'Auvergne) a vraiment fait sensation. Il a surgi comme de dessous terre, brûlant de fièvre, équipé en sauvage de Saint-Étienne-du-Mont, criant que tout est vieux, que tout est bête et usé, et je ne prétends pas qu'il eut toujours tort; demandant du neuf et de l'extraordinaire, et jurant qu'il en apportait et qu'il avait de l'inouï plein ses poches; et il avait aussi une guitare, et il chantait cent naïvetés de villageois, s'interrompant de démolir le monde pour conter comment il s'était ruiné en violettes, jadis, quand il aimait tant la belle gargotière de la rue Au Merle, infidèle, hélas! et toujours adorée. Dès longtemps le boulevard n'avait vu pareille entrée. L'omnibus faillit arrêter pour voir ce qui allait suivre et ce que produirait ce vibrant. Le lendemain, même jeu; le surlendemain, encore; le troisième jour, toujours. Toujours l'appel à l'extraordinaire, et les violettes de la rue Au Merle. Ce garçon demandé de l'extraordinaire et va cueillir la violette, et il a tout dit, et il a tout fait. Tout est dans sa manière de prononcer les *r r*. Il vibrre, c'est son génie; il vibrrerra toujourrrs.

N'y avait-il donc rien dans tout cela? Si fait. Il y avait des éléments précieux, de l'observation, de l'indignation, du désir, l'étoffe première du style, les germes de la pensée. Mais il y fallait la culture, l'intempérie peut-être. Ils disent, la plupart, que l'intempérie n'a pas manqué, qu'ils ont souffert. Alors il fallait la vertu de souffrir, et quand la salle à manger s'est ouverte, ne pas se précipiter comme si manger était tout, et qu'il n'eût jamais été question que de manger tout.

Ainsi avortent des dons charmants. Ces souples et légers esprits se prennent à la glu du lieu commun, pour lequel ils avaient tant d'horreur. Ils courent à l'étrange, faute d'assez de vertu pour déterrer en eux l'original qui s'était annoncé par quelques jets magnifiques, coupés et exploités aussitôt; l'ignorance volontaire les enveloppe de ses voiles qui épaississent vite, et il n'y a plus rien.

Même déchet parmi les poètes. Quantité de débutants nous donnent des vers agiles, pimpants, ciselés, d'un fond de langue exquis. A défaut d'enthousiasme, l'esprit abonde, la verve ruisselle; seulement cet esprit est froid comme l'acier, cette verve pétillante se dissipe comme les gaz enfermés dans une boisson

6.

vulgaire. Le bouchon saute, mille étincelles tourbillonnent dans le verre, la mousse déborde, — et c'est fini. Tout se transforme presque soudain en une prose assez vile. Ces poètes si bien chantants seront demain des journalistes à peine dégrossis, pour jamais médiocres. Le grelot tombe, la fanfreluche se dissout, le poète s'évanouit.

C'est le triomphe du garçon de gros journal, né et façonné pour tourner la meule et tirer du lieu commun cette basse farine dont on pétrit l'article de fonds. A l'heure de la mue, combien l'oison est supérieur au colibri !

On avait l'imagination, point la règle ; le scintillement, point le feu. Ces poètes ne donnaient que des reflets, ils n'étaient que des échos, et même, fréquemment, que des mimes. Ils ont perdu jusqu'à ce fonds de français natif qui semblait être leur don le plus solide. Certains étrangers attrapent et prononcent adroitement quelques mots choisis ; pourtant ils ne savent point la langue ; ils jargonnent sitôt que leur petit vocabulaire est vidé.

III

LE RESPECTUEUX.

Il y a encore du respect sur la terre et dans Paris; du respect, et de la vénération, et de l'amour tremblant et humble. Je viens de m'en convaincre en lisant un journal à deux sous. O étonnement! Car il ne s'agit pas d'un *fait divers,* ni d'un rapport de prix Montyon, ni de formules officielles pour les personnes à respecter constitutionnellement. C'est du respect libre, profond, sincère, du respect de particulier à particulier, du respect d'autrefois.

Quand M. Prudhomme « présente » son « respect, » il n'est pas sérieux. Il a un ton, il fait une pirouette qui montrent assez que M. Prudhomme s'estime trop pour respecter rien, et son « respect » vaut tout juste sa « considération distinguée. » Mais le respect de mon journaliste à deux sous vient du fond et va au fond. « Témoignage d'une âme naturellement respectueuse, » dirait Tertullien.

Cette âme respectueuse est celle d'Éliacin Lupus, juif, prussien, chroniqueur et boulevardier. Où le respect va-t-il se nicher! Si l'on m'avait dit qu'il existe un journaliste respectueux, j'aurais nommé Boniface, et encore! Si l'on m'avait dit que c'est un chroniqueur, j'aurais soupçonné Passepartout, qui est spécial, ou le bonhomme Albéric, de souche bourgeoise... mais ce déluré de Lupus !

Car Lupus est un déluré, un vrai talon rouge (prussien). Il est même spécial pour les airs crânes et les souliers craquants et les bris de porcelaines, comme Passepartout pour les révérences, les chaussons de lisière et les douces ouvertures de meubles secrets. Passepartout gratte à la porte, entre tout doux; il est gracieux, vous fait causer, vous croque, et se retire heureux, dit-il, d'avoir vu un grand homme; mais il vous mettra des papillottes. Je me représente le bon grison Albéric entrant sans frapper, le chapeau sur la tête, une fleur à la boutonnière, un melon sous le bras, persuadé qu'il fait plaisir. Un coup de tonnerre ébranle la maison, une chanson de mousquetaire effare l'escalier, une main nerveuse fait éclater la sonnette, un duo d'éperons tinte dans le corridor qui s'emplit de fumée comme un champ de bataille : c'est ce déluré de Lupus. Il dit à la servante : — Je veux voir votre maître, ma chère enfant !

Un jour, invité à honorer de sa personne les salons d'Amanda Pigeonnier, Lupus n'a pas manqué d'en informer le genre humain, et il répondit à la Pigeonnier, par la voie du journal : J'irai, ma belle ! Qué connaît-on de plus en croc ?

Eh bien ! Lupus est né respectueux.

Il lui est arrivé bien autre chose qu'une invitation d'Amanda Pigeonnier. Un jeune seigneur, un comte en *off* lui a fait voir sa maison !

Un jour, sur quelque mot gracieux de Louis XIV, la marquise écrivit, en se jouant, à sa fille, que décidément les Français avaient le plus grand roi de la terre. Les chroniqueurs, qui n'ont pas tout ce qu'il faut pour entendre la marquise de Sévigné, se moquent encore de cette naïveté de courtisan. L'admiration du chroniqueur Lupus, la fleur des délurés, est singulièrement plus verte, et son ravissement approche davantage de l'extase :

« Une des plus sympathiques figures du groupe de gentilshommes bruyants de Paris est *sans contredit* le jeune comte ... off, qui dépense VAILLAMMENT chez nous les revenus d'un capital *fantastique* (?) et sème des diamants dans les boudoirs de Paris comme le Petit-Poucet semait des cailloux sur sa route.

« Ainsi il retrouve toujours son chemin.

« Je n'ai pas *l'honneur d'être des amis du comte;* c'est *tout au plus* si je suis pour lui une simple connaissance. Les hasards de la vie parisienne m'ont mis cinq à six fois, dix fois au plus, en présence de M. ...off, qui est *toujours* venu à moi avec une bonne grâce parfaite et m'a *quelquefois* témoigné une sympathie que j'aime à trouver chez tous les hommes distingués.

« Un de ces derniers jours, le comte a bien voulu m'offrir pour quelques heures l'hospitalité dans l'*adorable hôtel* qu'il vient de faire construire et où il a déployé le luxe d'un grand seigneur et le goût d'un artiste. »

Voyez les singuliers effets d'une âme trop émue, et

comme le respect peut faire fourcher la langue ! Voilà notre Lupus qui emploie les mots de travers, et qui égratigne son jeune seigneur, voulant bien le caresser :
— Dépenser *vaillamment* est drôle, dans le caractère donné à la dépense ; il n'y a pas de vaillance à semer de diamants les boudoirs de Paris, dès qu'on a les diamants. — *Fantastique* appliqué à *capital* serait injurieux ! Fantastique signifie *imaginaire,* et même en français de chroniqueur, imaginaire ne peut être synonyme d'*inimaginable,* qui est ce que Lupus veut dire et l'une des causes, peut-être, de l'insolation de respect qui l'a frappé. — C'est un autre compliment dont le jeune comte pourrait s'offenser, de glisser qu'il « retrouve toujours son chemin semé de diamants. » Le jeune comte défend-il de ramasser les diamants qu'il sème ? ou ne sème-t-il que des diamants qu'on ne ramasse pas ? — Et puis, où allait-il, le Petit-Poucet ? Chez l'ogresse ! La comparaison est mal gracieuse pour les fréquentations du jeune comte, et alors il n'y aurait pas tant d'honneur à être de ses amis. — Il me semble que c'est à la petite Pigeonnier d'être très-fière des sympathies qu'elle aime à trouver chez « tous les hommes » assez « distingués » pour enfoncer les portes à grandes volées de diamants.
— Je ne digère pas facilement « *l'adorable* hôtel. » Lupus a pu entendre dire en français que l'*autel* est adorable ; mais c'est l'autel de Dieu, et pas l'*hôtel* du jeune comte. Ici « adorable » est trop pieux et trop prussien. Quand nous aurons pris Berlin,

alors seulement, Lupus sera vraiment un écrivain français.

Mais enfin, dans tout ce qui précède, on voit au moins qu'il sent son bonheur.

———

Il travaille à le mériter, tout en confessant qu'il n'en est pas digne ! Les paroles de la plus tendre dévotion lui viennent naturellement aux lèvres. Et, avant de pénétrer dans « l'adorable hôtel, » il fait modestement un bout de toilette morale qui n'est pas sans curiosité. Plus d'éperons, plus de cigare, plus de : Bonjour, ma chère enfant ! un habit noir, une cravate blanche et les propres vertus comme le propre discours d'un puîné de Joseph Prudhomme, filleul du docteur Véron :

« Il ne m'arrive pas de vous parler souvent des splendeurs d'un monde qui remplit Paris de l'éclat de son luxe et du bruit de ses noms; parce que, *je l'avoue franchement*, je ne cherche point à me faufiler dans une société qui *m'a toujours fait le plus gracieux accueil*, mais *dans laquelle je ne me sens point à l'aise.*
Le monde élégant et bruyant ne tente point l'homme qui vit exclusivement de son travail, qui, faute d'avoir trouvé dans un berceau *doré* un nom *rayonnant*, est forcé de travailler *pour se faire connaître*, et qui ne doit songer un peu aux éblouissements de la vie parisienne qu'après avoir *pensé beaucoup à son avenir*. La vie à grandes guides, telle que la comprennent les cavaliers à la mode, n'est pas faite pour nous, qui suivons une autre route *que la leur*, et si, *d'une part*,

je trouve un plaisir extrême à passer quelques heures *en société des jeunes gens en évidence, d'autre part,* je ne commettrai jamais la sottise de vouloir, *moi, homme de lettres,* trotter à côté de ces existences dorées comme un cheval de fiacre à côté de *Gladiateur.* »

Voilà, j'espère, un jeune homme qui sait empeser son faux-col et se mettre en tenue pour franchir le seuil d'une maison comme il faut ! C'est à peine si Passepartout lui-même saurait si scrupuleusement essuyer sa chaussure au paillasson et marcher plus fin sur la pointe des pieds.

Et : « moi, homme de lettres !... » Mais tout est juste, nous avons tout mérité.

Entrons.

———

Dès le vestibule, « tout en marbre blanc, » l'éblouissement commence ; Lupus admire et salue tout. Il a l'enchantement naïf d'un homme qui n'est pas né « dans un berceau doré, » et qui n'aurait vu que des splendeurs d'hôtellerie ou de théâtre. Ceci, *c'est arrivé, c'est de l'or et du marbre, et de l'étoffe pour de vrai !* Il ne conteste rien. L'hôtel, à vrai dire, tel qu'il le décrit, est comme la plupart des créations du temps, un bric à brac de copies de toutes les époques et de tous les styles. Il ne le sait pas, ou l'enthousiasme du respect lui déguise cette indigence. Il a un mot pour les armoiries des ...*off* et leur « superbe devise » façon croisade ; il compte les festons et les astragales, les boiseries en bois d'amarante, les bronzes platinés, les rideaux en vrai drap d'or, les tentures en vrai cuir de Cordoue. Il honore la salle à manger-cave, où l'on descend par un escalier de vrai marbre noir : « Cette curieuse salle à manger souterraine est éclairée par quatre-vingt-dix becs de gaz, formant quatre guirlandes lumineuses au plafond ; tout autour s'élèvent des cases en fer, et l'invité, sans se déranger de sa place, n'a qu'à étendre *les mains* pour prendre le cru rare qui lui convient. » *Les mains ?* L'invité prend donc deux *crus rares* à la fois ?

Lupus monte amoureusement l'escalier de la salle à manger « officielle » :

« Le plafond est peint par Richard ; il représente les Parques et l'enlèvement de Ganymède ; les dessus de portes, une Vénus marine et un Triton, sont du même peintre, ainsi qu'une Nymphe poursuivie par un Satyre qui se trouve au-dessus de l'admirable cheminée en marbre rouge antique. Quatre lustres, en bois de chêne, éclairent cette salle d'un goût SÉVÈRE. »

Dans le boudoir, décoré par Chaplin, on voit la toile que cet artiste a exposée au dernier salon, « et que M. ...*off* a payée une vingtaine de mille francs. » Je ne vous dis que cela !

Le salon est comme la devise des ...*off* : « superbe. » L'or y est distribué à profusion sur un fond d'argent... Meubles Louis XIV « merveilleux » boiseries, etc. ; étoffe, etc. ; cheminée monumentale, etc., etc.

Ici, l'heureux invité fait une pause et cesse de décrire pour prendre l'encensoir :

« Ce qui charme et étonne surtout *dans* ce petit palais des Mille et une nuits, c'est la parfaite harmonie *dans* les moindres détails. Rien n'est négligé, rien n'est fait pour éblouir seulement le visiteur; tout est admirablement compris, ordonnancé et exécuté. Évidemment, une bonne part de nos compliments revient de droit à l'architecte de talent, mais il *serait injuste* de ne pas adresser en même temps nos félicitations au maître de la maison, dont le goût a présidé à tous ces arrangements. »

Il passe à « l'appartement intime » :

« Voici d'abord le cabinet de travail, *oui*, le *cabinet de travail*, car rang et fortune obligent à une correspondance volumineuse.

« Ce cabinet est charmant... Sur les murs, la peinture contemporaine est représentée *entre autres* par un des meilleurs tableaux de Meissonnier, une Lecture chez Diderot. »

Mais ce cabinet de travail contient quelque chose de plus curieux, *entre autres* ce qui suit :

« Une porte secrète, cachée dans des draperies et communiquant directement avec la rue, permet aux personnes qui cherchent l'ombre et l'incognito, de pénétrer chez le comte, à l'abri des regards indiscrets des gens de la maison. »

On ne le lui fait pas dire !

Il continue :

« La chambre à coucher est une *hallucination*.

« Le plafond lumineux en verre mat noie tout dans une demi-teinte mystérieuse... les tentures, le lit, l'armoire, etc.

« Le cabinet de toilette. Tout *y est* en marbre blanc, le pavé, les murs et la baignoire.

« Je crains vraiment de fatiguer le lecteur ; mais voyons encore les écuries. »

Au sortir de l'écurie, où il se prolonge assez, Lupus éprouve le besoin, d'ailleurs bien naturel, de faire un peu de morale sociale et politique. Il s'en acquitte en digne rejeton de Joseph Prudhomme, en digne filleul du docteur Véron :

« Qu'y a-t-il encore dans cette habitation princière ?

« Le maître de la maison, un élégant cavalier, un causeur agréable, d'une simplicité exquise, d'une affabilité séduisante.

« N'est-il pas juste de le remercier sur le seuil de son hôtel dont il fait si bien les honneurs ?

« Il *serait vraiment grand temps* d'en finir avec le stupide préjugé populaire qui nous représente les hommes du monde comme des oisifs inutiles, bons tout au plus à éclabousser le brave ouvrier qui s'achemine sur la chaussée.

« Eh bien ! voici l'un de ces gentilshommes bruyants qui jettent l'argent par toutes les fenêtres, qui aiment la vie et l'usent par tous les bouts ; *ceci* ne l'a pas empêché de dépenser *dans* son hôtel plusieurs millions dont une grande part... la plus grande, est entrée *dans* la poche des artistes. Je ne pense pas qu'un homme du monde puisse mieux employer une fortune qu'il a trouvée *dans* son berceau. »

Amen! Mais après cette profondeur, le chroniqueur fait un retour assez mélancolique sur lui-même.

« Me voici dans la rue.
« A vous franchement parler, j'ai un peu le serrement de cœur que *doit* éprouver le berger des féeries quand après avoir séjourné *pendant plusieurs tableaux* (?) *dans* le palais du roi, il regagne tristement sa misérable chaumière. »

Et il signe... vaillamment.

———

Voilà comme ils écrivent et comme ils pensent, et c'est ainsi que le chroniqueur Eliacin Lupus, la fleur des délurés, « faute d'avoir trouvé dans un berceau doré un nom rayonnant, travaille pour se faire connaître. »

Ma foi, il n'a pas manqué son coup, et j'ose dire à présent que je le connais. Il peut faire craquer ses bottes et pirouetter, et ne pas se gêner avec cette pauvre Pigeonnier, et abîmer les vaudevillistes, et inventer une religion, et cribler de sarcasmes les gandins dont le cabinet de travail n'a pas de porte secrète communiquant avec la rue... je le connais.

Il est né respectueux.

IV

LE NARQUOIS.

M. Henri Rochefort est un des premiers sujets du boulevard. Il a son jour ici et son jour là, et d'autres jours ailleurs, et il sera bientôt à la tête d'une centaine de chapitres où le bon sel ne manque pas. C'est un narquois. Le bruit court qu'au fond il tient pour la vertu démocratique. On l'a vu, parfois, pincer assez vertement des scandales qui d'ailleurs le méritaient bien. Je ne crois pas qu'il leur fasse grand mal, mais qu'est-ce qui leur fait mal? Et c'est toujours très-bien de cingler ou de seringuer un peu de bonne encre sur certains visages offensants qui ne devraient pas avoir le [droit d'affronter tant le plein air. M. Rochefort a fait cela; il l'a fait même une fois au petit péril de sa vie. S'il en était mort et que j'eusse du goût pour les enterrements civils, j'aurais suivi son convoi.

Cependant, la vertu démocratique, c'est bien fort pour un narquois! Comment le narquois peut-il rester sérieux devant le démocrate, et comment le démocrate fait-il pour supporter le narquois? Je trouve des inconséquences dans cet homme d'esprit. Le nar-

7.

quois peut-il croire à la vertu humaine? le démocrate peut-il n'y croire pas?

Je suis persuadé que M. Rochefort se fait un point de conscience d'admirer *Lelia ;* alors d'où vient sa dureté pour Zora? Zora est une rousse entourée de ducs et de princes que M. Rochefort ne peut souffrir. Serait-ce simplement parce que Zora est une rousse? Cette passsion me semblerait injuste de la part d'un ami de l'égalité. Elle a bien le droit d'être rousse, cette Zora, et de s'entourer de ducs et de princes ! Je trouve plus de vrai sentiment démocratique dans le gros bourgeois Caton, qui fait l'apologie des femmes du demi-monde, et dans le vibrant Pachionnard d'Auvergne, qui proclame Thérésa prophétesse « parce qu'elle initie le peuple aux jouissances de l'Art! ».

J'observe en outre que M. Rochefort, à titre de narquois est fort muscadin, fort misanthrope et fort impie. Il se laisse appeler « M. le comte » lorsqu'il va sur le pré ; il est très-dédaigneux, se moque extrèmement de la pauvre espèce humaine, et regarde Dieu comme une invention mesquine et même assez ridicule. C'est très-bien pour un narquois ; on ne saurait être narquois à meilleur marché. D'ailleurs, nul moyen de se faire un nom dans les lettres — et de divertir convenablement les lecteurs distingués des feuilles de joie, — si l'on se prive de tous ces ingrédients. Mais le sérieux démocratique, Monsieur le comte qui êtes si plaisant ! Nous autres du petit peuple, nous avons besoin de Dieu, ou tout au moins de gens qui croient en Dieu.

Vous balafrez de votre plume le visage de Mademoiselle Zora, et vous piquez de votre épée les grands seigneurs qui lui offrent des chevaux de 15,000 francs; vous êtes admirable. Cependant, comte, le peuple ne vit pas de vos coups d'épée, et quand même Zora y perdrait quelques paires de chevaux, quel d'entre nous y gagnera un lit d'hôpital, une sœur de charité, une force contre le vin bleu? Tâchez donc d'arranger autrement la chose entre vous et Zora. Brodez comme vous voudrez ses équipées, mais menez autrement vos épopées...

Sachez, comte Henri, que c'est petit métier de voltairianiser dans les lieux où l'on boit du petit vin; sachez que l'absence de religion fait seule donner de si beaux chevaux à Zora; et qu'après tout, mieux vaut encore mettre une bête de 15,000 fr. dans l'écurie de cette rousse que de saouler d'impiété quelques centaines de butors, pour un gage de quinze pistoles. On ne doit pas vous payer moins vos chroniques.

Je me persuade que si vous étiez convaincu de l'existence de Dieu, vous ne lui diriez pas d'injures. Quelle raison auriez-vous d'insulter non-seulement la toute-puissance, mais la toute-justice et la toute-bonté? Donc vous ne croyez pas injurier un être qui vous puisse punir ni qui vous puisse pardonner; vous pensez n'injurier qu'une idée, et une idée dont nulle force humaine aujourd'hui ne prend la défense. Je ne vois pas qu'il y ait grande bravoure à cela.

Mais, d'un autre côté, vous n'ignorez certainement pas que cette idée est la plus haute conception de grandeur, de justice, de beauté, de miséricorde et d'amour qu'ait pu recevoir l'âme humaine (mettons l'esprit humain, si vous croyez n'avoir pas d'âme); vous n'ignorez pas que cette idée entretient dans le monde tout ce que l'on y vit jamais et tout ce qui peut y demeurer encore de charité, de dignité, d'honneur, de consolation. Parce que cette idée est sur la terre, il y a sur la terre des hommes qui ne plieront pas devant l'épée, ni devant les chaînes, ni devant le couperet, ni devant l'or, ni devant la faim, ni devant la gloire, ni devant le désabonnement, ni devant Zora; à cause de cette idée, il y aura des femmes immaculées qui ramasseront Zora vieillie, qui nettoyeront son visage, qui nettoyeront même son âme, qui toucheront son front de leurs lèvres pures et qui lui diront : Ma sœur! Vous insultez donc à cette idée, et vous recevez quinze pistoles.

Vous me direz que vous êtes narquois. Je vous rappelle que vous êtes démocrate. Un narquois tel que vous serait un bon décor de la monarchie. La monarchie, suivant Montesquieu, dont vous devez faire cas plus que moi, a pour principal ressort l'honneur; mais le ressort de la république, c'est la vertu. Montesquieu le dit encore, et qui plus est, la loi des États-Unis le proclame formellement. A titre de narquois, le comte de Rochefort peut ne pas se croire tenu de professer la morale ; mais à titre de républicain, le citoyen Rochefort est forcé de regarder la presse comme un « sacerdoce. »

Et s'il vous répugne trop d'être prêtre, Seigneur Narquois, regardez-vous au moins comme maître d'école. Or, « les instituteurs doivent s'efforcer d'incul-
« quer dans le cœur de la jeunesse la *piété,* la justice, le
« respect de la vérité, l'amour de la patrie, le goût du
« travail, la chasteté, la modération, la tempérance et
« toutes les autres vertus qui sont l'ornement de la so-
« ciété et la base de la République. Ils doivent montrer
« comment ces vertus tendent à perfectionner les insti-
« tutions républicaines, à garantir tous les inestimables
« bienfaits de la liberté et à assurer leur propre bonheur,
« et comment les vices opposés mènent inévitablement
« aux plus désastreuses conséquences. » Ainsi parle la loi du Massachussets, et ces principes étaient également ceux « de nos pères de 93, » Robespierre, Saint-Just, Léquinio et autres, qui travaillèrent à remplacer les prêtres par des professeurs de morale.

Quel moyen de faire tout cela en se moquant de Dieu, encore plus que de Mademoiselle Zora ?

Le citoyen Rochefort peut objecter bien des petites choses philosophiques et historiques qui lui seront payées 150 francs ; mais ce sera narquois, et il aura le dépit de voir ses arguments effacés sous le crotin des chevaux de Mademoiselle Zora.

M. Henri Rochefort le Narquois me paraît plein de

soucis touchant le progrès de la civilisation. Écoutez cette élégie narquoise :

« Jamais les discours publics n'ont vanté plus bruyamment la civilisation française, et jamais, en réalité, la sauvagerie n'a relevé la tête avec plus d'intrépidité. Depuis un mois environ, un crime n'attend pas l'autre. C'est, pour la *Gazette des Tribunaux*, ce qu'on peut appeler une main. Elle enregistre, non plus une victoire, mais un assassinat par jour. Quelquefois elle en enregistre deux. Autrefois, les meurtres se commettaient pour ainsi dire à la bonne franquette et suivant des procédés à peu près uniformes. Le meurtrier se posait sur la grande route, et quand la victime passait, il se jetait sur elle et n'en faisait qu'une bouchée. Un homme qui empoisonnait sa femme et une femme qui sucrait la demi-tasse de son mari avec de l'oxide de cuivre étaient déjà considérés comme des êtres exceptionnels. En un mot, on était classique. Ah! combien nous sommes plus forts! en ce moment surtout où il est impossible d'ouvrir un journal sans y lire, tantôt qu'on vient d'arrêter un nommé Philippe, fortement soupçonné d'avoir supprimé à coup de rasoir les huit ou dix femmes de mauvaise vie qui ont disparu depuis quelques années; tantôt qu'un époux mal assorti a profité de ce que sa femme prenait l'air sur le balcon pour la jeter par la fenêtre, comme on jette un sou à un joueur d'orgue; tantôt qu'une femme a été trouvée sans tête dans les environs de Toulouse, et qu'il est par conséquent très-difficile d'établir son identité.....

« Ce Philippe, qui veille au salut de la morale à ce point qu'il extermine sans pitié et qu'il dévalise sans remords les femmes dont la conduite laisse à désirer, ce Philippe, dis-je, pourra, s'il est né orateur, faire comprendre aux jurés qu'il a fait à la galanterie française un tort absolument insignifiant, attendu qu'en fait de jeunesses dévergondées, quand il n'y en a plus, il y en a encore, et qu'il n'était au résumé coupable que d'avoir voulu arrêter sur une pente fatale la partie féminine de la population parisienne en substituant le rasoir à la persuasion. »

Après quelques autres figures du même goût sur cette corde aimable, le Narquois passe à rendre compte de la vente du peintre Troyon.

« Je suis allé, comme tout le monde, rôder autour de quelques moutons et de plusieurs bœufs ruminants pour lesquels on vendrait son âme à Satan. J'avais même prié Satan de passer chez moi pour causer de cette affaire-là, mais il n'est pas venu. Il faut croire que les nombreux pactes qu'il a conclus au Moyen-Age ne lui ont pas rapporté de gros bénéfices, car depuis longtemps déjà je n'ai pas ouï dire qu'il ait marchandé l'âme de personne. J'ai donc gardé la mienne, mais je n'ai pu avoir la moindre esquisse de la vente Troyon. »

Ainsi gazouille Monsieur Henri Rochefort, plusieurs fois par semaine, toujours narquoisement et démocratiquement, avec de charmants mépris de Dieu et des hommes, pour avancer les affaires de la liberté. Il ne croit ni à Dieu ni à diable, comme vous voyez, mais il croit à la liberté, et il a un fonds naturel de vénération qui le fait aussi croire à son propre esprit, plus même peut-être qu'à la liberté. Je serais étonné s'il me donnait sa foi de gentilhomme, que son esprit ne lui semble pas plus joli encore que les bêtes de Troyon. D'être démocrate, cela empêche-t-il de se reconnaître les avantages de la naissance et du génie? Et parce qu'on est narquois, faut-il qu'on se refuse justice? Respectueux et pieux envers lui-même, il s'est témoigné l'estime qu'il se porte en recueillant ses narquoiseries démocratiques sous un titre qui n'en déguise pas la valeur : *Les Français de la décadence.* Ah! Français, si du moins vous lisiez ce livre! Mais ils ne le lisent pas, et la décadence suit son cours.

V

L'HONNEUR DU GENRE.

Murger, enfant de Paris et de la petite presse, a bien le cachet de sa double origine. Cette espèce voit tout et ne connaît rien, s'occupe de tout et ne se soucie de rien. Tout ce qu'elle sait, tout ce qu'elle veut savoir de la nature, de l'art, de l'homme et des choses humaines, elle l'apprend par les journaux, le théâtre et l'imagerie; elle est essentiellement railleuse, ou plutôt parodiste; son génie propre est de créer le fragile et le faux dans la médiocrité.

Il existe à Paris, autour des ateliers intellectuels, une tribu de parasites, ingénieux dans la critique, impuissants dans l'œuvre, qui dissertent toujours et ne créeront jamais. Esprits sans organes, langues sans mains. Ces hommes se disent paresseux pour couvrir leur amour-propre, comme si la conception intellectuelle permettait la paresse et que le vrai artiste pût né point produire quand l'outil ne fait pas absolument défaut. Après de vaines tentatives, connaissant enfin qu'ils ne donneront ni statue, ni tableau, ni livre, ni chanson, qu'ils ne donneront jamais rien que leur avis, ces pauvres diables perdent même la faculté de donner un avis. Ils deviennent jaloux, tristes, bizarres; leur goût, que plusieurs avaient naturellement juste et fin, se perd tout à fait. Ils ne veulent pas étudier : ne se sentant point la capacité de l'étude, ils ont regardé l'étude comme une bassesse qui désennoblit le génie. Ils veulent bien moins encore quitter le péristyle de ce temple de l'Art où ils ne pénétreront pas. Ils restent à rôder aux alentours, sifflant ceux qui entrent, admirant ceux des leurs qui, faisant mine de forcer les portes, n'ont encore subi que les premiers refus. Entre eux, ils se donnent le glorieux nom de *réfractaires,* à peu près comme l'eunuque brûlé de convoitises, qui ferait étalage de vertu contre les agaceries des sultanes. La misère les achève; ils vivent de gueuser, ils glissent dans le cynisme et dans la folie, et vont mourir à l'hôpital. Quand ce dénouement arrive, une clameur s'élève du sein de la tribu contre la société. La société ne s'en émeut guère. En vérité, elle a de plus condamnables indifférences.

C'est là ce que l'on nomme la *Bohême,* par analogie avec ces coureurs de chemins qui vivent tolérés en dehors des lois, sans patrie, sans foyer, sans culte, sans ressources, sans industrie classée et sans méfaits définis ; un peu vétérinaires et médecins marrons, un peu tireurs de cartes, un peu ruffians, un peu écumeurs de vergers, se glissant à travers les haies, n'escaladant jamais les murs ; enfin, des vagabonds.

Murger s'est cru de ce monde-là, parce qu'il en avait les idées, les ignorances et les usages. Mais il tenait du ciel un outil, il a travaillé : c'est ce qui le distingue radicalement du *Bohême*. Il était même laborieux, vu l'insuffisance de l'outil. Une page, incorrecte et sans style, lui coûtait beaucoup à produire ; tous ses panégyristes le disent. Dans ce qu'il a laissé, l'on sent, en effet, partout la peine et l'effort.

Il a exploité la *Bohême*. Le flair d'un enfant de Paris et l'adresse d'un ouvrier de la petite presse étaient nécessaires pour découvrir et enfourcher ce Pégase. Et Murger a su régler ses chevauchées sur le goût du bourgeois, non parce qu'il était sage mais parce qu'il était médiocre.

A prendre sérieusement son sujet, à en sonder le fond laid et triste, il n'eût été qu'un moraliste ennuyeux, le Parent-Duchâtelet d'un recoin de la société souterraine. Doué d'une imagination plus forte et d'un sentiment plus vif, il aurait considéré le Bohême comme un réfractaire, ce réfractaire comme un réformateur légitime de la société, et il serait tombé dans l'extravagance révolutionnaire. Ni sa passion, ni sa vertu n'allaient jusque-là. Avec ce petit outil d'artiste qu'il avait dans les doigts, avec ce petit don du fragile et du faux qui constitue la poésie parisienne, au lieu de verbaliser en moraliste et de déclamer en révolutionnaire, il a su conter et il a semblé peindre. Il a trouvé une certaine mélancolie, une certaine ironie, une certaine étrangeté qui ont passé pour vraies et originales. Et sans doute, entre le grossier roman d'aventures en plusieurs tomes et l'insupportable roman de thèse, les jolies marionnettes de la *Vie de Bohême* ont ce charme particulier que donne la main du poète; mais il leur faut ce voisinage et le secours du premier moment.

Les *Scènes de la Vie de Bohême* sont le premier et à vrai dire l'unique ouvrage de Murger. Il l'a refait continuellement, sans aucun progrès. Le bourgeois s'était épris du genre, il est resté fidèle. Rien n'est persistant en France comme une mode adoptée, et rien n'égale la constance et la patience du bourgeois dans les affections indues. Le bourgeois adopta Murger parce qu'il trouvait en lui, sous les traits les moins épiques, l'objet perpétuel de son étonnement, de son admiration et de son mépris, ce mélange du maniaque, du bouffon, de l'affamé et de l'inspiré qu'il appelle l'*artiste*, et qui constitue le véritable fou de la démocratie.

Pour agrandir sa petite exploitation, Murger s'est avisé d'annexer à la *Bohême* une autre contrée, plus anciennement nommée le *Pays latin*. Aux peintures de la vie de Bohême, il a mêlé la peinture de la vie d'étudiant; une vie de petites débauches et de souillure à bon marché, où il n'est plus question du tout de philosophie ni d'art, mais de courir après les filles, d'être trompé par elles et de se gâter le cœur, l'esprit et le corps autant qu'on le peut, en attendant de devenir avocat, magistrat ou médecin. Tout cela est pauvre, souvent tout à fait plat; et d'une immoralité naturelle poussant comme en plein champ dans l'ignorance absolue du bien et du mal. Le succès n'a jamais manqué. L'auteur des *Scènes de la Vie de Bohême* ne pouvait plus rien faire qui ne fût « charmant. » Il travaillait avec un égal succès pour le Vaudeville, pour le Théâtre-Français et pour la *Revue des Deux-Mondes*.

Murger vient de mourir à trente-neuf ans. Il n'emporte rien et ne laisse rien. On lui a rendu des honneurs qui attestent l'amour de ce temps-ci pour la malsaine médiocrité. Un convoi de prince est allé le chercher dans la maison de santé où il est mort aux frais du premier ministre. Il y avait la multitude des petits gens de lettres, quelques académiciens, des représentants des puissances étrangères; enfin, c'était si beau, disent les feuilletons, que le peuple croyait voir passer l'enterrement d'un millionnaire; mais, ajoutent-ils, « c'était un millionnaire de l'esprit! » On a déchargé sur sa fosse trois discours, trois tombereaux de lieux communs. Alfred de Musset, à qui ces impertinents osent bien comparer Murger, fut enterré presque incognito. Je me rappelle en ce moment l'enterrement de l'abbé Rohrbacher, qui a fait un si beau et si brave livre, une *Histoire universelle de l'Église*, en vingt-huit volumes, parvenue en quelques années à sa quatrième édition : nous étions en tout huit personnes, et dans le nombre, trois appartenaient à la même maison de librairie et deux au même journal.

Pour l'auteur de *Sabot Rouge* et du *Bonhomme Jadis*, tout n'a pas fini par ce grand funéraire. Une souscription publique a été ouverte afin de lui élever un monument. Les listes sont pleines de noms d'agents de change. On lui fait une statue. Ils mettront pour six mille francs de marbre sur cette pauvre petite chose. L'imprudent Tête-de-Turc, qui n'est pas souvent magnifique, mais qui ne manque point toujours de bon sens, s'étant permis de contester je ne sais quoi touchant la gloire de « notre regretté Murger, » ils ont poussé un hurlement à faire trembler ; et depuis lors ils mangent les oreilles de l'impie.

Il y en a un qui a demandé par la voie des journaux qu'un prélèvement fût fait sur le produit de la souscription, pour assister une des veuves inconsolables du défunt. J'ignore si la pétition a été accueillie. Je ne croirais pas impossible que ce vénérateur de reliques n'eût voulu du même coup pensionner une dame honorée des embrassements de Murger et appointer une de ses propres épouses.

Un autre informe le public qu'il a recueilli le chien du poète. Il ne réclame point de pension.

Murger, quand il est mort, corrigeait les épreuves

8.

d'un recueil de poésies. L'éditeur, happant la circonstance, a tout de suite donné la volée aux meilleures pièces, *Les Nuits d'Hiver!* Je me suis pourtant laissé prendre, et quand ces *Nuits d'Hiver* ont paru, j'ai acheté le volume. Il n'est pas question de nuit ni d'hiver, et encore moins de poésie. C'est un bric-à-brac de rimailles d'une indigence absolue, d'un ennui rare ; vrais vers d'artisan-poëte, dans le goût classique de 1840 ; pâles imitations de Millevoye, de Denne-Baron, de Béranger. Murger n'était pas même romantique. Péchés de grande jeunesse, à la vérité ! et il n'y aurait rien à dire si le choix était le fait d'un « avide » éditeur ; mais Murger en personne avait ramassé ces loques. Il fallait qu'il eût peu de goût et qu'il fût étrangement tari pour offrir au public un pareil restant. Afin de gonfler le volume, on a joint aux « poésies » quelques pièces en prose d'une même indigence. Les journaux de province ne donnent point d'essai de jeune employé qui ne vale autant.

Deux ou trois bagatelles sont moins minables, mais l'ineptie est alors remplacée par une immoralité crue. Ce sont des gémissements sur les infidélités de *Musette*. Musette était la Laure de ce Pétrarque, et leur Vaucluse la fontaine du carrefour Gaillon. Il fait le misanthrope et l'impie avec des fioritures tout à fait basses et bêtes. Le meilleur morceau, l'un de ceux que l'on portait en quelque sorte derrière le cercueil, comme les insignes du mort, est le testament ironique d'un *Cœur blessé* qui lègue son bien à une fille. On lui annonce que le prêtre est là. Il répond : *Dites lui que j'ai lu Voltaire.* Pauvre petit, tu n'as lu que M. About !

La morale, c'est que Murger était fort triste en son fond, d'une tristesse vide et maussade ; et s'ennuyait fort dans cette belle vie de Bohème qu'il a si plaisamment chantée ; et que les époux de Musette ne s'accoutument pas plus que les autres au déplaisir d'être suppléés, bien qu'ils le soient toujours et comme inévitablement.

Murger avait été créé chevalier de la Légion-d'Honneur en 1859, sur la proposition de M. Rouland, ministre de l'instruction publique — et des cultes.

VI

QUERELLES D'AMOUREUX.

Il survient des querelles entre la demi-presse et le demi-monde. La demi-presse y montre davantage le caractère féminin. Elle a le ton plus aigre, le propos plus dur, les ongles plus longs. Un petit journal qui se met à moraliser n'y va pas de main-morte ! Le mouchoir qu'il présente à Dorine est de grosse toile et d'une dimension toute prodigieuse. Il est vrai que Dorine laisse beaucoup de surface à couvrir. Il est vrai aussi que, le lendemain, Dorine simplement ornée d'une pagne otahitienne, paraît fort convenablement vêtue aux yeux de ce même Caton qui, tout à l'heure, la haranguait si vertueusement. La paix est faite, et Caton et Dorine sont une paire d'amis.

Caton est juste; le « sacerdoce » qu'il exerce ne lui permet pas de se ranger exclusivement du côté de la morale, lorsqu'il voit aussi du bon et même du meilleur de l'autre côté. Dernièrement il avait encore médit des femmes du demi-monde. Il les avait comparées à l'ivraie destructive du bon grain; il avait énuméré les ruines qu'elles entassent, les ménages divisés, les familles désolées; il avait maudit leur dépravation, sifflé leur fard et leur sottise. Le lendemain il lui vint des scrupules : — Tout cela sans doute est sage, mais les honnêtes femmes valent-elles mieux, valent-elles autant, jettent-elles autant de fraîcheur dans la vie? Et toi, Caton, au fond de l'âme, que t'en semble?

Il ne se répondit point, mais il publia ingénieusement une apologie anonyme des femmes du demi-monde.

Le morceau lui semble joli, bien tourné, aimable. Moi, je le croirais de lui, sans une certaine vivacité d'esprit qui se démène dans ce patois et qui n'est point son fait. C'est d'ailleurs une pièce, comme il dit, « curieuse, » et même instructive. La voici :

« Je n'ai pas l'honneur de vous connaître, Monsieur, mais vous ne seriez peut-être pas fâché de vous trouver au milieu d'un champ de cette pauvre plante (l'ivraie) si méprisée depuis la création, et dans ses épis vous trouveriez peut-être de la farine plus pure que dans ce que vous appelez le bon grain.

« Les femmes du demi-monde ont pour elles la franchise; elles ne se posent pas en vertus, ne déshonorent pas le nom qu'un homme leur a donné à respecter, ce que font souvent les femmes du monde que vous qualifiez du titre de bon grain. Les femmes du demi-monde sont souvent poussées à l'existence qu'elles mènent par la nécessité, la faim quelquefois, et une fois lancées sur cette voie, bien souvent elles ne peuvent s'arrêter.

« La femme mariée, qui l'y oblige? Le vice, voilà le seul motif; mais elle est mariée, c'est tout dire. Le mari couvre tout. Leur extérieur est celui d'une honnête femme; mais l'intérieur ne vaut pas le nôtre; car l'envie qu'elles nous portent les ronge, et nous ne sommes pas jalouses d'elles. Nous consolons les pauvres maris qu'elles trompent; nous égayons ceux qu'elles ennuient, et vous, Monsieur, qui vous faites leur défenseur, vous préféreriez nos soupers à leurs cérémonieux dîners. L'ivraie est parmi elles tout aussi bien que parmi nous, et parmi nous on trouve du bon grain. Dans vos perles fines, il y en a bien des fausses, et dans votre or pur bien de l'alliage. N'abaissez donc pas les unes pour élever les autres.

« Maintenant, sans rancune. Ne soyez pas mauvais envers nous. Faites de l'esprit à nos dépens, mais ne faites pas de nous un marche-pied pour élever les femmes que le hasard a dotées d'un mari, et nous serons bons amis.

« Si vous me connaissiez, vous n'en seriez peut-être pas fâché. Je ne suis pas une des reines du demi-monde; je ne suis encore qu'une humble sujette, mais qui pourra un jour obtenir le sceptre, et quoique ma main soit bien petite, je saurai le tenir.

« UNE FEMME DU DEMI-MONDE. »

Là-dessus, Caton prend la parole :

« — Voilà, dit-il, qui est un peu vert, mais je le répète, c'est curieux, et j'appelle ce morceau une bonne fortune pour la chronique. »

Oui, Caton ; et vous y ajoutez par ce peu de mots une « conclusion et morale » qui ne peut que perfectionner dans le goût de la vraie vertu toute la multitude de vos lectrices à deux sous.

VII

LES ANNONCES DE POLYDORE.

Le Médicis des petites Lettres qui a créé plus de vingt journaux de toutes formes et que l'on pourrait appeler le Père des Ruisseaux, comme je ne sais quel mont fut appelé le Père des Fleuves, le propre inventeur de Timothée, l'unique Polydore enfin, passe pour être grand rédacteur d'affiches ; lui-même s'en vante, et il n'abandonne à aucun de ses gens de lettres ce soin important. Il dit modestement : *C'est par là que je vaux, si je vaux quelque chose.*

Il applique à ses affiches tous les perfectionnements que l'émulation la plus débordée qui fut jamais ne cesse d'apporter en cet art le plus cultivé qu'il y ait au monde. Il emprunte aux Anglais, aux Américains, aux entrepreneurs de théâtre, à tous les charlatans de

Paris et de la terre; mais il doit encore plus à son génie.

Il fait des affiches de toutes dimensions et de toutes couleurs. Il les pose en double, en triple, en biais, en travers, à l'envers. Il y parle, comme il s'y entend, des œuvres de ses gens de lettres et de ses gens de lettres eux-mêmes. Il les peint sous toutes les formes de la biographie, de la lithographie, de la photographie et de l'autographie, en figure naturelle, en charge, en allégorie; nul ne doute qu'il ne vienne bientôt à les exhiber corporellement en cavalcade historiée sur le boulevard. Ils y consentiront par amour de la gloire. D'ailleurs Polydore est maître de sa troupe, elle n'a rien à lui refuser.

J'ai sous les yeux la dernière production de Polydore; une affichette de rien, qui n'a dû lui coûter aucune peine. Et pourtant quel art, et que cette babiole en dit long!

Le titre seul est déjà sublime : *Crimes et Châtiments!* en grosses lettres. Voilà déjà le lecteur « empoigné. »

Suit une nomenclature de quinze gravures, « dessinées avec une effrayante vérité, » par un artiste nommé aussi en grosses lettres, afin de persuader qu'il est homme de grand mérite : le Guet-à-pens, l'Assassinat, la Fouille, le Forçat de retour, le Cachot, la Toilette, l'Échafaud, etc.

L'affiche termine par le cortège des gens de lettres attachés au journal qui publiera ces dessins alléchants. Ici les gens de lettres ne viennent qu'au second plan, comme les clowns, sur l'affiche du Cirque, ne sont mentionnés qu'à la suite des premiers sujets de la corde roide et du grand écart :

« On sait que le *Nouvel illustré* donne *tous les jours* une Chronique de cet esprit si fin et si ravissant qui signe Charles Monselet, des Nouvelles, des Faits, Historiettes, etc.

« De plus, un roman des plus dramatiques de MM......, dont les événements précipités, les péripéties émouvantes, sont tout ce qu'on peut imaginer de plus attachant, va y paraître en feuilleton.

« *Le seul moyen d'être assuré* d'avoir les 15 magnifiques planches de *Crimes et Châtiments* est de s'abonner tout de suite, car souvent les marchands pourront épuiser leurs provisions de vente au numéro. »

Voilà toute cette presse photographiée avec une ingénuité de Cafrerie. Qui plus qui moins, c'est toujours la même chose : la guillotine et des tartelettes, du sang et du coco.

Pour « cet esprit si fin et si ravissant qui signe Charles Monselet, » je suis fâché de la figure qu'il fait là. Il est un des décorés de la dernière Assomption, côte-à-côte avec l'auteur de *Madame Bovary* et de *Salambô*. *Madame Bovary* est une histoire de Cour d'assises, et dans *Salambô* il y a non-seulement du sang, mais de la sanie. C'est plus que le *Nouvel Illustré* ne donne encore, du moins plus qu'il n'annonce. Et voilà comment le régal de guillotine et de tartelettes est apprécié plus haut qu'on ne croirait.

A Rome, sous les arcades extérieures du Cirque, la

spéculation avait établi des tavernes et des lieux de débauche, et le tout faisait une institution publique; mais je n'ai lu nulle part que l'on décernât la couronne murale aux gladiateurs et la couronne civique aux taverniers.

Ce pauvre gros Monselet! un si joyeux compère, qui s'entend si bien en cuisine et même en littérature, et qui a si galamment torché le si joli sonnet de l'asperge!

O Polydore, génie sans scrupule et sans pitié!

Le même jour que je lis cette *polydorée,* je trouve l'*Événement* en humeur de vertu, et il fait de bonnes réflexions, — bien qu'en termes parfois un peu gonflés, — sur les prospectus des restaurateurs d'esprit à un sou :

« La vénalité des productions de l'intelligence est déjà une nécessité bien assez fâcheuse par elle-même, sans qu'on emploie encore pour la traite de la pensée humaine les vulgaires moyens usités pour les plus vils trafics. Pourquoi initier le public à ces mystères d'officine ? En quelle estime tiendra-t-il un auteur dont la prose est vantée sur le même ton et dans la même forme que l'huile de marrons d'inde et la Revalescière Du Barry ? Et partant de là, ne sera-t-il pas autorisé à croire que tous les littérateurs ne sont que des charlatans, des débitants de sornettes au rabais, auxquels on fait encore trop d'honneur en payant un sou leurs fadaises ?

« Il est toute une classe de lecteurs qui sont tout

prêts à considérer comme un grand homme le dernier grimaud, si ce grimaud étale son nom sur beaucoup d'affiches et passe pour gagner beaucoup d'argent. Et n'est-ce pas tout simple ? Puisque l'on a rapetissé l'art d'écrire aux proportions d'une industrie, les plus prisés parmi ceux qui s'y adonnent seront nécessairement les plus riches.

« Naguère encore l'imagination populaire entourait d'un nimbe lumineux le front des poètes, des romanciers, des historiens ; cette auréole est bien effacée aujourd'hui, et, bientôt, qu'on y prenne garde, il n'en restera nul vestige, si l'on s'habitue à ne voir dans l'écrivain que le vendeur, à prix débattu, d'un produit analogue à tout autre.

« Il arrivera, grâce aux progrès d'une égalité aussi odieuse qu'absurde, que les passants coudoieront avec plus de dédain que de curiosité un homme de génie qui aura doté son pays de plusieurs chefs-d'œuvre.

« Triste temps que celui où les rois de l'esprit sont dépossédés de leur légitime autorité parce que eux-mêmes n'ont pas su forcer l'estime d'une population dont ils étaient chargés d'élever les instincts.

« Il ne s'agit point ici de chose légère et de peu de portée ; une nation où serait absolument oblitéré le sentiment de la dignité des lettres serait une nation corrompue et abêtie.

« Nous n'en sommes pas encore là, je le sais bien ; mais il est urgent d'aviser. »

Je veux bien qu'on avise ; je ne demande pas mieux. Mais je crois qu'il est un peu tard.

Et que l'honnête esprit lui-même que l'on vient d'entendre, — oui, lui-même, — qu'il se tienne bien !

VIII

LES ROMAINS DE COUTURE.

J'ignore quel peintre est M. Couture. Je crois qu'un grand succès l'a mis au rang des contestés. Pour moi, je le compte du petit nombre de ceux qui ont eu ou qui ont rencontré une pensée. Des artistes qui rencontrent la pensée, nous n'en rencontrons pas à toutes les expositions! La pensée dont je loue M. Couture est exprimée par le groupe de deux jeunes hommes qu'il a placés debout dans son tableau de l'*Orgie romaine*. Ils ne sont pas ivres, ils regardent avec une noble tristesse l'ignominie des convives et la gloire du festin.

Ces jeunes Romains voient la décadence de Rome, leur âme en porte le poids. Le poids de la patrie qui croule, déchonorée par elle-même!

C'était alors l'amère et suprême douleur; car rien alors, pour une âme romaine, ne pouvait être plus grand, plus saint, plus cher que la patrie. Le Christianisme a conservé ce sentiment si naturel et n'a voulu que l'amplifier. Le ciel nous a été ouvert et nous avons dit que le ciel est la patrie. Les langues humaines, illuminées de l'esprit de Dieu, n'ont pas cherché de nom plus doux pour la demeure éternelle, le royaume de tout bien.

Les Romains de la décadence, ceux du moins qui n'avaient pas encore entendu parler du Christ, ou qui n'osaient pas encore aller à Lui dans les Catacombes, ne connaissaient pas la patrie céleste, n'y aspiraient pas. La patrie terrestre, leur auguste Rome, leur dieu véritable, ils la voyaient mourir, et de quelle mort ! C'était ce corps souillé qu'ils considéraient là, vautré devant eux, crevant de l'excès de la viande et du vin.

Et point de remède !

Que faire de ces Romains dégénérés, de ces derniers patriciens, plus vils que les histrions et les courtisanes avec qui ils vivaient, plus vils que les esclaves qui les servaient ! De tels hommes ne pouvaient plus qu'obéir ignoblement à César, vivre ou mourir comme César le voudrait. Mais dans l'exil, sur les champs de bataille ou dans une baignoire, partout l'ignominie accompagnait également et la vie et la mort ; on ne vivait que par César, on ne mourait que pour lui. Un temps vient où les hommes ont perdu le droit d'offrir leur sang à la cause publique : ce sang n'est plus assez pur. La patrie, comme le ciel, choisit ses martyrs. Il faut être digne. La primitive Église y regardait de près, et plus d'un qui semblait avoir reçu la mort pour le Christ fut pourtant rayé des dyptiques, parce que l'on n'était pas certain qu'il eût mérité de mourir.

Et puis une heure sonne, une heure néfaste entre

toutes, l'heure dernière des patries, où la cause publique n'existe plus, où il n'y a plus à défendre ni lois, ni liberté, ni justice, ni foyers, ni souvenirs, ni avenir. Désormais il ne reste qu'un maître; on ne l'a pas choisi, et la patrie est son butin.

Telle est l'heure que ces jeunes Romains sentent approcher; elle commence, ils verront la patrie mourir; mourir dans la fange, dans le vomissement des orgies; mourir sous les pieds d'un Dace, d'un affranchi, d'un histrion peut-être, d'un soldat révolté qui sera César parce qu'il aura assassiné son prédécesseur et que d'anciennes rapines l'auront fait assez riche pour acheter les prétoriens. Voilà ce que ces Romains prévoient, ce qui ne saurait tarder, ce qui est déjà fait et irréparable. L'un a oublié sur son front la couronne de convive, l'autre l'a arrachée et la froisse avec dégoût. Ils quitent le théâtre magnifique de l'orgie, la salle tendue d'étoffes précieuses, ornée de statues, de vases grecs et de fleurs. Ces splendeurs sont le poison qui tue Rome et la liberté. Depuis que la main souple d'Auguste a jeté sur Rome ce filet de soie, les mailles en sont devenues plus étroites de règne en règne, de jour en jour, et les âmes captivées ont paru de plus en plus avilies. Tout est dit, tout obstacle serait impuissant, toute espérance vaine. Que tirer de Trimalcion et de ses hôtes? Mieux vaut ne pas entreprendre de les faire rougir. Tel de ces ivrognes, qui n'est encore que lâche, tremblant d'avoir été jugé digne d'entendre une parole virile, se ferait délateur.

9.

Laissez-les à la honte de leurs plaisirs, hommes meilleurs et plus heureux! Emportez votre colère, gardez et nourrissez votre douleur. Quand le mal triomphe, heureux qui peut s'honorer de le haïr; quand la patrie succombe, heureux qui l'aime encore et sait la pleurer! Cette douleur vaut mieux que le sourire des courtisanes, elle vaut mieux que l'amitié de César et que la faveur même des prétoriens. Sortez du banquet et de la ville, allez sur les voies où dorment les ancêtres dans l'air libre des champs; les ardeurs du soleil vous accableront moins que les couronnes de roses, et le spectacle des tombeaux vous sera plus doux que le son lascif des flûtes. Passant devant ces grands restes de ceux qui ont été la force et la gloire de Rome, vous leur direz comme le dernier consul : Voyez de quelle mort ignoble nous périssons!

Cependant ne vous y trompez pas, Romains! Les lèvres de l'homme n'ont point de paroles qui rompent le sommeil du tombeau, et vos ancêtres ne renaîtront pas. Et prenez garde aux enchantements de César! César tue, mais surtout il aime à corrompre, et ses victimes chères sont celles qu'il peut déshonorer. Or, nombreux sont ses piéges, nombreux les chemins qui mènent à lui. Il commande aux voluptés comme aux épouvantes, l'orgueil est une de ses amorces comme la luxure, il donne la gloire comme il donne la mort. L'ennui même, l'horrible ennui, est le grand racoleur de César. Souvent l'ennui de n'être rien sut abattre des cœurs que n'avaient pu amollir ni le plaisir ni la crainte, et que les longues dérisions de la fortune semblaient devoir laisser debout. Secouerez-vous toujours d'une main indifférente la poudre que font voler sur vous les chars des affranchis et des courtisanes? Soutiendrez-vous longtemps leurs satires quand César voudra livrer aux risées du théâtre votre importune vertu? Porterez-vous sans faiblir l'épreuve permanente de la gloire des histrions de César, dieux après lui du peuple, de l'empire et du monde?

Si vous n'acceptez pas d'observer un lâche silence, si vous ne voulez point de cette fuite encore plus lâche qui consiste à se donner la mort, vainement vous vous enfermerez dans le tombeau des ancêtres : vous n'y trouverez pas la paix, et vos âmes fières n'y seront pas en sûreté. L'ennui vous chassera de ces retraites oisives, et le filet de César tombera sur vous.

Rome et le monde n'ont plus qu'une retraite, un unique asile où l'âme soit en assurance contre César, contre l'ennui et contre la stérile mort. Cette retraite est sous terre, dans ces fosses profondes, mais éclairées d'une lumière divine, où les chrétiens ensevelissent leurs martyrs pour être les assises immuables d'une nouvelle Rome, une Rome vraiment universelle, dont les édifices monteront aux cieux et dont l'empire ne finira point.

Si les Romains du peintre Couture auront le courage et l'esprit d'aller aux Catacombes, je l'ignore, et à vrai dire, j'en doute. Je crois que telle n'a pas été l'intention du peintre, de les envoyer là. Il leur a donné un je ne sais quoi qui m'incline à penser que ces jeunes gens sont tout au plus des stoïciens, de ceux qui parlent de s'ouvrir les veines, mais au dernier moment, quand César serait sur le point de l'ordonner, ou quand on ne digère plus ; d'honnêtes garçons qui ont lu Tite-Live, Cicéron, Sénèque et Perse, et qui s'estiment républicains. « A vingt ans, dit un auteur, on est républicain ; c'est l'âge de la vertu. » Quelques uns se prolongent jusqu'à la trentaine ; ensuite, ils s'arrangent. Beaucoup de raisons conseillent de n'être pas toujours vertueux. Il y en a de bonnes : vertueux, on ressemble à tant de sots et à tant de pleutres, et surtout à tant de drôles ! Il y en a de plausibles : doit-on crever de faim ? doit-on priver le pays des lumières qu'on serait en état de répandre ? Cela est très-captieux. Et puis les exemples ne manquent pas ! Et puis, s'il y a les élans de la vertu, il y a les pentes de la nature ! Sous Auguste, combien de républicains qui, du temps de Cicéron, eussent été du parti de Catilina ! La nature reprend ses droits.

Je crois donc que les Romains de M. Couture n'iront pas aux Catacombes. Tout en invoquant la vertu des ancêtres, ils se résoudront de ne pas mourir de faim s'ils sont pauvres, ni de vertu s'ils ont du bien, ni d'ennui dans leur richesse et dans leur vertu.

Le dégoût de l'orgie leur a laissé libres les jambes et la langue : ils se serviront de leurs jambes pour aller au Palatin et de leur langue pour demander une province. O province heureuse, tu t'apercevras qu'avec la raison, les jambes et la langue, ces stoïciens ont aussi conservé les dents ! Et vous, chrétiens de ce pays-là, tenez-vous prêts ; l'on va vous demander l'encens et le sel !

———

Ce qui affermit en moi cette opinion sur les vertueux Romains du peintre Couture, c'est qu'ils ont fait école. Par-ci par-là, dans les Arts, dans les Assemblées, dans le Barreau, dans les Lettres, je vois divers échantillons d'austères qui se lèvent, qui protestent contre l'orgie, qui invoquent les ancêtres, qui disent que l'on boit trop, que l'on mange trop, que l'on chante trop, que l'on paie trop cher le gouvernement et les chanteuses, que l'on donne trop de large à l'Administration et aux passions. Voilà des Romains, il en est donc encore ! Mais lorsqu'ils ont débité leur harangue jusqu'à *dixi*, rarement on les voit quitter la table, et c'est la chose du monde la plus aisée de les décider à tendre leur verre et à mettre la main au plat.

Plusieurs même se contentent d'un rogaton.

———

Les Romains de Couture se manifestent surtout

dans les journaux du boulevard. C'est là qu'ils étalent bien leur vertu. Elle est vraiment très-âpre quelquefois. Ils ne font nulle difficulté d'appeler « drôlesses » les demoiselles présidentes de l'orgie, et ils les nomment par leur nom en même temps que par leur qualité. Ils n'épargnent pas même celles qui sont munies de plusieurs chevaux et de plusieurs gentilshommes. Ils disent qu'elles ont de faux cheveux, les dents consolidées, l'haleine hostile, celle-ci la main sèche, celle-là le pied plat. Ils raillent amèrement les sots de tout pelage qui jettent dans cette fange leur nom, leur fortune, ce qu'ils ont reçu de cervelle ou ce qui leur en est resté. La haine du *gandin* l'emporte sur le mépris qu'ils témoignent à la fille; ils font de piquantes et lugubres peintures de son imbécillité, de sa bassesse et de ses malheurs ; ils deviennent éloquents contre les scandales que donnent ces faquins indécents et stériles, et si la circonstance en met un en lumière, ils ne le manquent pas, les oreilles du jeune sire sont tirées comme il faut. Ils ont aussi de très-beaux anathèmes contre les effronteries du théâtre: ils vont jusqu'à requérir des feuilles de vigne, jusqu'à présenter leur mouchoir... Mais on apprend des choses tristes.

Le sévère *Guignol* était auteur de billets protestés, et cette circonstance ne parut pas étrangère à certaine exécution qu'il avait faite avec un grand feu de vertu. Le sévère *Larifla* et le sévère *Matagru* protégent de candides figurantes, et Laïs, qui tient les premiers emplois, impute à de secrets-intérêts de leur cœur les réclamations pudibondes qu'ils ne cessent d'élever contre les gestes dont elle accompagne chaque soir ses plaidoyers devant l'Aréopage. D'autre sévères, qui paient leurs billets et qui n'ont point d'ingénues à mettre en montre, se révèlent, un beau soir, pères de vaudevilles aussi retroussés que décolletés. Sitôt qu'il leur est donné d'emplir la scène, ils ne demandent plus qu'on allonge les jupes et laissent Laïs plaider comme elle l'entend.

Ainsi finissent les Romains de Couture. Mordus à leur tour soit par d'anciens confrères, soit par les nouveaux-venus, ils disent que les anciens sont des jaloux irrités de n'avoir pu arriver, et les nouveaux, des enfants perdus de Bohème qui les veulent faire chanter.

IX

LE COSAQUE.

Voici un chant de triomphe que je trouve dans un de ces petits journaux qui amusent le peuple par permission des Autorités, à condition de ne point parler politique. Ce n'est pas le plus mauvais ni le moins lu. Songez que ce personnage est écouté de plus de cent mille paires d'oreilles tous les jours, et dites s'il ne faut pas pleurer l'ancienne et respectable tribu des Galimafré.

Pour moi, j'ai rarement entendu parler plus nettement la voix des Ismaélites et des Vandales à qui la Révolution a livré le monde ; impies envers tout souvenir, réjouis de tout ce qui tombe, riant de voir saigner les cœurs que la chute écrase.

Et le style!...

« On parle, les uns sans s'émouvoir et en riant, les autres avec émoi et tout pleins d'indignation (cela dépend des opinions), d'un grand remue-ménage dans le noble faubourg Saint-Germain. L'arche sainte des traditions nobiliaires est menacée, paraît-il, et le sanctuaire aristocratique est en danger. L'édilité de Paris se propose de couper en deux ce *sanctum sanctorum* de la noblesse, sans plus de façons que s'il s'agissait d'un quartier peuplé de simples bourgeois, et le tracé du boulevard projeté démolirait une vingtaine d'hôtels solennels et consacrés, qui bordent les rues de Lille, Saint-Dominique et les autres.

« Les propriétaires de toutes ces demeures antiques et respectées sont dans le plus grand embarras. Que faire?

« Résister? C'est impossible. « La pioche des démolisseurs » (c'est un cliché cela) manque absolument de respect pour les vieilles maisons et brise sans pitié es blasons sculptés sur les portes cochères, comme elle a brisé les antiques enseignes des simples droguistes, épiciers, drapiers et autres vilains de l'ancienne rue des Lombards : le sens de la vénération lui manque.

« Se soumettre? C'est bien dur de quitter ainsi les maisons sacro-saintes où l'on se réunissait, entre gens bien pensants, — les vieux hôtels pleins de souvenirs où l'on est né, où l'on espérait bien mourir.

« Il le faudra bien, cependant. C'est une loi dure, mais c'est une loi. En ce temps d'égalité, l'hôtel altier d'un duc comme l'humble maison d'un marchand de vin doit s'écrouler, dès qu'il s'agit de l'utilité publique. Ce siècle a des exigences!

« Les hôtes expropriés de ces hôtels condamnés à mort sont, dit-on, décidés à s'exiler à Versailles. La ville du grand Louis, — ce prince « ennemi de la fraude, » comme il est dit dans *Tartuffe*, — offre des abris somptueux aux douleurs hautaines des grands seigneurs. C'est là qu'ils transporteront leurs pénates sacrés, si l'édilité parisienne maintient son projet irrévérencieux de démolir ces derniers refuges de la noblesse. »

Est-il assez content! Se carre-t-il assez d'avance dans l'omnibus qui parcourra le sol où branlent ces maisons « condamnées à mort, » ces maisons qu'habitent encore des gens qu'on ne peut pas mépriser! Comme il aime ce siècle à qui « le sens de la vénération manque, » qui se sert de la pioche pour démolir des maisons et de la truelle pour édifier des casernes.

Ne lui dites pas que ces maisons qui vont tomber sont encore, sinon les forteresses, du moins les asiles de la fierté civique, les lieux où se réfugient la plupart de ceux qu'il est encore difficile de faire obéir. Ah! l'on est fier par là? Raison de plus pour que l'omnibus y passe et que la caserne y pousse!

Plus de patriciens! des prolétaires et des mamelouks!

Les prolétaires et les mamelouks lisent le journal à un sou!

Que voilà bien le Cosaque dont Béranger pressentait la venue :

Hennis d'orgueil, ô mon coursier fidèle !

Et si vous alléguez le respect de *Lupus,* qui chante dans le même lieu d'un ton en apparence tout autre, j'avouerai sans peine que la petite presse est la taverne des contradictions ; mais ici pourtant, c'est la même voix et la même chanson, et il n'y a pas de contradiction pour cette fois.

X

LES FAVORIS DE L'INJUSTE SORT.

Un des redoutables cailloux qui chargèrent la fronde révolutionnaire, ce fut ce dicton sur les gens d'en haut, qui peuvent être beaucoup de chose, et même tout, sans avoir rien fait ni rien eu à faire, et qui se sont uniquement « donné la peine de naître. » Le caillou lancé contre la noblesse l'a frappée au front et elle est tombée. Il est vrai qu'elle avait alors le front assez bas, penché vers la popularité, vers l'impiété, vers la saleté, vers beaucoup d'autres vilaines choses, et vers le sieur Caron, dit de Beaumarchais, qui l'amusait immensément.

Le sieur Caron, dit de Beaumarchais, qui s'était

donné la peine de naître un drôle, et qui s'en trouva mieux politiquement que s'il était né duc et pair, et surtout honnête homme, ramassa le caillou. Par la lèvre mordante de son *Figaro,* personnification des vertus populaires telles qu'on les entendait en ce temps lumineux, il le lança vigoureusement. Almaviva pouffa de rire. Le stupide ne se sentait pas touché ; et il donna sa bourse à Figaro, qui l'avait fait rire ; et Figaro devint grand seigneur à la place d'Almaviva, ce qui parut très-juste à tout le parterre. Mais en montant au rang d'Almaviva, le brillant Figaro dédaigna de conserver son rasoir. Quelqu'un le prit, qui en fit le couperet de la guillotine.

Devenu couperet, le rasoir trancha la tête du premier Almaviva, puis la tête du second, qui s'était donné la peine de naître garçon d'esprit. Puis, de syllogisme en syllogisme, les possesseurs du rasoir-couperet ne s'estimant pas assez riches d'avoir cet instrument, plus improductif qu'on ne pense, ont fini par s'indigner de rencontrer des gens qui se sont donné la peine de naître avec une tête. Ils crient que ce privilége ne saurait être toléré sous le règne équitable du peuple souverain.

On ne doit pas naître avec une tête sous un souverain qui n'a que des pattes.

Cette idée est très nettement indiquée dans un journal qui s'appelle tout justement *Figaro,* et qui d'ailleurs vaut souvent mieux que son nom. Jouvin y reste, — mais tout le monde y passe.

Figaro donc se scandalise parce qu'un ténor de *casino,* aussi inconnu du public que le premier académicien venu, « vient d'être engagé par un théâtre lyrique à raison de mille francs le mois, la première année, quinze cents francs, la seconde, etc. » Et « s'il a quelques notes dans le gosier, il gagnera avant peu une centaine de mille francs tous les trois mois comme tels et tels. »

Figaro trouve cela « triste. » Car enfin, qu'a-t-il fait, ce chanteur, pour gagner une centaine de mille francs tous les trois mois? Il s'est donné la peine de naître :

« Il est triste — toujours — de voir des gens qui, la plupart du temps, n'ont eu besoin de rien étudier, de rien apprendre—et qui, parce que la nature les a doués d'un organe exceptionnel,—reçoivent—pour eux seuls — le traitement de trois savants et de quelques membres de l'Institut. »

Voilà donc un petit-fils du sieur Caron, dit de Beaumarchais, dont la colère s'allume contre les gens de sa race et de sa tribu qui se donnent la peine de naître avec quelques notes dans le gosier!

Il fait voir l'abus, l'*immoralité* du profit que ces chanteurs tirent de leur « organe exceptionnel. » Le cas lui paraît si grave qu'il n'hésite pas à grimper jusqu'à l'éloquence attendrie :

« Je veux faire remarquer à mes lecteurs à quel point est ridicule—et je dirai même immorale — cette manie de donner des sommes effrayantes — à des chanteurs dont tout le mérite consiste à pousser, de temps en temps, un cri aigu — appelé *ut* ou *si* de poitrine.

— Et cependant! — cependant leurs frères ou leurs anciens amis — cordonniers ou tailleurs de pierres — hommes nécessaires — hommes précieux dans une société, — se demandent chaque jour — courbés sur leur ouvrage, — s'ils pourront gagner de quoi nourrir leurs femmes et leurs enfants! »

C'est une chose plaisante, quoiqu'elle ait aussi son côté « triste, » de voir cette fureur de *Figaro* contre les Almaviva de l'*ut* de poitrine — et de l'entendre — en même temps — raisonner — comme Joseph de Maistre. Car, selon l'observation de Joseph de Maistre, quand les acteurs gagnent de grosses sommes, particulièrement dans le genre lyrique, c'est un signe certain de décadence sociale.

Pour mon compte, je ne dis ni ne pense le contraire, loin de là. Mais quel remède? Je n'en vois que deux qui soient bien démocratiques : le premier, c'est de faire que nous naissions tous avec un « organe exceptionnel; » le second, c'est de régler que ceux qui naîtront avec un organe exceptionnel quelconque, en seront privés par un moyen quelconque, même par le rasoir-couperet.

On ne peut se dissimuler que le premier remède paraît difficile, et le second assez dur. Mais il s'agit de supprimer une iniquité sociale!

Car enfin, que quelqu'un prenne la peine de naître

avec la faculté de prendre de la peine pour devenir peintre, écrivain, musicien, orateur, c'est aussi injuste à l'égard des cordonniers, et des tailleurs, que de naitre avec le gosier exceptionnel qui donne l'*ut* ou le *si* de poitrine, ou avec le père qui laissera 500,000 francs de rente.

Et vous, Monsieur, qui avez pris la peine de naitre rédacteur de *Figaro,* vous trouvez-vous bien en règle avec les pêcheurs de sardines de la baie des *Trépassés?*

Et Galvaudin, et Habet-Vinum, et Poivreux, et Galapias, et Posthippos, et cent autres qui ont pris la peine de naitre ornés des dispositions d'esprit qui permettent d'être autorisés à faire un journal en 1866, sont-ils en règle avec moi qui n'ai point reçu l'*ut* ou le *si* nécessaire pour charmer les oreilles de l'État?

Voyez-vous, Figaro, nous n'en sortirons point! Et il faut tout de bon se mettre à refaire le monde, je dis de fond en comble, et de telle sorte que nul n'ose se donner la peine de naitre avec des dons exceptionnels, ou du moins ne puisse en abuser.

Nous ferons un dieu qui discernera tous les dons, qui les centralisera, qui en disposera et qui les rétribuera tous à raison de 3 francs par jour; et si quelqu'un se sert illégitimement de son don pour primer quelque autre seulement de l'épaisseur d'un centime, le dieu en sera averti, fera venir cet injuste, le rasera et le réprimera.

Et ce sera le triomphe de la sainte égalité.

En vérité, je vous le dis, Figaro, espérez!

On le demande tant et d'une façon si précise que l'essai devra en être fait.

Ça ira!

XI

L'HONNEUR EST SATISFAIT.

Au nombre des amusements de Paris, il faut compter les duels de journalistes. Ce sont des feuilletons de durée. L'exposition est longue, mais animée; le nœud se forme assez rapidement; les péripéties, nombreuses, paraissent parfois un peu lentes, il y a plusieurs *suite au prochain numéro*.

Quant au dénouement, personne n'en est incertain ni bien épouvanté. Tout le monde, hormis (sans doute) les combattants, sait comment cela finira, ou plutôt comment cela ne finira pas : « Les honorables adversaires, placés à vingt-cinq pas de distance (il y en avait peut-être trente), ont échangé leur feu. Personne, heureusement, n'a été blessé. Les témoins sont intervenus et ont déclaré l'honneur satisfait. » La formule varie peu. Quelques-uns pourtant, après *personne n'a été blessé*, mettent : *Les témoins n'ont pas laissé continuer le combat.* Comme si ces témoins, au péril de leur vie, se fussent jetés entre des loups pleins de rage. Bien entendu que « l'honneur est satisfait » tout de même; autrement, peut-on croire que les témoins auraient interrompu le combat et que ces enragés l'eussent souffert ?

Quand le jeu est à l'épée, on se tire du sang; pas de quoi pourtant écrire un entrefilet! « L'honneur est satisfait, » voilà tout ce qu'il est nécessaire d'écrire.

———

Nous eûmes, il n'y a pas longtemps, un de ces spectacles héroïques. Ce fut très-émouvant.

Les habits avaient été ôtés jusqu'aux bretelles, les épées prises en main. Des complications surviennent. L'un des partis n'était pas sûr de l'identité de l'autre, et pensait, non sans motif, n'avoir en face qu'un fondé de pouvoirs. Les témoins discutent un peu chaudement; les adversaires, plus amis de la paix, séparent les témoins... La suite au prochain numéro. Dans le numéro suivant, cela se rengage : nouvelle suite; le public est palpitant, le feu se rallume, l'intérêt grandit, à demain. Rien n'est conclu; le public ne parle plus d'autre chose : à demain sur le pré! On remet bas les habits jusqu'aux bretelles, on quitte même les bretelles, on prend le fer, on croise le fer, le feu jaillit du fer. Une, deux! Une, deux! On rompt, on pousse, le rompant pousse, le poussant rompt. Une, deux! Bottes portées, bottes parées, vli, vlan! Bottes par-ci, bottes par-là, bottes partout! Flic, flac! encore des bottes! Que de bottes, que de feu dans le fer, que de fer dans le feu, que de feu au cœur! La sueur coule, on ne l'essuie pas! Enfin l'une de ces cruelles épées touche l'un de ces cruels hommes; le sang va paraître... Arrêtez, imprudents! L'honneur est satisfait!

Le blessé a perdu quelques poils du sourcil gauche.

Un personnage très-bon en ces occurrences, c'est le Chœur des journaux, qui se mêle à l'aventure comme dans le drame antique. Il dit véritablement les choses les plus sensées. Il trouve absurde de faire de tels vacarmes et de donner de tels jeux au public qui s'en amuse trop. Il est fécond en raisonnements parfaits sur le duel, notamment sur le duel entre journalistes : Comment! vous faites métier de franc-parler, vous ne vous estimez jamais assez libres de juger toutes choses et toutes gens, et voilà que vous voulez brider de fer la bouche qui vous juge ou qui seulement vous contredit! Et vous en appelez à la force, au jugement de Dieu, comme au Moyen-Age! Et ce sont des leçons d'escrime qu'il faudra prendre lorsque l'on voudra raisonner contre vous! Et l'on ne pourra pas dire que vous êtes de minces écrivains, sans s'exposer à la nécessité de mettre bas son habit et d'ôter même ses bretelles, même en décembre, et risquer de perdre un poil ou d'attraper un rhume? Mais alors, que reprochez-vous aux gens plus forts que vous qui vous font payer l'amende, vous jettent en prison, et par dessus le marché vous ferment la bouche dès que vous contestez leur politique ou leurs talents? Ces gens-là, tout simplement, usent de leur force, comme vous usez de la vôtre.

Ainsi parle le Chœur et il a bien raison. Mais il faut que l'honneur soit satisfait, cela est sans réplique. Il faut échanger une balle, il faut ôter son habit, il faut qu'un poil soit arraché de quelque partie du corps.

Et tel qui vient de chanter si sagement dans le Chœur, demain, s'il a quelque démêlé tant soit peu public, ne prendra pas de repos qu'il n'ait perdu ou tiré son poil.

Est-ce pour cela qu'on appelle en français, *brave à trois poils*, le fier luron qui va partout, la main sur son épée, illustré de poils conquis ou magnifié de poils perdus?

Je ne veux pas m'étendre sur le duel. Non chrétien, j'en parlerais autrement que les philosophes et les légistes. Je le considérerais comme le dernier rempart de l'individu dans une société démocratique, c'est-à-dire impolie et pleine de méchants personnages qui oseraient tout contre tout le monde, si l'on n'avait à leur montrer la gueule du pistolet. Il faut quelque chose qui puisse intimider le tribun, l'avocat, le libelliste, et cent autres espèces. Quoi! je demeurerai sans défense contre qui aura la langue mieux pendue ou le bras plus robuste? Il faut que je plaide pour obtenir une réparation dérisoire ou qui même me sera refusée? Ne l'espérez point d'une âme un peu noble, à moins que la foi religieuse ne l'aide à contenir son juste ressentiment. Je dis plus, ne le désirez point. L'habitude que les honnêtes gens prendraient de se laisser trainer dans la boue tournerait toute au profit des coquins. — Qu'importe, dit *Un Tel,* qui s'est élevé par degrés et publiquement au rang des drôles les plus authentiques, qu'importe la mémoire cent fois rafraichie de mon itinéraire? Il y a plus diffamé que moi, et c'est le plus honnête homme de France!

Il n'est pas bon qu'*Un Tel* puisse raisonner ainsi.

Que le chrétien endosse encore cette avanie de la vie publique, qu'il subisse ces ignominies d'autant plus fréquentes et violentes que l'on sait qu'il ne les châtiera pas : il le faut bien. Il ne peut demander réparation, il pourrait avoir tort de demander justice. De quel droit parles-tu? Qui t'a rendu si hardi de défendre tes superstitions? Pourquoi fais-tu la guerre, homme de paix ? Va te cacher dans ta sacristie!...

Mais je ne saurais dire à quel point j'admire ces fanfarons de la Libre-Pensée, qui ne croient point en Dieu, qui font entre eux assaut de gentillesses impies, qui se moquent à plume que veux-tu des crédulités chrétiennes, qui ne veulent pas du tout convenir que le duel soit crime, et qui, s'étant rendus sur le pré, en reviennent intacts, après avoir brûlé leur poudre aux moineaux.

Qu'alliez-vous faire là ? C'est à toi que je m'adresse, Jean Farine, qui, retroussant ta moustache et raffermissant ton cœur, es venu comme un beau Rodrigue provoquer don Scapin ?

— Don Scapin, dit Jean Farine, avait contesté mon indépendance et sifflé mes alexandrins. Pour attester au monde entier que je sais garder ma foi politique et que je m'entends à fabriquer les vers, j'ai voulu tuer don Scapin. Ainsi l'exigeait l'honneur.

— Scapin est-il mort ?

— Non ; mais j'ai tiré sur lui. Le coup a fait un bruit horrible. On a entendu la balle. Quelles émotions ! Tous les journaux en parlent. Voilà mon indépendance démontrée et mes vers vengés ; l'honneur est satisfait.

— Et toi, Scapin, mon gentilhomme, que dit ton honneur ?

— Satisfait. Jean Farine est un brave. Je l'avais traité de bélître et d'oison qui ne faisait des vers que pour être traîné sur leurs douze pattes dans les pâturages du budget. Mais, du moment qu'il tire des coups de pistolet, je l'estime galant homme, bon citoyen, et l'un des princes de la poésie à douze pieds.

— Ainsi, tu retires ta première opinion ?

— Nullement ! Je la maintiens ; mais je déclare qu'il y a eu malentendu.

— Ailleurs que sur le terrain, aurais-tu déclaré ce malentendu ?

— Jamais ! L'honneur ne l'eût pas permis.

— Quel honneur ?

— Le mien. Pour le mettre à couvert, il fallait le coup de pistolet de Jean Farine.

— Et si le pistolet de Jean Farine avait raté, et si l'honneur de Scapin s'était trouvé mal couvert, qu'aurait exigé l'honneur de Jean Farine ?

— Que Scapin tirât à son tour et Jean Farine une seconde fois.

— C'eût été plus beau ! Scapin.

— C'eût été plus long. Jean Farine et moi nous avons des affaires, nous sommes des travailleurs. Pourquoi deux coups de pistolet quand l'honneur n'en exige qu'un seul ? Fallait-il se faire du mal ? Que voulait-on ? Satisfaire l'honneur. L'honneur est satisfait.

Questionnez tant qu'il vous plaira ces raffinés, Scapin et Jean Farine, ils ne sortiront pas de là : L'honneur est satisfait ! Quelle satisfaction ? quel honneur ? L'on vous dit que l'honneur est satisfait ! Les témoins le déclarent, le signent, le mettent dans les journaux. Ils sont compétents, sans doute ! Les témoins, gens connus, gens de cœur : Grippe-Soleil et Mascarille pour Scapin, Arcas et Théramène pour Jean Farine.

- O merveilleuse adresse de Jean Farine, coup double

étonnant ! Il ne blesse personne, il rétablit sa gloire chancelante, il restaure son honneur éclopé. Voilà de ces prouesses que ne faisaient point Bayard ni Corneille. Et Scapin, la fleur de la chevalerie, peut, sans se déjuger aucunement, lui dire : Jean Farine, noble cœur ! je t'ai traité de sot et de bélître : si tu le prends à la lettre, tu me fais tort ; ne crois pas que je manque d'estime pour toi !

On porte sur le terrain un honneur à repriser, dit-on ; on se plante à vingt-cinq pas, on s'ajuste bien ou mal. Pan ! On revient sur ses jambes avec un honneur tout neuf.

On abime un pauvre diable, on le pince, on le mord, on le déchire jusqu'à l'obliger de faire peur ! Il a des transes terribles, il écrit son testament, il se voit déjà couché dans le cercueil. Pour rien au monde on ne voudrait lui faire la moindre excuse ; mais lorsqu'enfin il a manifesté l'intention de risquer sa vie, on lui dit : Je n'avais pas du tout l'intention de vous offenser ; vous êtes galant homme, et vous mettez bien l'orthographe.

Et l'honneur est satisfait !

Il est avec l'*honneur* des accommodements !

Encore que ces duels de gens de lettres se passent à peu près comme chez Barbin, et que peu de mauvais coups y soient donnés, sauf en de rares rencontres, par des maladroits ou par des experts, il ne faut pas croire que nos héros y aillent sans réflexion, mettant leur honneur à la lessive comme un linge qu'on a porté dans l'ardeur du travail et du combat. Toute tache d'encre ne les trouve pas également susceptibles, et ils prennent fort différemment l'éclaboussure, selon que l'un ou l'autre la fait.

Le fameux Mollassier, si pompeux, si pesant, si inculte, avait entrepris de me réduire. Il voulait toucher à des questions importantes qu'il ne connaissait pas, abroger certains faits de l'histoire, voire certains articles de foi, et que mon argumentation respectât la sienne, qui ne respectait ni l'Église, ni les documents authentiques, ni le bon sens, ni la grammaire. Nous ne pouvions nous entendre. Il me demanda mon âme, et m'offrit sa vie. Je le priai de considérer, premièrement, que je n'avais pas le droit de le tuer ; secondement, que ce n'était pas mon intérêt. Mon intérêt, d'accord avec mon devoir, était au contraire de le conserver pour le siffler plus longtemps et faire entrer à coups de sifflets, s'il était possible, la lumière dans son esprit : — Or, comment vous sifflerais-je, Mollassier, si j'étais mort ? et comment vous pourrais-je éclairer, si je vous avais tué ? Il se trouvait sans syllogisme devant ce raisonnement si juste, et il s'emportait. — Quoi vous n'êtes pas dévot et vous vous emportez ! Il cria que je n'étais pas Français. Je lui prouvai, Vaugelas à la main, que j'étais plus Français que lui. Il jura qu'en vain j'abritais ma défaillance sous le manteau de la religion, qu'il saurait bien enfin me tirer du sang. J'attendais, sifflant toujours ; et il ne venait pas.

Mais voilà que dans le fort de cette querelle et dans le feu de cette bravoure, il survint à Mollassier une querelle avec le jeune Poilauvent, rédacteur en chef du journal qui lui disputait son public et ses annonces. Poilauvent se voulait poser, mordait comme un diable, disait à ce pauvre Mollassier toutes les pires injures. Il le traitait de ladre, de couard, de vieux bric-à-brac empoisonné, d'homme d'affaires, d'affidé aux heureux de ce monde, d'abuser du peuple, de jésuite. Oui ! il allait si loin, ce terrible jeune Poilauvent. Et que fit Mollassier ? Il ne bougea non plus qu'un moellon, se renferma dans sa dignité, cessa d'entendre, ne feignit même pas de vouloir exposer ses jours, — et continua de me demander raison.

Plus Poilauvent le daubait, plus Mollassier prétendait

De sa folle valeur embellir *sa* gazette.

Seulement, c'était à moi qu'il voulait tirer du sang, ou de ma main qu'il voulait recevoir la mort. Il ne tira de moi que de l'encre et je persistai à lui laisser la vie.

Comme il a depuis trouvé une bonne place, je pense qu'il est aussi content que moi de cet arrangement.

LIVRE III

LES DIVERTISSEMENTS

I

LE THÉATRE.

Le goût du théâtre, l'un des grands traits de la décadence romaine, se développe dans la même proportion qu'il s'avilit. Les scènes publiques se multiplient et ne suffisent pas. On a des acteurs de société, des acteurs de famille, des acteurs de caserne. Parmi les passions de la démocratie, aucune n'est plus furieuse et plus générale que le besoin de la mise en évidence; et ce qu'elle inspire de plus bas est ce qui réussit davantage, la démocratie n'admirant volontiers que ce qu'elle a le plaisir de pouvoir en même temps mépriser un peu. Les enseignes pompeuses, les *réclames,* les charlataneries grotesques et effrontées, le théâtre, tout cela se tient, et tout cela fait bon marché de la dignité humaine. Un peuple de démocrates est un peuple d'histrions. L'histrionnerie monte aux honneurs, le patriciat descend à l'histrionnerie. Madame de Maintenon s'inquiétait d'avoir fait réciter devant la Cour, par les jeunes filles de Saint-Cyr, les nobles vers de Racine. Il y a déjà quelque temps que nos plus grandes dames s'accoutument à débiter, en face d'un auditoire plus mêlé, du Scribe, ou pire encore. On ne nomme point de Racine inédit qui fasse des chefs-d'œuvre secrets pour ces actrices illustres, et les morceaux choisis de leurs rôles qui tombent — trop aisément — dans les journaux, font assez voir que leurs poètes auraient du chemin à faire avant d'être admis à travailler pour Thérésa.

Un penseur de la *Revue des Deux-Mondes* nous conte que les soldats anglais, comme les nôtres, jouent la comédie au camp, mais avec cette particularité que les officiers eux-mêmes s'en mettent, « ce qui attire tous les gens distingués des environs. » Le penseur, qui n'est autre que M. Esquiros, se réjouit fort de ce progrès.

Et comme la pensée de M. Esquiros se porte toujours à quelque chose de vaste et de pur, il espère que le goût des divertissements intellectuels (genre Scribe et Bayard) combattra bien avantageusement le goût de l'ivrognerie !... Je cueille une phrase qui me semble fournir l'idéal du style de Saumon-Buloz :

« L'ivrognerie est un des vices de l'armée anglaise.
« Un moyen de *restreindre* ce penchant *brutal* ne
« *serait-il pas* de cultiver de *plus nobles passe-temps?*..

« Au milieu des *mornes et lointaines* solitudes où la
« Grande-Bretagne entretient des postes militaires,
« les ressources dramatiques contribuent à soutenir
« ou à relever le *moral* des troupes. »

Quant à moi, je trouve que le sérieux s'en va considérablement du monde.

J'accorde que la *Revue des Deux-Mondes* n'y perdra rien.

II

SCRIBE.

Scribe laisse quantité de comédies avec ou sans couplets, la plupart fades et scandaleuses, et plusieurs ineptes absolument. Jamais auteur dramatique n'a été si populaire. A Paris, à Londres, à Milan, à Vienne, à Irkust, dans les capitales, dans les bourgades, partout où se parlent les langues d'Europe et où deux planches sont posées sur deux tréteaux, on joue du Scribe. Il ne faut aucun génie aux acteurs, aucune culture littéraire dans le public, point de machines, peu de costumes, et c'est vite avalé. Il a d'ailleurs une certaine invention scénique, vulgaire, mais parfois d'un mouvement assez vif. Sa vogue, après quarante ans, ne semble pas épuisée. Scribe était à la mesure du monde moderne, et le monde moderne est à la mesure de Scribe pour longtemps.

Il y a de grandes *libertés* dans son énorme bagage. Son principal talent, très-remarqué au temps de ses débuts, était de présenter et de faire accepter des situations « hardies. » Il a si bien dompté la vergogne du parterre, que plus rien n'est hardi maintenant. Tout passe, suivant l'expression proverbiale, comme une lettre à la poste. Le dernier ouvrage du maître, représenté huit jours avant sa mort, a fait cependant une certaine petite sensation en ce genre. Il faut que ce soit fort! Quelques journaux se sont fâchés, non à cause de la « hardiesse, » mais à cause, disent-ils, de l'odeur de corruption sénile, tout à fait désagréable.

Scribe a donné aussi des romans du même cru que ses pièces de théâtre, épais et répugnants, sans aucune verve, sans aucune langue. Les romans passaient comme les vaudevilles; les lecteurs en redemandaient.

Il est mort dans un fiacre, se croyant à peine indisposé, débarrassé des soucis de l'heure dernière; mais il aurait mieux choisi le moment s'il avait été consulté. Il y avait un grand procès en train qui prenait toute l'attention, et cet expert dramaturge a manqué son dernier effet de scène. Il est sorti au milieu du bruit, comme un figurant.

On l'a enterré à Saint-Roch, en gala, l'église de sa paroisse, dont il ignorait l'existence, ayant été jugée trop étroite pour contenir sa gloire. Il y avait foule, musique, places réservées pour les « dames artistes, » quatre chevaux au corbillard, considérablement de fiacres à la queue, des ministres, des législateurs, des gens de la Cour, vingt députations, dont une des élèves du collége de Sainte-Barbe, lesquels mangeaient des cervelas et jetaient les peaux par les portières. C'est au collége de Sainte-Barbe que Scribe fut cultivé; c'est là qu'il prit ce beau français, cette belle morale, ce goût et cet art des « hardiesses » qui l'ont placé si haut. *Erudimini,* jeunes Barbistes !

Au cimetière, on l'a fusillé comme commandeur de la Légion d'honneur, et farci de quatre discours : — Adieu Scribe ! — Adieu, belle intelligence ! — Que la terre te soit légère ! — Repose en paix !

Il est question de ne graver sur sa tombe que son seul nom, *Eugène Scribe,* comme qui dirait Turenne ou Bossuet.

La dernière pièce que j'ai vue de Scribe est un massif et hideux mélodrame intitulé : *Adrienne Lecouvreur.* On y voit Maurice de Saxe, brûlant d'une passion aussi sincère que couronnée pour la comédienne Lecouvreur, personne distinguée par l'élévation de ses sentiments, franche, honnête, désintéressée, le modèle de toutes les vertus et de toutes les délicatesses. Cette noble fille est empoisonnée par une grande dame jalouse, une duchesse, ornée de tous les vices, y compris celui de femme légitime. La pièce se passe à faire écraser la grande dame infâme par la vertueuse comédienne, après quoi celle-ci expire sur la scène, du poison que la duchesse lui a versé. La bonne société vient encore de temps en temps applaudir cela au Théâtre-Français. L'œuvre est immorale et anti-sociale au possible, et en outre, d'une exécution littéraire véritablement humiliante. Du reste, M. Legouvé, de l'Académie française, y a mis la main.

Le théâtre, en France, s'applique, plus encore que la presse, à la destruction de la famille et de l'ordre social. Le concubinage et l'adultère y figurent carrément, comme de droit commun ; la plupart des héros, depuis quelques années, sont des bâtards et des filles-mères ; le mariage régulier est le sujet de toutes les dérisions, la paternité le plastron de toutes les turlu-inades. J'ai vu une féerie annoncée comme un spectacle innocent, où le père de l'héroïne, coupable de s'opposer aux feux de sa fille, est berné et dindonné depuis la première scène jusqu'à la dernière. Tous les bons ménages de Paris y ont conduit leurs enfants, filles et garçons.

Après la paternité et le mariage, la chose dont le théâtre se moque le plus est la royauté. L'on voit à la fois trois rois cette année, sur la scène, représentés sous les traits les plus vils et les plus bêtes que leur aient pu donner les génies combinés des poètes et des acteurs, et cela va loin ! La charge est même si forte que le public, quoique peu délicat, en témoigne du dégoût ; mais il avale tout de même. Le *Théâtre-Français*, théâtre impérial, montre son roi idiot. Au théâtre des *Variétés*, l'idiot est féroce, et en même temps il est époux et père, et fouetté en ces trois qualités.

Tout cela est visé par la censure.

C'est le résultat social du théâtre de Scribe; mais le théâtre de Scribe finira par paraître décent.

III

L'IDÉAL.

J'ai assisté à la quatre cent unième représentation d'une féerie. C'est l'aventure d'une princesse, empêchée par plusieurs génies malfaisants d'épouser celui qu'elle aime, mais les bons génies viennent à son secours, et le mariage se fait passé minuit, au milieu d'une pluie d'or éclairée par la lumière électrique. On y voit des hommes et des femmes habillés en poissons, d'autres en légumes, d'autres en autre chose, et surtout beaucoup de femmes qui ne sont pas habillées du tout, et c'est là le grand attrait. Il y a des feux de couleur, des musiques, des danses, des palais d'or à colonnes de diamants, des cariatides vivantes, et une grande pièce de fille qui se promène tout le temps en maillot couleur de brique, à peu près uniquement vêtue de brodequins rouges; elle fait voir ses formes et elle étale toute la vie dont la science et l'art peuvent douer un mannequin.

Fées, femmes, fleurs, feux et *trucs,* tout est d'un fané, d'un commun inénarrables, et le spectacle entier exhale un ennui mortel. En fait de génies malfaisants, où en trouver qui s'acquittent mieux de leur métier que les auteurs de ces divertissements-là! Nous étions bien un millier de malheureux dans la salle, dont pas un ne parvint à rire une seule petite fois. Pas un mot drôle, pas même une charge, et pas même un étonnement, car rien n'étonne quand on s'attend à tout, et il n'y a plus un enfant dans Paris qui ne connaisse ces ficelles. Je ne pus saisir qu'une fugitive sensation qui ressemblât de loin à un mouvement d'intérêt : une pauvre diablesse qui faisait je ne sais quelle fée, jeune et chétive, était, je crois, hydropique très-avancée. Ses joues tirées, ses jambes fléchissantes, sa voix défaillante, tout annonçait une crise, et l'on s'attendait qu'elle dégonflât sur la scène.

On ne peut imaginer de plus médiocres acteurs. Ils n'ont pas dit juste un seul mot, ni fait seulement une bonne grimace. Cette profession s'est beaucoup dégradée. Autrefois les acteurs avaient quelque besogne d'esprit, le sort d'un ouvrage leur était confié. Ils tâchaient d'animer un rôle, d'y mettre une physionomie. A présent, le rôle est l'affaire du costumier, comme la pièce est l'affaire du machiniste, et c'est assez pour les personnages de donner la réplique aux machines. La plupart de ces acteurs ne savent pas même marcher; ceux qui prétendent encore vivre ne réussissent guère qu'à se trémousser misérablement ; ils font des charges grossières, dont un public moins brut s'offenserait fort.

Quant aux femmes, elles arrivent à ressembler exactement aux têtes de cire des perruquiers. Elles sont laides, de cette laideur particulière qu'on appelle la gentillesse parisienne, vraiment blessante sous un autre costume que le parisien. Elles ont l'agaçante voix, le glapissement déchiré des filles de portière, qui semblent s'être gargarisées de l'eau du ruisseau.

———

Mais ce qui touche à l'épouvantable, c'est l'objet même que l'on emploie pour attirer la foule, c'est la femme nue. Je ne parle pas de l'horreur de l'âme devant cette prostitution, je parle de la simple horreur de l'œil. Le spectacle est plus affreux que malhonnête. Les ramassées que l'on y produit ne se contentent pas d'être laides de visage, la plupart jusqu'à l'abjection; elles sont par dessus le marché généralement et diversement fort mal bâties : des cagneuses, des mafflues, des pansues, des voûtées, des osseuses, impudentes et gauches, ne sachant ni marcher ni se tenir. O effroyables déformations de la grue déplumée! O grouillement abominable d'où s'échappent des odeurs de soupente!

Quatre cents représentations !

Et ce n'est pas fini ! Voilà le mystère. Car enfin l'on s'ennuie, et l'on sort de ce bazar, écœuré et attristé;

et qui peut y retourner ? Il faut que les auteurs dramatiques, depuis la tragédie jusqu'à la farce, depuis M. Ponsard, s'il est le premier, ce que j'admets, jusqu'à M. Clairville, s'il est le dernier, ce que j'ignore, aient singulièrement chargé, alourdi et ennuyé le public pour le pousser en pareilles masses vers ces stupides divertissements. Ils ont donc su faire des couplets et des tirades, de la prose et des vers plus laborieux à ouïr que ces charniers vivants à contempler ! Ils ont donc créé quelque chose de plus long, de plus lourd, de plus bête qu'un ballet ! Ils ont donc fait subir à la langue des contorsions et des désarticulations pires que le solo de la danseuse et les poses abandonnées de ses demoiselles suivantes !

J'en causais avec un conseiller de théâtre, très-expert en toutes les manières d'amorcer le public, et assez homme d'esprit.

— En effet, me dit-il, si vous n'aviez rien à faire de vos soirées et que vous fussiez comme tant d'autres dans cette auberge de Paris, qui n'ont ni foyer, ni parents, ni œuvre, ni pensée, une fois fermés la boutique ou le bureau ; s'il vous fallait tuer tous les jours quelques heures pour ne pas périr d'ennui, alors, quand vous auriez consommé six mois d'opéra, de comédie et de vaudeville, vous comprendriez mieux l'attrait de cet autre genre d'abrutissement, car vous ne connaissez pas l'homme moderne, si vous ignorez qu'atteint d'un incurable ennui, il a besoin, vraiment besoin de s'abrutir. Mais s'abrutir n'est point petite besogne, et tous les moyens n'y réussissent pas également.

La vie est organisée pour cela, on a l'uniformité en tout et l'on travaille à la perfectionner sans cesse. Chacun conduit la même œuvre toujours, tout le monde en même temps fait la même chose, dit la même chose, voit la même chose. En une demi-heure on a lu tous les journaux, en un jour on a vu Paris, en une semaine on sait l'Europe par cœur, en un mois on a fait le tour du monde et il n'y a rien de nouveau. L'ennui est immense. Il faut s'abrutir ou périr d'ennui. On a la pipe, l'absinthe, la *Revue des Deux-Mondes :* on bâille encore, l'abrutissement n'est point venu.

Étrange merveille! Dans cette imbécile humanité, quelque chose demeure qui résiste à l'abrutissement.

L'humanité éprouve le plus grand besoin de s'abrutir, il faut qu'elle s'abrutisse, elle le sait, elle en convient : et elle ne veut pas s'abrutir, elle veut s'amuser!

Elle semble avoir je ne sais quel instinct d'une existence qu'elle ne comprend pas. Elle regarde en haut comme si elle pressentait quelque spectacle derrière le rideau d'azur, un spectacle qui l'intéresserait; elle agite ses bras lourds qui ont à peine cessé d'être des pattes, comme si elle voulait voler; elle dresse son oreille poilue et elle l'ouvre toute grande, appelant des harmonies supérieures à celles qu'elle entend. On jette dans ce gouffre le tonnerre de cent trombonnes, elle en demande deux cents; on les donne, on y ajoute des cuivres plus âpres, on y met du canon et des cloches : il en faut davantage, il faut de l'inouï, et si j'osais dire le mot, il faut de l'idéal.

Oui, Monsieur, il faut de l'idéal! Le goût, que dis-je? la faim et la soif de l'idéal sont répandus dans l'humanité, le croirait-on? Ce butor vaste qui est assis à côté de vous, suant et à la torture dans sa stalle étroite, questionnez-le : il vous dira qu'il est marchand sur le boulevard, ou éleveur en Normandie, ou chef de bureau, et ce sera la vérité; il vous dira qu'il pêche à la ligne le dimanche, qu'il lit le *Siècle,* et vous le verrez bien; il a du trois pour cent, il est marié, il est rangé, il est obtus, il est conservateur, il préside la vénérable loge des *Amis de la parfaite Raison,* et avec tout cela, c'est un poète altéré d'idéal. On ne sait pas à quel point la maladie poétique est répandue dans le genre humain!

Notre spéculation est basée sur cette infirmité générale — je pourrais bien dire universelle. Car, qui ne donne pas plus ou moins dans l'idéal? Ma parole d'honneur, je ne voudrais pas répondre de moi! Et vous peut-être aussi, vous cherchez l'idéal?

— Moi, lui dis-je, non, je ne le cherche pas....., je l'ai.

―――――

— C'est plus fort, répondit-il. Pour nous qui ne l'avons pas, — et qui ne le cherchons guère, — nous

nous contentons de le vendre. C'est l'idéal que nous vendons à ces oisons, pas autre chose. Nous le vendons, bien entendu, idéalement, et ils l'achètent de même; mais ils le paient réellement.

Nous annonçons à grand tapage que nous tenons débit d'idéal, de choses merveilleuses et inouïes; que nous avons découvert le pays des fées, que nous nous sommes procuré les fées elles-mêmes; que chez nous, à la clarté d'un soleil nouveau, d'un coup de baguette elles bâtissent leurs palais d'argent et de rubis, en montrant leurs jambes faites au tour. Nous promettons des étonnements, des stupéfactions, des renversements, des *trucs* inimaginables et impossibles, des pluies d'or, des pluies de feu, *des pluies d'eau naturelle,* des cieux plus profonds, des tonnerres plus grondants, et des jambes, des jambes, des jambes! Car l'idéal des jambes est très recherché : de l'or et des jambes, des jambes et de l'or, on en veut toujours. Nous faisons entendre qu'on n'aura jamais vu tant de jambes à la fois, ni si audacieuses. Le voisin en annonce trois cents paires, nous en promettons six cents, mais plus choisies.

On donne la représentation d'essai. Le lendemain, les journaux annoncent que l'idéal est réalisé et dépassé, qu'on a bissé les grands tableaux, rappelé les acteurs, proclamé les costumiers; que la pièce est charmante, que la musique est originale, que les dames sont *hardies*. Plusieurs même poussent la bonne grâce jusqu'à trouver que c'est trop, qu'il y a trop de jambes et qu'on en voit trop long, et qu'il faudrait pourtant se souvenir un peu de cette pauvre pudeur. Oh! les bons compères, et quel *truc* que celui des journaux! La foule accourt, elle veut voir cet or, et ces jambes, et ce scandale; la photographie vient à la rescousse; les journaux continuent de pousser; on en rêve en Bretagne et en Languedoc; quatre cents représentations sont assurées.

Au fond, nos chasseurs d'idéal ne trouvent pas que tout le programme soit bien rempli. On a déjà un peu vu cela. Il n'y a pas le compte de jambes, il s'en faut de quelque centaine; et ces essaims de jeunes beautés ne sont que ce que l'on a pu se procurer de mieux dans le quartier à raison de dix sous par figure; et enfin il semble que l'audace manque aussi. Mais qu'importent cinquante ou cent cagneuses de moins, et quand celles que nous exhibons seraient absolument sans linge, que verrait-on de plus? Hélas! ce qui reste d'idéal, c'est ce que nous laissons d'étoffe, et plus on rogne les jupes, plus le harem tourne à la maladrerie. Il y a bien des mystères dans le monde, Monsieur! L'oiseau bleu n'est bleu que de loin; il perd sa couleur lorsqu'on l'approche, et ceux qui parviennent à le saisir ne tiennent qu'un vulgaire pierrot ou même une chauve-souris. L'idéal, imbéciles bourgeois, on vous le donnerait, si vous aviez l'esprit de ne pas prendre de lorgnettes! Mais heureusement l'opinion fait tout, et il y a moyen de faire l'opinion. Les journaux sont là, criant toujours merveille, réclamant toujours pour cette pauvre pudeur, entretenant le succès. Le succès se prolonge, il devient habitude et tout est gagné. Vous demandez qui peut revenir? Vous ne connaissez pas la puissance de l'annonce et l'empire de l'habitude! Il y en a qui s'attachent à une paire ou à un groupe de jambes, à un décor, à un lazzi; il y a des récalcitrants que l'on ramène par l'annonce d'un *truc* modifié... Ah! la bêtise humaine est sans limites, puisque les directeurs de théâtre n'en ont pas touché le fond!

———

Cependant nos spectateurs ne peuvent se dire absolument volés. Pour leurs trois ou quatre francs, on leur sert, après tout, un assez joli paradis de Mahomet. Pensez-vous que les Circassiennes soient beaucoup mieux plantées que nos piqueuses de bottines, et que dans tous les harems on trouve exclusivement des Titiens, des Rubens et des Véronèses? L'insaisissable idéal est entrevu, il suffit. C'est la gloire de la civilisation, Monsieur! Avec cent sous d'argent mignon à dépenser par jour, un Parisien est plus diverti que le Grand-Turc.

— Et ajoutez, dis-je, qu'il n'a pas moins de facilité à s'abrutir.

— Mais oui, reprit mon interlocuteur. Je perdais de vue la question de l'abrutissement, question vitale pour le civilisé moderne. Cette somnolence de votre voisin de stalle n'est plus l'ennui sérieux qui le tourmentait jadis, n'est plus du tout l'ennui. C'est une agréable torpeur, quelque chose comme le *kief* asiatique. C'est l'abrutissement qui se fait et qui triomphe. Cet homme n'est plus sollicité à penser, n'a plus besoin de comprendre. On lui apporte des spectacles merveilleux, on le berce dans l'impossible sous toutes les formes, on l'enlève à cent mille lieues des préoccupations de l'existence, et enfin, par la multiplicité et l'accumulation des délices, on le blase de telle sorte que le désir même doit mourir en lui. Et l'on dira que nos spectacles sont immoraux et funestes! Mais dites-moi ce que peut désirer un homme sensé en ce monde? D'être le Grand-Turc, n'est-ce pas? Voilà l'idéal de la puissance, de la magnificence et de l'oisiveté. Le visir gouverne, le Grand-Turc n'a d'autre affaire que de se divertir, ou plutôt que de se laisser divertir, et c'est à quoi pensent sans relâche tout ce qu'il y a de gens d'esprit dans Stamboul, car autrement ils sont étranglés par la faim. Eh bien! notre bourgeois est Grand-Turc trois ou quatre heures par jour! Et comme l'expérience lui démontre qu'en somme ce n'est pas enivrant, il demeure tranquille en sa condition, désabusé de tout changement et de toute recherche de grandeur. Le voilà donc totalement abruti, endormi dans l'idéal, incapable de conspirer, de penser, de désirer. Il remplit ses petits devoirs sociaux, il paie sa cote mobilière et personnelle, il fait son quart de Grand-Turc, et il va se coucher, soumis à son commissaire, fidèle à son gouvernement.....

Je fis un signe d'adhésion. Mon interlocuteur s'interrompit.

— Vous croyez, reprit-il, que je plaisante ?... Ma parole d'honneur, je n'en sais rien ! Je sens beaucoup de vrai dans tout ce que je vous dis, malgré quelque physionomie paradoxale.

— Vous parlez, répondis-je, sans paradoxe et en véritable homme d'État. Et comme c'est un fait reconnu qu'il n'y a plus de distances, je vous annonce que votre profession, jadis si éloignée des affaires politiques, ne tardera pas à leur fournir des personnages très-importants. L'État se trouve trop bien de vos services pour ne pas vous demander prochainement des conseils. Il apprendra de vous à tenir les peuples, à former et à diriger l'opinion. Ce ne sera pas un petit objet d'organiser les spectacles ! Longtemps dans le monde, la politique reposa là-dessus, et César fut essentiellement un directeur de spectacles. Seulement vos abrutis ne cesseront pas de demander du nouveau, il ne suffira pas toujours de charlataner : il faudra tailler dans le grand, et qu'un peu de vrai sang coule pour réveiller l'attention.

— Toujours ce diable d'idéal ! reprit mon interlocuteur. Le cirque, cent mille spectateurs, des masses énormes... Je me dis parfois que les combats de taureaux sont dans l'air, et qu'il y faut penser.

— Oui, les combats de taureaux, et les combats

de lions, et les combats de chiens, et les combats d'hommes !...

IV

AU CAFÉ-CHANTANT.

A travers la fumée, nous aperçûmes deux ou trois places vides où nous n'arrivâmes point sans difficulté. Quelle atmosphère ! Quelle odeur mélangée de tabac, de spiritueux, de bière et de gaz ! C'était la première fois que j'entrais dans ce lieu, la première fois que je voyais des femmes dans un café fumant. Nous avions autour de nous non-seulement des femmes, mais des *Dames*.

Il y a vingt ans, on eût inutilement cherché ce spectacle dans tout Paris. Visiblement, ces dames avaient traîné là leurs maris vaincus; l'air dépité et empêtré de ces malheureux le proclamait assez haut. Mais, pour elles, à peine semblaient-elles dépaysées. Il avait raison, ce vieux et honnête valet de chambre qui me disait un jour, parlant de sa marquise, tout-à-fait dévoyée : — « Monsieur, on ne sait pas ce qu'un maladroit peut faire d'une femme comme il faut ! » Et qu'est-ce que la femme « comme il faut » ne peut pas faire aussi d'un maladroit ? La présence de ces femmes « comme il faut » donnait à l'auditoire un cachet tout particulier de débraillement : le débraillement social !

Nous avions encore une demi-heure à attendre, toutes les places étaient prises. Il passa quelques sujets inférieurs, de petites voix glapissantes, des miaulements, rien qui justifiât la surtaxe du verre de bière. Un ténor chanta je ne sais quoi ; une demoiselle, deux demoiselles chantèrent je ne sais quoi. On me dit que c'étaient des demoiselles de trois ou quatre mille francs tout au plus ; elles étaient vêtues sans aucune simplicité. Un baryton se fit applaudir. Il avait une jolie voix et la mise la plus funèbre du monde. On eût dit un ancien représentant du peuple, de ceux de la Montagne, qui « pensaient » et qui se piquaient de tenue ; M. de Flotte, par exemple. Ce baryton ferait figure dans nos troubles à venir que je n'en serais pas étonné. Il chantait :

> Un nid, c'est un tendre mystère,
> Un ciel que le printemps bénit.
> À l'homme, à l'oiseau sur la terre,
> Dieu dit tout bas : Faites un nid !

Ces culotteurs de pipe, tous fort loin de leur nid pour le moment, et peu pressés d'y rentrer, écoutaient cela d'un œil attendri ; les « petites dames » retenaient à peine leurs larmes ; les dames « comme il faut » faisaient *très-bien* du bout des doigts. Le baryton, froid comme glace, en habit noir, en gants blancs, en barbe de quadragénaire, sucrait le dernier couplet sans perdre sa figure d'homme qui vient de consulter les lois de Minos. Enfin il fit un profond salut, se retira, fut rappelé, ressalua, se retira à reculons, et la salle tout entière frémit... Elle allait paraître, un tonnerre d'applaudissements l'annonça.

Je ne la trouvai point si hideuse que l'on m'avait dit. C'est une fille assez grande, assez découplée, sans nul charme que sa gloire, qui en est un, il est vrai, du premier ordre. Elle a, je crois, quelques cheveux; sa bouche semble faire le tour de la tête; pour lèvres, des bourrelets comme un nègre; des dents de requin. Une femme auprès de moi l'appelait « un beau brun. » En somme, — mais j'ai peut-être aussi un rayon de gloire dans l'œil, — ce n'est pas la première venue.

Elle sait chanter. Quant à son chant, il est indescriptible, comme ce qu'elle chante. Il faut être Parisien pour en saisir l'attrait, Français raffiné pour en savourer la profonde et parfaite ineptie. Cela n'est d'aucune langue, d'aucun art, d'aucune vérité. Cela se ramasse dans le ruisseau; mais il y a le goût du ruisseau, et il faut trouver dans le ruisseau le produit qui a bien le goût du ruisseau. Les Parisiens eux-mêmes ne sont pas tous pourvus du flair qui mène à cette truffe. Lorsqu'elle est assaisonnée, ils la goûtent. Notre chanteuse a ses trouvères attitrés qui lui proposent l'objet, et elle y met supérieurement la sauce.

Elle joue sa chanson autant qu'elle la chante. Elle joue des yeux, des bras, des épaules, des hanches, hardiment. Rien de gracieux ; elle s'exerce plutôt à perdre la grâce féminine ; mais c'est là peut-être le piquant, la pointe suprême du ragoût. Des frémissements couraient l'auditoire, des murmures d'admiration crépitaient dans la fumée des pipes, à certains endroits, dont l'effet, cependant assuré, défie toute analyse. Dites pourquoi l'Alsacien s'épanouit à l'odeur de la choucroute ?

La musique a le même caractère que les paroles ; un caractère de charge corrompue et canaille, et d'ailleurs morne comme la face narquoise du voyou. Le voyou, le Parisien naturel, ne pleure pas, il pleurniche ; il ne rit pas, il ricane ; il ne plaisante pas, il *blague* ; il ne danse pas, il *chahute* ; il n'est pas amoureux, il est libertin. L'art consiste à ramasser ces ingrédients dans une chanson, et les auteurs y arrivent neuf fois sur dix, la chanteuse aidant. Le succès est en rapport avec la dose.

Tout cela sent la vieille pipe, la fuite de gaz, la vapeur de boisson fermentée ; et la tristesse réside au fond, cette tristesse diserte et plate qu'on appelle l'ennui. La physionomie générale de l'auditoire est une sorte de torpeur troublée. Ces gens-là ne vivent plus que de secousses ; et la grande raison du succès de certains « artistes, » c'est qu'ils donnent la secousse plus forte. Elle passe vite, l'habitué retombe dans sa torpeur. Le spectateur d'occasion se hâte de sortir et d'aller respirer l'air pur de la rue.

Pour être juste, ces représentations sont bien organisées, et j'ai pleinement admiré l'art du programme.

La grande chanteuse est entourée de satellites très-inférieurs. Son morceau est précédé d'une avant-garde de romances nigaudes, l'on place au plus près tout ce qu'il y a de douceâtre : *Faites un nid!* Et après ce fromage blanc, tout de suite, l'ail et l'eau-de-vie surpoivrée, le tord-boyaux tout pur de la demoiselle. Le heurt est violent, et comme on dit dans la langue du lieu : *Ça emporte la gueule.*

Mais cette gueule, puisque gueule il y a, cette gueule animale ne savourera plus le pain, ni l'eau, ni le vin, ni les fruits, et il lui faut offrir désormais une chair corrompue.

V

BATACLAN.

Le café *Bataclan* est situé sur le boulevard du Prince-Eugène. Il y a quelques années que vous n'avez vu Paris, vous êtes jeune ; vous demandez où est le boulevard du Prince-Eugène, et peut-être ce que c'est que le prince Eugène? Le prince Eugène est un des Mille de l'épopée impériale, où nous fûmes délivrés, dit Galapias, « des ténèbres du moyen-âge. » Il y a aussi la caserne du Prince-Eugène, qui est une belle caserne ; et le boulevard met la caserne en communication large et directe avec le château de Vincennes, qui n'est pas un petit château. Vincennes est à un bout, la caserne à l'autre, longeant par une autre face le boulevard qui mène à la place de l'ancienne Bastille. Car c'est une caserne carrée, pouvant contenir quelques milliers d'hommes qui peuvent faire feu sur quatre voies ; des feux croisés. Ce serait un coin dangereux pour les idées subversives qui voudraient passer par là ! Mais il n'y a plus d'idées subversives, ou du moins Léonor et Adolphe leur adoucissent les mœurs et dirigent leurs promenades d'un autre côté. Ils ont d'ailleurs toujours un laissez-passer en poche, pour le cas où ils rencontreraient une caserne sur le chemin ; et lorsqu'ils traversent le rayon du Prince-Eugène, c'est qu'ils vont à Bataclan. Léonor et Adolphe sont de grands dompteurs des idées subversives ! Ils les font rugir, ils les font sauter et prendre des poses, — et rester dans leur cage. Et ce qu'il y a de merveilleux, c'est que si Léonor et Adolphe se retirent, Poivreux et Galapias les remplaceront très-bien. A présent, les idées subversives ne sont pas plus difficiles à manier que les lions. Un « dompteur » va jouir de ses rentes, un garçon de service prend la cravache et le voilà dompteur. Il entre dans la cage, il donne de la viande, il distribue les coups de trique, cela va parfaitement : les lions rugissent, sautent, prennent des poses et observent toutes les lois. En avons-nous dit sur la Bastille et sur le peuple immortel qui l'a emportée d'assaut le 14 juillet 1789 ! Ces jeux-là sont finis. Les lions n'ont plus envie de rien emporter. Ils sont toujours lions, ils détestent toujours les bastilles; mais ils savent bien que les casernes ne sont pas des bastilles, — puisqu'elles ne sont pas gardées par des Invalides.

Le quartier était joli autrefois, très-vivant, très-pittoresque, le soir surtout, quand une population grouillante et mille feux l'animaient. Hier, entre neuf et dix heures de nuit, c'était un désert des plus lugubres. On y nageait dans le macadam et il exhalait tout entier l'odeur des mauvaises affaires. Ces grandes maisons neuves sont sans habitants comme sans histoire. Point de fenêtres éclairées, point de boutiques, sauf quelques cafés étincelants et vides ; le royaume de la faillite !

Bataclan est un café chinois, mais digne de la civilisation moderne. La façade est toute peinte et dorée, et ornée de grotesques. La salle occupe l'emplacement d'une vaste maison ; des guirlandes de gaz l'éclairent d'une façon originale. L'architecte a été si content de son œuvre qu'il l'a signée. Une centaine de personnes s'éparpillaient devant une scène où s'exerçait un médiocre jongleur. Des galeries vides, des tables inoccupées, des garçons qui se croisaient les bras. La faillite est venue s'installer dans cette pompeuse faribole. C'était noir.

Bataclan a sa grande chanteuse qu'on applaudit lorsqu'elle paraît, comme les autres grandes chanteuses des autres endroits ; elle les imite et elle chante leurs chansons. Il faut partout, m'a-t-on dit, une chanteuse genre Thérésa. Le Parisien ne se croirait pas dans un café-chantant s'il n'avait sa Thérésa et sa chanson *Thérésale*. Or, la vraie Thérésa gagne cent mille francs. Vous jugez ce que peut être la Thérésa d'un café en faillite. Celle-ci avait l'air d'un enfant de chœur. Elle faisait la délurée, mais il me parut que c'était contre nature et sans pouvoir se débarrasser d'un reste d'innocence ou de décence. Cette fausse grossièreté, cette pauvre chétive personne qui se démenait dans ce lieu visité par la mort commerciale, sous ce gaz qui semblait ne brûler qu'à regret, comme tremblant de n'être pas payé, c'était ce que l'on peut imaginer de plus sinistre. Je m'attendais à voir entrer le croque-mort.

Ce fut un violoniste qui parut. Il avait du talent. Il y a dans ce Paris des centaines de violonistes et d'*exécutants* de toutes sortes, pianistes des deux sexes, harpistes, guitaristes, guimbardistes, mirlitonistes et tambours qui se jouent de toutes les difficultés, sauf de la difficulté de gagner trois francs. Celui-ci donna un beau grand morceau de haute musique, d'une façon vraiment relevée. Nous ne fûmes que deux à l'applaudir. Il donna ensuite une petite chanson gentille et distinguée qui réussit un peu plus, et se retira, à reculons, suivant l'étiquette, la tête plus près des genoux que du dos. Car ce public en veste, en casquette et en pipe, exige aussi que l'acteur en habit noir « courbe son échine ; » et l'acteur n'a garde d'y manquer. Poivreux lui-même, le marteau des aristocrates, et Galvaudin, l'apôtre de la dignité de l'homme, se fâcheraient contre le comédien ou la comédienne qui omettrait cette étiquette.

Pendant que le violoniste saluait, quelqu'un cria *bis!* Il se remit en posture, reprit deux ou trois mesures de sa chanson, et entra dans une série de variations et de tours de force qui excitèrent l'enthousiasme. Il imita la clochette, le chant des oiseaux, le tonnerre, et enfin le cri de l'âne. Ici les applaudissements furent ardents et unanimes.. Hélas! violon du conseiller Crespel!

Je vous avouerai qu'une de mes désolations dans Paris est de voir comme on y macule cette pauvre musique, et tous les vils offices que fait cette chose si noble, si touchante et quasi sacrée.

J'en avais assez. Il me restait à payer ma « consommation. » C'était un hideux verre de vin chaud. On me demanda 28 sous. Avec le pour-boire du garçon, cela fait à peu près deux fois ce que peut gagner en douze heures une ouvrière qui veut rester honnête fille.

VI.

QUATRE BUSTES.

A propos d'une chanson « qui vient de paraître, » les chroniqueurs installent aux murs du Panthéon quatre bustes couronnés de laurier : celui du musicien, celui du poète, celui de la chanteuse, celui de l'entrepreneur qui a commandé, revu, corrigé, approuvé l'œuvre et qui la fait exécuter dans son café-chantant.

J'apprends avec plaisir que ces quatre personnages sont pleins d'invention, de génie, de bonne humeur, d'amour du travail, de vertus fortes et modestes; qu'ils sont bons amis, bons fils, bonne fille, et qu'ils pourraient faire autre chose. Mais ils aiment mieux faire cela.

Le musicien est excellent pour les chroniqueurs. Il a un large cœur, un large rire. Il est très-savant, et les maîtres reconnaissent une inspiration supérieure dans ces œuvres en apparence frivoles, devenues si populaires : la *Puce qui pense*, le *Navet partagé*, la *Lyre à Pingouin*, etc. Et vous verrez qu'il fera un opéra en cinq actes.

Le poète est excellent pour les chroniqueurs. C'est une âme d'or, un bachelier éminent. Au commencement il a donné des cantates qui furent imprimées aux frais de l'État. Vous ne nierez pas que l'État se connaisse en poésie ! Sa verve ayant pris un autre cours, il a écrit les poëmes populaires ci-dessus nommés et vingt autres, où il égale l'auteur du *Baptême du p'tit Ébénisse*. Ces compositions légères ne l'empêchent pas de se livrer aux grandes études. On a de lui trois tiers de vaudevilles : la *Queue de la poêle*, les *Martyrs de la Brasserie*, et *Cognons d'ssus!* Tout le monde croit que son grand drame *Les Chapardeurs*, en société avec les frères Chose (ces jeunes et infatigables lutteurs), attirera la foule au théâtre Beaumarchais. On donne la date de sa naissance; il n'a que quarante-sept ans.

La chanteuse est ce qu'il y a de meilleur au monde comme chanteuse et comme personne : une bonne fille, ou plutôt un bon garçon, aussi supérieure à son genre que supérieure en son genre. Piocheuse, simple, aimant les parties d'âne. Très-bonne aussi pour les chroniqueurs. Très-fidèle à son café. On ne peut pas souhaiter des événements qui nous sortiraient de l'état heureux où nous vivons, mais imaginez cette femme-là sur une barricade, chantant la *Marseillaise*, et dites comment vous sauriez vous représenter mieux la Muse de la liberté et de la patrie!...

Quant au maître du café, il est de cette espèce rare et forte des hommes qui se font eux-mêmes. Parti de rien, et s'étant fait, il a plus que personne fait le café-chantant. C'est à lui que le peuple doit cette source de distractions élevées. Nul n'a su avant lui, nul ne sait comme lui vendre dix sous un pot de bière qui en vaut trois, en y ajoutant une chanson qui ne vaut rien. Homme de travail, il est à l'œuvre, de six heures du matin à minuit; homme de devoir, plein de piété filiale, il a écumé sur sa bière un très-beau pâturage où ses vieux parents goûtent les joies d'une vie pure... Qui doutera qu'un tel homme ne soit très-bon pour les chroniqueurs?

Ces notes d'un chroniqueur ami, et certainement bien renseigné, m'ont rappelé un mot ancien, aussi célèbre que profond. L'on pourra s'étonner de le trouver ici; il n'y sera pas moins vrai d'une certaine manière que dans la circonstance où l'écrivit l'auteur, et il apporte la même preuve que cet auteur voulait donner.

Signalant certaines vérités contrefaites qui roulaient dans le fond fangeux de la sagesse et de la théogonie des païens, Tertullien s'écriait : « O témoignages d'une âme naturellement chrétienne! » C'est cela précisément que je sens et que je reconnais ici.

Un boulevardier observait dernièrement que les acteurs, hors du théâtre, font tous les efforts possibles, jusqu'à l'inimaginable, pour ressembler à des notaires. Ils mettent une cravate blanche, un habit noir, et ils disent posément des choses justes. Ce sont eux qui connaissent bien les desseins de M. de Bismark, qui débattent le pour et le contre touchant l'expédition du Mexique, et qui s'expriment en langage sévère sur le préjudice que la petite presse ne manquera pas de faire aux mœurs.

Ils n'aiment point leur profession, surtout les comiques ; ils tiennent à montrer qu'elle ne déteint pas sur eux et qu'ils ne sont pas farceurs de nature. Molière a tenté l'impossible pour jouer la tragédie.

Ils sont bucoliques, amis des champs et des joies bocagères, et ils rêvent de larmes attendries ou terribles. Quelque applaudissement qu'ils sachent obtenir en faisant une grimace ou en recevant un coup de pied, ils aimeraient mieux être moins applaudis et se plonger un poignard de carton dans la poitrine. Je m'étonne que l'acteur Booth, l'assassin de ce pauvre diable de président Johnson, n'ait pas été un acteur comique. Brandir un vrai poignard après avoir tué un vrai homme d'un coup de pistolet (funeste nécessité réaliste !) et déclamer *sic semper tyrannis*, c'est un rêve de Scapin.

Les petites délices de Scapin sont de suivre un convoi respectable, en versant des larmes de famille. S'il a un tombeau, il porte exactement des fleurs. Il veut avoir des vertus privées, il veut le lire dans les journaux. La chronique qui en donne le menu au public lui fait un plus sensible plaisir que la plus grande louange de son talent.

Je ne trouve pas que tenir un café-chantant soit le plus fier métier du monde; et comme moi, l'homme qui excelle en cette profession estime qu'il y a mieux. C'est pourquoi, quand les chroniqueurs auront cessé d'être intègres, il fera volontiers crédit d'une chope et d'une absinthe au chroniqueur qui trahira le secret de ses vertus filiales. Témoignage d'une âme naturellement chrétienne!

L'âme naturellement chrétienne déteste naturellement les métiers peu fiers. Hélas! le lait que boit là-bas cette famille de café-chantant, il est fait de sang et de pleurs. Que d'honnêtes femmes gémissent et que d'enfants ont faim parce que le chef de la communauté vide sa bourse et sa vie au café-chantant!

Semblablement, le poète de la *Puce enflammée* sent bien qu'il ne fait pas le meilleur emploi possible de son génie : Il veut que l'on sache qu'il a tourné des cantates et qu'il pourrait ficeler un poëme héroïque! — Et le musicien de même, embouchant le cornet à bouquins, rêve de chœurs angéliques et de trouver le rhythme sur lequel se meuvent et dansent les mondes devant le trône de Dieu. — Et je ne serais pas surpris si cette pauvre jeune fille aussi rêvait d'atteindre l'idéal de la beauté en chantant la *Marseillaise*, une pique à la main, sur un tas de pavés, dans l'odeur de la poudre et du sang.

Quant à la dernière chanson et à leur dernier triomphe, qui a donné lieu à l'apothéose, c'est la *Trichine embaumée.*

VII

TIGRUCHE.

Je bénis mon sort; j'ai vu Tigruche!

Il y a un « homme de lettres » qui est à Paris le second correspondant d'un journal étranger. N'imaginez pas quelque chose d'oriental! Ce journal étranger n'est pas anglais; il paie peu, faisant peu d'affaires. Le premier correspondant, chargé de donner des nouvelles françaises qui doivent rentrer en France, reçoit quelque chose de l'État pour divulguer ses secrets; il peut, ou du moins, il pourrait payer son loyer. Le second correspondant n'est chargé que d'abimer les rois de l'Europe et leurs ministres, cela ne rapporte guère. Il ne s'y épargne pas pourtant. Mais enfin ses foudres ne retentissent point, et les rois de l'Europe et leurs ministres ne tremblent point. Ce second correspondant se nomme Péquet. C'est Tigruche.

Péquet est le fléau des rois, Tigruche est « l'ami des artistes. »

Ceux qui connaissent Péquet ne connaissent pas Tigruche, ceux qui connaissent Tigruche ne connaissent pas Péquet. J'avais vu Péquet... comme on peut le voir ; j'ai vu Tigruche.

C'était un soir, tout proche du matin. Ma bonne fortune me fit entrer dans un café du boulevard, où l'on soupait. J'appris plus tard que les « artistes » des théâtres voisins avaient accoutumé de venir là se régaler d'une certaine soupe en vogue et de certains ragoûts.

Ils entrèrent par couples, et bientôt le café fut plein. Dans cette foule, il y avait des renommées, même des gloires. Ils parlaient bruyamment, d'un langage libre, plus gros qu'original, et plus voyant que coloré. Hommes et femmes s'appelaient ma *vieille*, ma *petite vieille*, ma *petite huile d'olive*. C'est courant, et il y a longtemps que cela dure. On se tutoyait. J'écoutai, sans y prendre autant d'intérêt que je l'aurais cru, si l'on m'avait promis la scène.

Je vis entrer une grande artiste de petit lieu. Elle était accompagnée de son maître du moment et de son esclave du quart-d'heure. Le maître n'était point encore fatigué, et l'esclave n'était point encore émancipé. Elle avait aussi sa dame suivante, fort « en panne. » C'est pourtant une personne de grand emploi. Elle est chargée d'éconduire les poètes qui apportent à sa maîtresse les conceptions de leur génie. Il s'en présente vingt par jour. Il faut les éconduire poliment, parce qu'enfin quelques uns pourraient se couler dans les petits journaux et « débiner Madame. » Elle le disait, et son chapeau m'étonna.

14

L'Étoile fut aussitôt entourée et chaudement félicitée de sa dernière création, où elle chante : « *J'suis rincée !* » qui sera le chant national de la saison. Elle reçut dédaigneusement tous ces hommages, et enfin elle dit : « Ça m'embête ! Je n'étais pas faite pour ces rocamboles-là et pour amuser des éreintés. J'avais de la poésie dans le cœur... » Je me rappelai Molière, si ambitieux de jouer la tragédie, et à qui les coups de bâton dont il faisait assaisonner sa prose sur son dos étaient si durs. Mais le chapeau lustré de la dame suivante éteignit l'étincelle de compassion que ces mots m'avaient jetée. — Si la poésie était dans ton cœur, « ma vieille, » ta dame suivante aurait un autre chapeau !

Je pourrais marquer que la grande artiste demanda la soupe à la mode et trois œufs sur le plat, mais on trouvera ce détail dans les chroniques du temps.

L'intérêt languissait et je songeais à me tirer du milieu de ces étoiles, lorsqu'un brouhaha de cent cris, qui faisait assez figure de huée, s'éleva de toutes les tables : — Tigruche ! uche ! uche ! Ici, Tigruche ! Es-tu râpé, Grugruche ! Es-tu laid ! — Tu te raffales d'heure en heure, mon bijou ! — Et ce roi de Prusse, il ne veut donc pas se fendre d'un paletot ? — Et ce crachat de Norwége, il ne vient donc pas ? — T'as pas assez roulé ton Bismark, Tigruche, recommence-moi ça ! Uche ! Uche !

Ainsi fit son entrée Péquet, la terreur des Princes !

A la vérité, Péquet ne paye pas de mine. Je n'ai

jamais vu homme ressembler davantage à un chien mouillé. Il allait de table en table, offrant des poignées de main, recevant des nasardes. Le dirai-je? moi qui lis parfois Péquet et qui ne suis pas son ami politique, j'éprouvai quelque chose qui pourrait passer pour un mouvement de pitié. Ce malheureux prenait tout si doucement! il offrait si affectueusement ses pauvres pattes que personne ne touchait de bon cœur! Je ne pouvais démêler sur son visage s'il était humilié ou content de la terrible familiarité qu'on lui montrait. Une seule personne ne lui insultait point : c'était la dame suivante de l'Étoile. Mais l'Étoile, en revanche, lorsqu'il vint la saluer, plus prosterné qu'à genoux, le rebuta de telle sorte qu'il demanda grâce. — « Ma petite Nini, lui dit-il, ne sois donc pas si dure pour moi qui te suis si dévoué! » Il y avait des larmes dans le cœur de Tigruche; mais comment une larme pourrait-elle sortir de l'œil de Péquet?

Tel était néanmoins son accent que Nini elle-même en fut touchée. — « Allons dit-elle, Tigruche, va voir si mes œufs sont prêts. » Il se précipita vers la cuisine et revint bientôt tout rayonnant : — Mon petit Ange, tu vas être servie.

Cela devenait triste; un autre incident me parut tragique.

Un garçon se planta devant la dame suivante et lui demanda d'un ton demi-goguenard ce qu'il fallait lui servir. — « Rien, dit-elle stoïquement; je n'ai pas faim. » Un gros homme, de mine assez bonasse, l'écoutait. — Tu n'as pas faim ! dit-il, et puis tout à l'heure, tu vas piquer dans nos assiettes. — Si je ne pique pas dans la tienne, répliqua la dame suivante, que t'importe ? — Fâche-toi, à présent ! continua le gros homme. Dis donc tout de suite que tu n'as pas le sou. Chacun a eu ses jours de dèche. — Et chacun peut les ravoir, reprit plus aigrement la suivante. Elle ajouta : — Je ne demande rien. — Non, dit l'autre ; mais tu prends sans demander. Allons, va, je paye ! Commande. J'aime mieux cela que de te voir pignocher à droite et à gauche, comme tu fais toujours.

Mais la malheureuse, ô cruel honneur ! n'osa point accepter. — « Si je commandais, dit-elle, je payerais. J'ai de l'argent. » Cette femme, je pense, a joué le drame.

Le gros homme perdit patience : — Tu as de l'argent ? toi ! Oh là ! là ! Fais-le donc voir, cet argent. Attention, Mesdames et Messieurs, Dolorès va montrer son argent !

Il se fit une sorte de silence: Dolorès roulait des yeux pleins d'orage. Tigruche arrachait des mains du garçon les œufs de l'Étoile et les plaçait devant cette dame qui les attaqua aussitôt. De tous côtés on regardait la suivante. Une voix moqueuse s'éleva : — Dolorès, ma mignonne, faisons voir ce petit argent mignon !

Dolorès se mit à pleurer. — Bête, va ! dit le gros homme.

On laissa Dolorès tranquille. Quelques minutes après, l'œil sec, elle piquait à droite et à gauche dans les assiettes voisines, et dans celle du gros homme aussi.

Tigruche, l'Ami des Artiste, ne se vit rien offrir et ne prit rien; aussi désintéressé et aussi malheureux que Péquet, la Terreur des Princes.

VIII

UN MOT.

Une actrice venait de perdre sa mère qu'elle « adorait. » On lui envoie du théâtre l'ordre de paraître à une répétition. Elle écrit une lettre « touchante, » pour obtenir quelques jours qu'elle voudrait donner à sa douleur. Le directeur, furieux, la fait mettre à l'amende.
— Est-ce qu'elle ne compte pas jouer, dit-il, tant que sa mère sera morte?

C'est ce que l'on appelle un « mot. » Le journal qui rapporte celui-ci est sujet à en fabriquer. Il y a des gens dont c'est le métier de faire des *mots*. On les paie jusqu'à trois et quatre sous la ligne, et plusieurs en font qui ne sont pas mauvais. Mais, pour le mot de ce directeur, je ne le crois pas fabriqué, mais tombé des vraies lèvres de la nature.

IX

TRIOMPHES DE GIBOYER.

Le *Fils de Giboyer* n'est pas un ouvrage si misérable que plusieurs l'ont cru. Il y a mille choses là-dedans qui sont précieuses pour l'histoire. En fait d'outrage à la société, je ne ne connais rien de plus cynique jusqu'à présent. Bien entendu, je ne lui maintiens pas ce rang pour l'avenir. Qui saurait prévoir ce que l'on pourra voir? Il se fera des miracles dans cette façon-là, et l'Auteur de Giboyer sera quelque jour hué comme rétrograde; en leur langue « ganache. »

J'avais souhaité que l'on fît l'histoire du *Fils de Giboyer.* Ce vœu est presque rempli. Quelqu'un a ramassé les documents; ils forment déjà un curieux livre : *Le Tour de France du Fils de Giboyer.* On y trouve les comptes-rendus des journaux, quelques détails des procès auxquels a donné lieu la représentation en province, et un certain nombre d'autres notes.

Les comptes-rendus, lus de suite, sont intéressants. Chose singulière! ils ne manquent pas d'une certaine feinte de pudeur. Cet académicien qui fait ce métier de vilipender sur la scène les gens garrottés et les opinions bâillonnées, choque ces journalistes; ils sentent du moins qu'ils doivent être choqués. Mais d'un autre côté, le poète est si fort des leurs ! Ils prennent soin de ne l'égratigner guère et de panser tout aussitôt la blessure. Quel esprit disent-ils, quel style comique, quelle grâce, quel feu ! Ils jurent que l'auteur de Giboyer est Aristophane ou tout au moins Beaumarchais. D'Aristophane à Beaumarchais, il n'y a que la main ; le *Siècle* y fait à peine une différence.

Un seul a l'honneur d'être totalement à son aise. Tout lui va, il approuve tout. Et je vous réponds qu'il voudrait avoir fait cela ; et je vous jure qu'il en serait digne ; mais il n'y arrivera pas, le pauvre Sarcey ! Jusqu'à la fin, son journal, l'*Opinion nationale*, a été le héraut des succès de Giboyer. Il poussait, applaudissait, *réclamait*, notait les incidents, invectivait les siffleurs, gourmandait les préfets qui ne savaient pas assez faire applaudir. Un sous-préfet, nommé Boyer, commit la faute de n'assister pas à la première représentation qui fut donnée dans sa ville. Sarcey raconta que tous les gens d'esprit de cette ville, voyant vide la loge du sous-préfet Boyer, se demandaient entr'eux : « Où gît Boyer ? »

Donc Giboyer fit son tour de France, traîné par deux chevaux d'égale force et d'égale ardeur : la presse et la police. Ce n'est pas la dernière occasion où le public les pourra voir attelés de compagnie.

Les fortunes ont été diverses ; pas trop diverses, pourtant. Partout l'*Opinion nationale* applaudissait ;

partout l'autre opinion, celle que l'on est convenu d'appeler l'opinion des honnêtes gens, sifflait; partout la police donnait main-forte aux applaudissements et empoignait les siffleurs.

Là où les siffleurs se sont abstenus, la pièce, uniquement livrée à ses admirateurs, n'a eu qu'une soirée, deux au plus. On s'ennuyait trop, faute de bien comprendre. Voilà le vrai moyen de faire tomber les pièces de police. C'est de n'y point aller. Mais lorsqu'on annonce un scandale, qui peut empêcher les femmes de bien d'y courir en grande toilette, et les hommes de suivre?

A Rennes, les triomphateurs n'eurent rien à désirer. Ils écrivent à l'*Opinion nationale* que la soirée a pu leur rappeler une circonstance bien flatteuse de l'année précédente, où ils parvinrent à faire, disent-ils, insulter l'Archevêque dans les rues : « Nous avons « obtenu un succès pareil à celui de l'année dernière, « lors du retour (de Rome) de l'Archevêque. Double « *succès* qui prouve que la jeunesse de Rennes n'a pas « oublié les traditions qui vivent dans ses écoles et « que nous sommes toujours les dignes descendants « des compagnons de Morena, qui, presque à pareille « époque, en 1789, engagèrent les luttes du Tiers-État « contre la noblesse et la forcèrent à se retirer dans « ses châteaux. » D'où l'on sut la faire passer ailleurs!

La police empoignait donc les siffleurs et les gardait au violon. En certains lieux, elle leur fit procès — pour avoir troublé l'ordre public.

Il y eut procès à Toulouse, avec un étonnement prodigieux des honnêtes gens qui avaient sifflé, et qui étaient des plus considérés de la ville. En province, on croit encore que le spectateur a le droit de siffler une pièce de théâtre mauvaise ou immorale ; on dit encore : *C'est un droit qu'à la porte on achète en entrant.*

Mais point du tout.

— Comment ! dit le spectateur, on me convoque à entendre des insolences, des sottises et des lubricités, et qui plus est de la politique ; on outrage le bon sens, on outrage la décence, on outrage enfin mes opinions et l'ordre auquel j'appartiens ; ces injures sont injurieusement applaudies devant moi, et les applaudissements sont comme des soufflets que je reçois en plein visage : je n'ai autre recours que le sifflet, et vous me contestez le droit de siffler !

— Très-bien ! dit la police. Je vous le conteste et je vous l'ôte, par la raison que voici : Toute pièce représentée sur le théâtre ne l'est qu'avec l'agrément de l'Administration ; donc elle est revêtue de l'inviolabilité de l'Administration, donc vous lui devez le respect qui est dû à l'Administration. Il faut l'écouter en silence, comme une chose que l'Administration vous dit... Cependant l'Administration vous permet d'exprimer votre opinion par des applaudissements, même par des sifflets. Sa condescendance va jusque-là. Mais vous devez d'abord vous taire, et attendre pour manifester vos sentiments bienveillants ou contraires que le rideau soit baissé. Autrement vous troublez l'ordre, vous manquez à l'Administration, et je vous empoigne !

— Mais on applaudissait pendant la pièce, aux endroits qui me blessaient le plus, et on applaudissait surtout pour m'outrager, et les applaudisseurs qui troublaient l'ordre n'ont point été empoignés !...

— Distinguons ! L'Administration ne dit pas que les applaudisseurs n'eussent tort. Cependant leurs applaudissements sont moins irrespectueux pour elle que vos sifflets.

— Mais ils étaient irrespectueux pour moi !

— Cela vous regarde, et vous ne devez pas vous faire justice vous-même.

Telle est la thèse de l'Administration. Et elle est si juste que la justice de paix (!) l'a consacrée, et que les siffleurs de Toulouse, après avoir été au violon, ont payé l'amende.

———

Il est bien curieux, ce procès de Toulouse !

Les trente prévenus représentent bon nombre des plus vieux et des plus glorieux noms de la ville. Ces patriciens sont inculpés d'avoir contrevenu à certain arrêté préfectoral sur la police des théâtres, et de s'être placé sous le coup de l'article 571 du Code pénal.

Ils disent qu'ils n'ont sifflé qu'après avoir été provoqués par des applaudissements frénétiques, par des injures à leur adresse, des projectiles même, lancés du parterre. Convaincus que la pièce est détestable à tous égards, ils ont cru que la faveur accordée par la police aux applaudisseurs, nonobstant l'arrêté préfectoral, impliquait la même faveur pour les opinions contraires.

Un témoin. — J'ai remarqué les provocations et les insultes du parterre aux personnes qui occupaient les stalles et les loges. Je constate que ces personnes n'ont sifflé que pour répondre à ces attaques et aux applaudissements du parterre.

Deux autres témoins confirment cette déposition. L'un d'eux ensuite commence le récit des violences dont il a été l'objet de la part des agents de police. Le juge arrête sa déposition, considérant les faits comme étrangers au procès.

Un agent de police. — M. de N... était de ceux qui sifflaient. Je l'ai fait sortir de la salle...

L'avocat. — Pourquoi l'agent n'a-t-il pas arrêté ceux qui applaudissaient ?

L'agent. — Je n'ai arrêté que ceux qui troublaient l'ordre.

L'avocat. — Ainsi ceux qui sifflent troublent l'ordre, ceux qui applaudissent ne le troublent pas. Pour le moment, c'est la pratique de la police.

Un témoin raconte, que sans avoir applaudi ni sifflé, il a été cependant un peu molesté par la police, probablement sur sa bonne mine, et finalement mis dehors par M. le Commissaire central en personne. Ce témoin rapporte une parole mémorable d'un agent de police :

« En sortant, j'ai rencontré M. de Ch... conduit par un sergent de ville qui lui disait : Vous pouvez marcher, je ne vous toucherai pas : J'AURAIS PEUR DE ME SALIR ! »

Un autre spectateur, prévenu, a rencontré des agents de police moins délicats. Il a été touché ! L'agent à qui il donnait sa parole de le suivre, lui répondit : *Nous savons ce que vaut votre parole d'honneur !* Alors les agents se mirent à quinze et le lancèrent dans l'escalier.

Un témoin. — Un spectateur du parterre s'est levé en criant : *A bas les aristos !* C'est alors seulement que les sifflets ont éclaté. Non-seulement la police n'arrêtait pas ceux qui applaudissaient, mais encore elle suivait leurs indications pour arrêter ceux qui répondaient par des sifflets à leurs applaudissements.

L'un des prévenus (M. Marcel de M.....). — J'ai commencé à siffler lorsque j'ai entendu crier : *A bas Veuillot !* J'ai trouvé que c'était une lâcheté d'insulter ainsi un homme à qui l'on a enlevé tout pouvoir de se défendre, même par la voie de la presse. J'ai sifflé parce que l'insulteur n'était pas arrêté et qu'il commettait une lâcheté, je le répète, bien que je n'aime pas du tout M. Veuillot (1).

Il a été constaté que le passage le plus applaudi,

---

(1) Et moi au contraire, j'aime beaucoup ce jeune gentilhomme ; et je voudrais fort qu'il me fît savoir pourquoi il ne m'aime pas du tout.

c'est quand Giboyer, bâtard de père en fils et gredin achevé, mais plein des sèves généreuses de l'avenir, s'écrie : *Je déteste la noblesse !* Il n'y avait bon libéral dans le parterre qui n'applaudît. Giboyer était l'incarnation du sentiment libéral à Toulouse, et il l'exprimait par cette parole éloquente et fraternelle : *Je déteste !* soulignée du poing.

Mais, suivant la remarque de l'avocat, la police applaudissant aussi (dans son cœur), ne pouvait arrêter que ceux qui sifflaient.

Les prévenus ont été condamnés chacun à une amende variant de un à quatre francs; un seul, récidiviste, a été condamné à cinq francs.

Vers le même temps, Sa Majesté le roi d'Italie envoyait à l'auteur de Giboyer les insignes de commandeur dans son ordre des Saints-Maurice et Lazare.

Je ne me contenterais pas de cela, et si j'étais chargé de l'honneur des Lettres en France, je demanderais que l'argent des amendes payées à Toulouse et ailleurs pour avoir sifflé Giboyer, fût retiré du Trésor public. On en ferait un collier, que l'auteur de Giboyer serait tenu de se mettre au cou toutes les fois qu'il irait porter aux comédiens une pièce nouvelle.

X

LA CONFESSION DE SAURET.

J'étais curieux d'entendre mon ami Sauret, devenu successivement Sauret-Saint-Quelque-chose, Sauret-*de*-Saint-Quelque-chose, S. De Saint-Quelque-chose, enfin de Saint-Quelque-chose tout court.

Je l'avais connu pauvre, généreux, religieux, amoureux, plein d'ambition déjà, mais de l'ambition la plus honnête, et plein de joie malgré son ambition et sa pauvreté, parce qu'il se sentait de force à faire son honnête chemin. Il nous disait : « J'épouserai la femme que j'aime, je serai riche, et je ne languirai pas dans les derniers rangs. » Nous en étions convaincus comme lui, à cause de sa vive intelligence, et de sa belle et entreprenante humeur. L'un de nous, pourtant, faisait un peu la fée contraire : — Dans les derniers rangs, non, si vous entendez que tous les rangs après le premier ne sont pas les derniers rangs. Sous-millionnaire, sous-académicien, sous-ministre, Sauret pourra être tout cela; jamais plus. — Pourquoi? — Ah! pourquoi? Parce que Carabosse l'a muni d'un don funeste. — Quel don? — La facilité. Esprit facile, mœurs faciles, et puis conscience facile, et puis homme facile. Or, l'homme facile et la femme facile tiennent même niveau.

Ce pronostic s'est vérifié. Sauret est devenu quelque chose, pas tout à fait quelqu'un. Il a mis la main secrètement à deux ou trois vaudevilles; il a donné trois ou quatre bons mémoires qui l'ont placé au seuil de la cinquième classe de l'Institut; il s'est fourré dans cinq ou six affaires qui l'ont nanti de son quasi-million. Il est gros actionnaire de plusieurs journaux, sous-directeur ici, vice-président là-bas, secrétaire-général ailleurs; il est député recommandé, rapporteur de commissions, officier de la Légion d'honneur, partout en vue, partout surplombé, partout arrêté. Il vit mal avec sa femme, qu'il a épousée par amour, et qui passe pour n'avoir pas gardé strictement la droite voie. Il a encore son ambition et n'a plus ses illusions. Il ne possède que l'état d'un homme capable qui n'a pas assez réussi et d'un sous-honnête homme qui pourra tomber d'un cran. Son aspect même a déchu : sans être d'un parvenu ni d'un drôle, il offre je ne sais quoi de frelaté, comme son nom et sa fortune.

Sauret me dit pour premier mot : — Comment vont tes affaires? — Parfaitement, répondis-je, attendu que je n'en ai pas. — Pas d'affaires? — Mais non. — Et tu peux vivre? — Mais oui. — Tu es riche? — Mais non. — C'est ta faute? — Mais oui.

— *Felix culpa*, peut-être, reprit-il; car enfin, tel

que tu me vois, j'ai beaucoup d'affaires, je commence d'être riche, et... — Et tu t'ennuies? — Fortement! — Mon camarade, continuai-je, c'est toi qui as pris le mauvais chemin. — Mais oui. — Et tu ne voudrais pas reprendre le bon? — Mais non.

Je lui parlai de notre jeunesse, de nos projets de ce temps-là, de nos élans vers les choses supérieures, de nos amis qui se sont jetés dans la gloire du sacrifice, de ceux qui sont morts avec la grâce de Dieu. J'arrivai doucement à l'exhorter, lui montrant la route encore ouverte, le bien encore possible, la paix encore offerte à sa vie. Il m'écouta tant que je voulus, sans marquer aucune impatience ni aucune amertume.

— Écoute, me dit-il enfin froidement : si j'entreprenais de te tirer de ta voie pour te faire entrer dans la mienne, tu me trouverais insensé. Je ne tenterais pas pourtant une chose beaucoup plus difficile que celle où te poussent ton ardeur naturelle et ton amitié pour moi. J'ai perdu la foi, je l'ai perdue totalement. Suis-je mort sur ce point comme sur tant d'autres? Je l'ignore, je ne le désire pas, je m'en soucie peu. Mais paralysé, je le suis; j'en réponds! Je ne nie pas l'existence de Dieu et je ne hurle pas que Dieu est le mal. Je n'ai pas la haine du mal. Je ne hais pas non plus l'Église, et si tu me dis que l'Église est le bien, je te laisserai dire, n'ayant rien à objecter, et ne haïssant pas non plus le bien.

— Tu ne hais même pas!

— C'est cela; je ne hais même pas. Vous autres, vous n'imaginez point à quelle profondeur on peut descendre dans l'indifférence. Vous dites que l'indifférence est absurde. Soit. Je n'ai pas oublié l'argument de Pascal. Mais qu'importe Pascal? Je rencontre par ici des incrédules furieux. Vos poussées inévitables les ont fort allumés et ils ne parlent que de vous détruire. Ils sont naturellement bêtes et leurs fureurs tournent contre leur dessein, car elles les sortent de l'indifférence, et les contraignent à une sorte de vie infiniment moins redoutable pour vous que cette mort de l'indifférence dont les miasmes vous asphyxieront. Or, ces furieux et vous, vous êtes notre divertissement. Nous vous opposons les uns aux autres. En empêchant qu'ils vous écrasent, nous empêchons que vous viviez. Cela nous distrait et nous faisons nos affaires. Tu penses que si les incrédules sont bêtes, les indifférents sont absurdes, à cause du *par delà*, et parce que nos affaires, médiocrement brillantes, tiendront peu. Mais l'indifférence se moque tout à fait du *par delà*, et nos affaires sont de consommer, sans nous inquiéter de ce qui peut suivre.

— Consommes-tu beaucoup de joie? demandai-je.

— Ah! reprit-il, la joie, c'est le pain des innocents et le régal des gueux! J'ai eu ma ration de joie en ce temps-là, quand nous étions sur la grande route. Le premier million même ne m'a pas ramené la joie déjà perdue, il en a plutôt écrasé les faibles restes, et

15.

je sais que le dernier million ne ressuscitera pas même le plaisir, qui prétendait remplacer la joie. Dans les légendes, le diable paie en or sonnant et en belles promesses l'âme qui lui est vendue. Le pacte signé, l'or se change en feuilles sèches, et les belles promesses, toutes parfaitement accomplies, sont toutes éludées. Ce mythe est l'histoire de toute fortune et de toute destinée.

— Tu appelles cela un mythe?

— Oui.

— Cependant tu as signé le pacte, et tu savais le résultat!

— Je le savais. Et toi, si tu n'as pas été tenté, tu es heureux ; et si tu as refusé, tu es fort.

— J'ai été tenté, j'ai signé, et j'ai rompu. Tu peux rompre.

— J'ai su que je pouvais rompre, et je n'ai pas voulu : et maintenant je ne le sais plus, où je ne le peux plus. Ces feuilles sèches dont j'ai les mains pleines et qui ne servent de rien, pas même d'oreiller pour dormir, si le vent m'en emportait une, je signerais de nouveau le pacte pour la rattraper.

— Et c'est là ce que tu appelles l'indifférence! Nous sommes plus indifférents que vous.

— Oui, vous avez votre brutalité et vos crédulités. Vos nerfs sont plus roides, vos sens moins délicats. Impuissants à poursuivre le succès, vous le dédaignez, et vous mettez vos espérances à l'abri dans l'impossible.

— Comme tu expliques et comme tu répliques !... Es-tu bien sûr de ne pas même haïr ?

— Très-sûr. Ces paroles ne sont point les secrètes pensées de mon indifférence : elles sont les consolations de l'incrédule qui se pique d'avoir des vertus et des lumières, et qui se sent inférieur à vous. La morale indépendante connaît son faible comme morale, et elle diffame ainsi la morale attachée. Le vrai indifférent n'a pas de morale du tout. Il ne prend parti théoriquement ni pour l'indépendante, qui est un poids, ni pour l'attachée, qui est une chaîne. En jugeant l'une et l'autre, et en tirant parti de toutes deux, il observe personnellement la règle extérieure, de la même manière qu'on se soumet aux conditions du climat et du pays qu'on habite. Le reste est affaire de prudence et de goût... Tu me trouves cynique ?

— Non... mais sage... et malade. Je connais d'ailleurs cette maladie, elle n'est pas rare.

— Tu peux dire qu'elle est générale. Je compte avec nous plus des trois quarts des moralistes indépendants ; le reste vous reviendra, et leur nombre ajouté au vôtre tient peu de place. En somme, le monde épuisé ou émancipé a rompu avec le révélé et le surnaturel et ne veut plus s'occuper de cela.

— Je crois, moi, qu'il ne s'occupe que de cela. Je ne vois nulle autre explication possible de l'attention et de la faveur du monde pour les très-médiocres grimauds qui prétendent le tirer de Dieu. Mais, puisqu'il veut sortir, il sortira. Dès lors, on peut regarder la rupture comme accomplie.

— Partant, comme définitive.

— Définitive pour un grand nombre, sans doute. Définitive pour le genre humain ? cela dépend. Dieu a donné au genre humain toutes les plus terribles permissions, sauf celle du suicide. L'humanité ne peut pas, comme un homme, disposer d'elle-même, et s'accrocher à une poutre, la corde au cou. Elle n'a pas pu se noyer dans les eaux du déluge. Noé, seul obéissant, a construit l'arche, et seul a été plus fort que tout le genre humain qui avait voulu mourir de mort. Quant l'Antechrist tiendra le monde entre ses mains, lui l'homme de la mort, il ne pourra consommer la mort; il sera tué d'un souffle du Fils de Dieu. Néanmoins, l'indifférence pourra triompher assez longtemps pour que les vrais indifférents en aient plus qu'assez... Tu n'ignores pas que pendant le règne de l'indifférence, le genre humain se fera un dieu qui ne sera pas du tout indifférent sur le culte qu'il faudra lui rendre ?

— Oui, je vois venir cette folie; la pire et la plus honteuse des folies humaines.

— Eh bien?

— Eh bien, j'aurai le temps de mourir avant que le Dieu nouveau soit déclaré.

— Mais tes enfants, malheureux ! tes enfants seront holocaustes.

— Ils auront la ressource de se faire sacrificateurs. D'ailleurs, nous autres, nous n'avons pas d'enfants...

———

Je regardai avec stupeur l'homme qui parlait ainsi. Il reprit avec son sourire glacé :

— Depuis notre jeunesse, il y a trente ans. Le monde a fait bien du chemin. Mais vous ne savez pas, vous autres, tout le chemin qu'il a fait. Je te dis que nous n'avons plus d'enfants. Nous nous marions, nous faisons des baptêmes, notre nom se continue..... le moins que nous pouvons. Cependant, quand je songe à ce que nous fûmes pour nos pères, et à ce que nos pères étaient pour nous, je reconnais que nous ne sommes plus des pères et qu'il n'y a plus de fils. Je ne te donne pas Mazade de Buloz pour un génie; mais encore il dit vrai quand il assure que nous sommes dans une époque de transition! Savoir où nous allons, c'est autre chose, et Mazade ne me l'a point révélé.

———

— Comment se peut-il, m'écriai-je, que tu fasses partie ou que tu sois seulement complice de ces hordes qui saccagent la société chrétienne! Car enfin, tout cela est infâme, stupide et contre nature. Tu n'es pas méchant, tu n'es pas sans cœur, tu n'es pas sans lumière. Tu ne laisserais pas un brutal ivre assassiner un enfant et mettre le feu dans les blés. Dieu t'a fait pour être du côté de la justice, et tu vois bien que toutes ces choses vont à l'esclavage et à l'immolation des faibles et des petits!

— Que veux-tu? Les temps sont arrivés. Ceux qui prétendent arrêter le torrent perdent leur peine. Ils travaillent dans la vase à élever des digues que l'eau recouvre sans cesse ou emporte sans effort. Heureux s'ils ne sont pas emportés eux-mêmes au bruit des risées, car l'opinion est pour le torrent. J'aurais pu me faire chevalier errant avant la raillerie de Cervantès; mais depuis Don Quichotte et après l'applaudissement du monde, ma foi non! quoique Don Quichotte soit plus digne d'estime que tous ses siffleurs..... Tu sais que j'ai entrepris de mettre la main à la digue.

— Oui, et tu m'y exhortais.

— En vérité, c'était de bon cœur. Mais enfin, voyant comme nos pilotis réussissaient peu, et comme on nous perçait d'épigrammes, je me trouvai dupe, et je me jetai dans une barque, assez disposé à suivre désormais le cours de l'eau. Être mouillé et sifflé, c'était trop pour mes forces.

— Tu ne savais pas encore le prix de l'indifférence?

— Va, mon camarade! Il est bien juste que tu railles un peu. Toutefois, je n'avais pas résolu de n'être plus chrétien. J'essayai de l'entre-deux. J'eus des succès d'estime au théâtre et chez les libraires. Tu sais le produit net de l'estime : c'est le seul moyen d'arriver lentement à la croix d'honneur. Le dépit me souffla la pensée de brusquer la fortune et de servir le public comme il veut être servi.

Écoute cette histoire; j'ai besoin de la raconter une fois :

———

— Je bâclai une bacchanale effrontée même pour le théâtre de bacchanales auxquelles je la destinais. Mon collaborateur, vieux et roué en ces sortes d'audaces, en eut d'abord de l'épouvante. Il y mit son art d'eunuque émérite; il fit « des coupures, » disait-il, des échancrures plutôt, et je fus à mon tour épouvanté. Quand il fallut lire cela aux comédiens, en vérité je n'osais pas. Le principal rôle de femme consistait d'un bout à l'autre à dire au public : « Je suis une prostituée. » La femme chargée de ce rôle fut le seul artiste que ma pièce n'inquiéta point. Les censeurs furent plus hardis. Ce qui avait effarouché les coulisses fit sourire la censure.

Pour moi, j'avais honte. Dix fois dans le cours des répétitions, je fus tenté de reculer. Mon collaborateur, le directeur, les acteurs surtout, me disaient : « Ne craignez pas. Si la première représentation s'achève, cent autres suivront; il y aura fortune et gloire. » C'étaient les acteurs qui parlaient de gloire, ces malheureux que je plongeais dans l'ignominie et qui s'y vautraient! L'un des plus ardents devait recevoir je ne sais combien de coups de pied et de nasardes; il s'était bien exercé, il en demandait encore et me conjurait de ne pas lui ravir sa gloire. Je retirai mon nom et je laissai jouer la pièce. J'étais curieux d'en faire l'expérience, de voir comment le public prendrait cette injure.

Le public n'hésita pas un moment, il tendit l'autre joue. Comme mon acteur à soufflets, il en demandait encore. Deux cents représentations ne satisfirent pas cet appétit d'abjection. Je devins le grand homme du boulevard. Lorsque j'entrais dans les coulisses, les directeurs, les acteurs, les actrices, se prosternaient; les jeunes auteurs venaient implorer mes conseils. Le monde ne me traitait pas avec moins d'honneur. Autant de représentations en province qu'à Paris, cent mille francs pour ma part! Du reste, je ne sais si en conscience cet argent m'appartenait. Les acteurs lancés par le succès ne jouaient plus ma pièce, mais la leur. J'avais fait une polissonnerie impardonnable; leur propre génie et leur mimique en avaient fait une ordure sans nom. C'était cette ordure, absolument grossière, qu'on applaudissait, qui sans cesse rappelait et rajeunissait la foule.

J'abhorrais ce spectacle, et je ne sais quelle force me contraignait d'en chercher l'amertume inouïe. Un reste de foi me criait que c'était la vengeance de Dieu qui me traînait dans ce coin d'où je pouvais voir mes contemporains, mon œuvre et moi-même. J'avais la rougeur sur le front, la terreur dans l'âme. J'ai su là combien le bruit des applaudissements peut déchirer les oreilles; j'ai connu la vile et inénarrable tristesse des histrions; j'ai craint, j'ai senti le glaive de la justice divine. Il me venait des envies d'aller me confesser et ensuite de fuir. J'avais déjà mes enfants; je me disais qu'un jour, peut-être, par représaille de Dieu, ou mon fils ou ma fille tomberaient dans cette fange du théâtre et joueraient devant cette foule immonde des rôles semblables à ceux-là. Je m'avouai, je m'avouai que j'avais abjuré la dignité de citoyen, la dignité de chrétien, la dignité de père; je m'avouai que j'étais un corrupteur public. Chaque jour je voyais dans la salle d'imbéciles honnêtes gens qui venaient là en famille, et qui restaient jusqu'à la fin. Oui, oui, ils restaient là, le mari à côté de l'épouse, le père et la mère au milieu de leurs enfants! Ils comprenaient et ne s'en allaient pas; ils restaient à cet enseignement de dérision, d'impiété, d'adultère, de luxure. Oh! stupide espèce! oh! les sauvages! Je voyais l'étonnement, l'embarras, la malice, la passion bestiale passer tour à tour sur les jeunes fronts. Je voyais la fange indélébile envahir les jeunes cœurs, et je me disais: Je serai puni!

Je le fus...

Je te dirai encore cela; je te donnerai cette arme pour soutenir ces préjugés terrifiants que j'ai eu tant de peine à vaincre et qui n'ont pas quitté mon cœur sans en arracher un lambeau!...

J'aimais avec un respect profond ma femme, belle,

timide, fière, chrétienne. Elle vivait à l'écart du monde, ne savait que vaguement et n'approuvait pas du tout mon trafic avec les théâtres, où elle n'allait que peu, toujours avec ennui. Elle était ma meilleure espérance, ma dernière vertu, le lien par lequel je tenais encore aux anciennes et regrettées disciplines de ma vie. Je me disais que ma femme me sauverait, que du moins elle sauverait mes enfants. Je m'étais tu devant elle de cette misérable pièce; et comme ces choses bruyantes passent vite et meurent tout à fait, je comptais bien, grâce au pseudonyme, qu'elle ignorerait toujours et l'œuvre elle-même et la part que j'y avais.

Un soir, tard, plus triste encore qu'à l'ordinaire, et agité de pressentiments plus lourds, prenant la place où j'avais coutume de me cacher, je vis sur le devant d'une loge, ma femme entourée de quelques-uns de nos amis, de braves gens, de ces honnêtes imbéciles comme j'en avais tant remarqué. Elle était pâle, froide, avec une expression de dégoût que je ne lui connaissais pas, et sur laquelle je ne me trompai pas.

Jusqu'alors j'avais vu le spectre de la conscience; je me sentis en face de l'implacable justice. Je baissai la tête et je cachai mon visage dans mes mains.

La représentation était avancée. Je repassai en esprit tout ce qui avait déjà frappé les yeux et les oreilles de cette femme indignée, tout ce qui allait la révolter encore. Elle voyait ces choses et elle les jugeait, et j'en étais l'auteur ! Tout m'était présent, m'était clair et s'offrait à la fois. S'il y avait un jugement dernier, il ressemblerait à ce que j'éprouvai alors; les fautes du coupable le flagelleraient ainsi, toutes ensemble et toutes distinctes, comme autant de lanières d'acier brûlant. Je sentis que l'homme que cette femme avait aimé en moi était tombé d'un seul coup, que le masque arraché ne lui laissait plus voir qu'un être avili. Quand j'osai relever les yeux, la toile descendait, la salle se vidait lentement. Ma pauvre femme était toujours là, dans la même attitude, pâle, muette, avec la même expression de stupeur irritée. J'étais mort pour elle derrière cette toile qu'elle regardait d'un œil fixe; mort dans cette fange, dans ce charnier de corruption, et j'eusse été moins mort sous la pierre du tombeau. Entre nous, il y avait désormais une séparation, un abîme.

Je n'allai pas la rejoindre, je craignais les félicitations et les commentaires de nos amis; je craignais son regard, sa parole, son silence. Je ne rentrai que longtemps après elle. Les sensations étranges et poignantes se succédaient dans mon cœur et s'accordaient pour le torturer. Il me semblait que ma maison n'était plus ma maison : et en effet, je n'y rentrais pas tel que j'en étais sorti quelques heures auparavant. J'étais un autre, un homme dont cette femme n'aurait pas voulu devenir l'épouse, parce qu'elle ne l'aurait ni honoré ni aimé. Auteur de cet ouvrage malfaisant, associé de ce personnel comique dont elle venait de contempler la dégradation, je n'aurais pu aspirer à sa main. Aussi mon œuvre m'apparaissait sous un nouvel aspect : c'était un parjure. Oh !... quelle nuit ! Je vis de la lumière dans la chambre de ma femme. Je n'entrai pas : il y avait là les berceaux des enfants...

Il se tut.

— Comment, lui dis-je, ayant passé par de pareilles angoisses ?...

— Quand on a passé par ces angoisses, reprit-il en m'interrompant, et quand la faiblesse ou la force, ou peut-être l'orgueil, qui est une force et une faiblesse tout à la fois, empêche qu'on ne dépouille, comme vous dites, le vieil homme... on replonge.

Il poursuivit :

Aucune explication n'eut lieu entre ma femme et moi. D'abord, je n'osai point la provoquer, bientôt je dédaignai de le faire. La froideur humiliante qu'elle me témoignait, et cet air de juge que sa fierté lui faisait prendre, ou que ma conscience peut-être lui prêtait, finirent par m'irriter. Lorsqu'enfin, par un effort de vertu que la religion lui imposa, elle parut vouloir rompre la glace, je la reçus avec hauteur, en homme offensé. Elle n'eut pas assez de force, n'ayant plus de respect et n'ayant plus d'amour, pour s'obstiner à pardonner, et ce fut fini. Je ne considérai pas qu'un terrible voile s'était déchiré sous ses yeux, qu'elle pouvait soupçonner le mal plus grand dans mon cœur et dans ma vie qu'il n'était encore en ce moment, qu'elle avait sujet de se croire outragée. Je l'abandonnai aux influences de son ennui, de son mépris, de sa colère; et en même temps, ma maison me devenant importune, je cherchai ailleurs des distractions au chagrin qui me dévorait. En peu de temps, je fis bien du chemin, et elle de même. Nous devînmes, sous le même toit, étrangers l'un à l'autre, veufs chacun de notre côté. En vérité, ce terrible soir dont je viens de parler, ce soir de la révélation, nous mourûmes, ma femme et moi.

Et j'entrai d'un pas rapide dans le mépris et dans le dégoût de moi-même et de toutes choses. »

———

Après ces mots, il y eut un moment de silence. Nous marchions côte à côte, lui, regrettant peut-être ce qu'il venait de dire; moi, quoique habitué à de pareilles confidences, un peu embarrassé de l'avoir entendu. Nous atteignîmes le coin du boulevard. Sauret me prit la main.

— Nous ne faisons pas route ensemble, dit-il. Adieu.

Depuis ce jour, lorsque le hasard nous fait rencontrer, nous échangeons un salut, et il passe.

LIVRE IV

BEAUX-ARTS ET BELLES-LETTRES

I

LA PEINTURE.

L'exposition des nouveaux ouvrages de peinture et de sculpture s'appelait autrefois le *Salon,* mot qui indique le choix. C'était déjà un honneur d'être admis au *Salon;* c'était un certificat d'étude et d'aptitude, l'équivalent du diplôme de bachelier. Le petit nombre des morceaux permettait de les étudier tous. Il y avait des écoles, des efforts, des luttes, des juges. Vainqueur au Salon, l'artiste était consacré; il relevait d'une doctrine, il trouvait des contradicteurs et des disciples.

Par le progrès démocratique, le Salon est devenu la rue, le marché, la foire, tout ce que l'on voudra excepté une école ou seulement un lieu décent. Les artistes emploient tous les moyens pour s'y faire remarquer ; l'un des plus usités est de s'y montrer en tenue négligée, l'un des plus efficaces est de s'en faire exclure. Le public suppose très-volontiers quelque mérite d'originalité ou de hardiesse dans l'artiste qui parvient à se faire refuser l'entrée du Salon. M. Courbet sut choisir son moment : profitant du bon vent de 1848, il fut des premiers qui s'installèrent au Salon en blouse, la pipe aux dents, et il fonda du coup sa célébrité, qu'il soutient depuis, tantôt par d'autres audaces inciviles, tantôt par des élégances bourgeoises.

Quelqu'un, plus récemment, sut se faire fermer la porte, et voilà ce quelqu'un presque aussi retentissant que M. Courbet.

M. Champfleury, apôtre du réalisme, personnage d'ailleurs innocent, a naïvement exposé cette théorie de l'Art. — Le peintre, dit-il, doit avoir dans son atelier un pistolet chargé, et tirer de temps en temps par la fenêtre, pour attirer l'attention.

C'est pourquoi M. Courbet montre un jour des curés de campagne entre deux vins, un autre jour des courtisanes entre deux airs.

Entre tous les spectacles parisiens, la première vue de l'Exposition de chaque année est le plus capable de procurer à la fois et dans toute leur amertume toutes les sensations du mépris, du dégoût et de l'horreur. Impossible de trouver ailleurs réunies plus de formes saisissantes de la bassesse, de la sottise et de l'imbécillité, plus de témoignages des avilissements de l'esprit et du cœur.

L'ignorance, l'insolence, l'impuissance, l'impiété brutale, la luxure, et surtout le proxénétisme se montrent partout; et pour achever d'accabler l'âme, ce ne sont pas toujours les ouvrages les plus difformes qui sont les plus vils. Dsns cette cohue d'abjections, il y a des morceaux où se révèle une main douée et une intelligence capable de s'honorer par d'autres travaux. Il faut que le Tentateur soit venu, faisant sonner son or infâme, et qu'il ait dit au peintre : — Tu sais ce qui me plaît!

―――

C'est là aussi que l'on voit les merveilles et les avortements du *dressage*. De cette multitude de peintres, la plupart n'étaient pas nés pour manier le pinceau. Cependant plusieurs, qui n'ont pas même le premier instinct de l'Art, parviennent à couvrir les toiles immenses qui attirent les yeux ineptes de la foule et qui sont le succès populaire de l'Exposition. Il y a de tout dans ces vastes machines, et pas un scrupule d'invention ni de conception, ni d'émotion quelconque; tout est copié, tout est gâté et abêti. C'est comme un long discours composé par un sot érudit et récité par un automate.

―――

On rencontre non-seulement des esprits mais des

mains sales, et qui possèdent le don d'ajouter les puanteurs aux laideurs. Sur leurs palettes, toutes les couleurs prennent des tons et exhalent des odeurs de boue. Ils n'ont plus qu'un progrès à faire : c'est de demander à la chimie de certaines essences dont ils enduiront leurs toiles. Alors l'odorat sera pris au même degré que la vue, et le public s'entassant autour de ces beaux ouvrages, leur décernera sa louange suprême : *Comme c'est cela !*

Il y a des récompenses pour ces hideux tours de force, et l'on compte chaque année parmi les lauréats des hommes à qui la nature avait refusé le droit de tenir le pinceau. Ils vont plus haut que la croix d'honneur, ils franchissent le seuil de l'Académie. Les vrais artistes sont en droit de leur dire ce que les Romains disaient des efforts littéraires de Néron, qu'ils profanent l'étude d'un art sacré.

Après l'Exposition de cette année 1866, les artistes assemblés pour couronner le plus digne, ont étalé une incapacité de cœur ou de jugement qui a porté au comble les tristesses qu'inspiraient leurs œuvres. Trois tableaux tranchaient dans l'odieuse multitude des obscénités, des absurdités et des médiocrités. Il y avait un paysage plein de poésie, une légende antique pleine de pensée, une scène d'histoire contemporaine pleine de larmes. Ces trois ouvrages, très-divers, portaient à des degrés différents l'empreinte sacrée.

Chacun d'eux révélait un esprit visité de la muse, une main sérieuse et savante. Ils pouvaient se disputer le prix. Pour moi, j'ignore auquel des trois je l'aurais donné. Je trouverais peut-être la poésie plus simple dans le paysage de M. Corot, plus idéale dans la légende antique de M. Moreau, plus poignante dans le trait d'histoire contemporaine de M. Robert-Fleury. Sans parler la même langue, chacun en sa langue dit quelque chose à l'esprit et au cœur. La voix divine murmure parmi les beaux arbres et les eaux fraîches de ce profond paysage; elle parle d'amour invincible et d'immortalité dans l'expression toute chrétienne de cette vierge qui vient de ramasser la tête sereine d'Orphée déchiré par les bacchantes, et qui l'emporte sur sa lyre; elle parle de sacrifice, d'espérance et de triomphe dans cette héroïque scène où les derniers martyrs de la Pologne attendent le coup de la mort, à genoux sous les ailes de la croix, fiers et doux devant leurs bourreaux.

Les gens du métier peuvent critiquer l'exécution de ces peintures. Souvent les gens du métier se trompent comme d'autres et plus que d'autres! Mon métier, à moi, n'est point de les contredire là-dessus. Qu'il manque ceci ou cela, que l'on remarque telle ou telle faute de couleur ou de dessin, je le veux bien croire. Toujours est-il que le paysage de Corot chante l'hymne pieux le plus doux que puissent exhaler l'herbe et la feuille, à l'heure la plus douce du jour; que la nymphe de Moreau exprime éloquemment l'inviolable respect et l'inviolable tendresse de l'être supérieur pour l'être supérieur tombé sous la main des êtres abrutis ; que les martyrs de Robert-Fleury versent et font couler les saintes larmes qui ressuscitent la patrie égorgée ; — et qu'ainsi ces trois peintures atteignent de bien près le but suprême de l'Art. J'ajoute qu'elles l'atteignent sans effort, sans emphase, sans aucune surprise des sens, par le seul ressort de l'âme émue à l'accent du vrai et du beau. C'était une consolation puissante de contempler ces œuvres chastes, solides, méditées et inspirées ; c'était un repos de les rencontrer dans ce tohu-bohu de lieux communs, de trompe-l'œil, de vulgarités et d'impudicités qui, par tous les moyens les plus injurieux, s'efforçaient d'attirer l'attention du public et d'escroquer son suffrage.

Qu'ont fait les artistes chargés, pour cette fois, du jugement ? Non seulement ils n'ont pas su prononcer entre ces ouvrages, mais à peine les ont-ils distingués de la cohue. Ils ont osé leur égaler pêle-mêle, et même mettre au-dessus d'eux une douzaine de ces travaux de manœuvres, de ces coloriages d'où la pensée est absente et qui attestent seulement l'adresse quelconque de l'outil. Une déshabillée de trottoir, un vil corps de courtisane, aussi inélégant qu'impudique, un ajustement de bouffon, des vignettes, d'autres œuvres encore, des ouvrages de patience, des choses qui sont à la peinture ce que le vaudeville est au poème et ce que la mode est à la beauté, n'ont manqué le prix que de quelques voix. Et enfin, par l'accord des brigues et des jalousies et par la défaillance du sentiment de l'Art, le prix n'a pas été donné. Voilà le résultat du suffrage universel en matière d'art concédé aux artistes eux-mêmes. Ils ont essayé trois fois sans arriver à faire une majorité; à trois reprises, ils ont donné ce spectacle d'impuissance basse.

Tout le monde étant bien convaincu que de nouveaux essais n'aboutiront pas davantage, il faudra donc qu'en matière d'art, comme en tout le reste, la voix d'un commis supplée les honteuses désertions des juges naturels.

O égalité! triomphe abject de l'abjecte envie, tu ne laisseras pas au monde une ombre de liberté, ni de grandeur ni de fierté, et tu périras dans ton ignoble victoire, sous le pied des gens de bureau, foulés eux-mêmes aux pieds des gens de sérail!

I

LE LOUVRE.

Notre nouveau Louvre est fastueux et frivole; colossal, non pas grand. Le colossal est aussi loin du grand que le joli est loin du beau. L'ornementation est à outrance; elle voulait dissimuler la lourdeur de ces masses, elle n'a réussi qu'à les enjoliver. L'enjolivement rapetisse, il n'embellit pas. L'énorme bâtiment a perdu peut-être un peu de sa taille, il est plus lourd encore. Il a l'air d'un vulgaire enrichi, tout chargé de breloques et très-bourgeonné. On ne voit que des lignes qui brouillent, des superpositions et des entassements qui assomment. Quoi de plus manqué et de plus maussade que ces pesants pavillons à longues oreilles qui ne sont ni pointus, ni ronds, ni carrés, ni ovales? Mais le Louvre ne se contente pas d'étaler des laideurs, il dit des sottises.

Je ne relève pas les incohérences, les lieux communs, les indécences des figures allégoriques. Il en est là qui passent tout ce que l'on avait jamais vu en fait de niaiserie et d'audace malhonnête. Assurément, de telles gaudrioles sont étranges autour d'une demeure impériale, en pays chrétien. Néanmoins une vieille corruption du goût les admet. C'est classique. Elles ont d'ailleurs quelque sorte de voile. Cette Vénus s'appelle la *Navigation*, cette bacchante l'*Abondance*, ces gnidiennes sont la *Justice*, la *Prudence*, la *Tempérance*, l'*Agriculture*, etc. Moyennant ces noms, en dépit de la nudité et des attitudes, et du coup de ciseau moderne, nous les réputons femmes de bien. Mais quelle fiction peut déguiser l'outrage que les statues dites *historiques* font subir à une autre et plus délicate pudeur.

Ces statues historiques, généralement déplaisantes et souvent d'un ridicule achevé, sont celles des Français illustres — ou reconnus tels dans les bureaux du Louvre.

Tout le monde ne sait pas que les bureaux du Louvre décernent l'apothéose dans le Louvre, sans plus de façon qu'ils instituent les concierges et les balayeurs du bâtiment. Peut-être même qu'ils ont plus de licence dans la première de ces opérations que dans la seconde. Avant de faire un balayeur et un concierge, il faut probablement une enquête, on examine la moralité du candidat ; pour la canonisation, c'est assez du goût des bureaux. Les bureaux élisent le personnage, et c'est comme si la France avait prononcé ; ils dressent incontinent la statue.

Ils en ont ainsi dressé un demi-cent environ, que je compte, à divers titres, au nombre des plus impertinents soufflets dont je suis régalé quotidiennement en ma qualité de membre du peuple français et du peuple chrétien.

Tous les soufflets sont désagréables, mais surtout les soufflets de bureau ; et nos bureaux ne laissent pas d'en donner beaucoup !

Dans le ciel il y aura diverses demeures ; ce n'est pas la même chose au Louvre. Les gloires de tous genres y paraissent rassemblées et bousculées en un pêle-mêle et une promiscuité qui dénotent assez la préméditation. Des écrivains, des hommes d'État, des magistrats, des savants, quantité d'architectes (ils doivent bien rire !), des peintres, des graveurs, un médecin, un jardinier, des philosophes — et des saints ! Désordre plein d'art, calculé pour montrer le large esprit de ces Messieurs des bureaux. Il y a là des côte-à-côte et des vis-à-vis qui ne sauraient être l'effet du hasard.

Ces Messieurs des bureaux ressentent une complaisance marquée pour les artistes. Je ne leur en fais pas reproche, et l'on accepterait qu'ils eussent arrangé cette cour du Louvre pour être une sorte de Panthéon de l'art du bâtiment en France. Cela donnait place à l'architecture, à la sculpture, à la peinture, à l'art des jardins, et même, s'ils y tenaient beaucoup, à la gravure. On admettrait alors le bon jardinier Le Nôtre à côté du grand architecte Philibert Delorme ; les bons graveurs Audran et Dupérac, à côté des grands statuaires Jean Goujon et Coysevox ; et quoique les comparses dussent abonder dans la collection, l'on pouvait en trouver trois ou quatre encore à hisser sur les piédestaux qu'occupent fort indûment le financier Jacques Cœur, le médecin Ambroise Paré et l'inventeur Denis Papin, lesquels n'ont absolument aucun titre à figurer ici.

Suivant cette donnée, il n'y avait à exclure que les hommes qui ont déshonoré leur talent. De ce nombre est le sculpteur Clodion, artiste corrompu, fort peu estimé pour ses grands ouvrages et qui doit toute sa gloire aux bagatelles obscènes par lesquelles il a égalé son contemporain, le peintre Boucher. La place de Clodion, élu des bureaux, n'est pas sur un monument public, elle est dans un boudoir public. On insulte les graves et honnêtes artistes auxquels on accouple un pareil compagnon.

Mais Messieurs des bureaux n'ont pas voulu seulement glorifier l'art de bâtir et d'orner les édifices : ils ont prétendu décerner des récompenses à tous les mérites et élever leur décoration à la hauteur d'un enseignement. Or, l'enseignement qui résulte des choix qu'ils ont fait, c'est que tous les mérites sont égaux, et que ce Clodion, par exemple, a parfaitement droit à sa statue sur la même ligne que Pujet, d'Aguesseau, L'Hôpital et Richelieu, sur la même ligne que Bossuet, Jean Racine et saint Bernard ! Car saint Bernard est là, prêchant la croisade, entre La Bruyère et Turgot ; et Voltaire est à deux pas, entre Bossuet et Racine ; et il y a aussi Jean-Jacques Rousseau et Condorcet, et aussi Abailard, et aussi Rabelais — à côté de saint Grégoire de Tours.

———

Or, je ne suis pas du tout sûr que les bureaux venant à lire cette page, comprennent bien l'indignation qui l'a dictée. — A qui en a-t-il ? et où est le mal de mettre Rabelais à côté de saint Grégoire de Tours ? N'est-ce pas un grand honneur que nous avons fait à son saint Grégoire de Tours, qui n'est qu'un chroniqueur barbare, tandis que Rabelais est un écrivain parfait ! — Et Voltaire ? est-ce que ce n'est pas un esprit sublime, égal à Racine dans la poésie, égal à Bossuet dans la prose et beaucoup plus varié ? —

Est-ce qu'Abailard n'est pas un grand théologien comme saint Bernard, et sommes-nous forcés de choisir entre les écoles? — Est-ce que les bureaux ne doivent pas couronner toutes les gloires comme la France aime tous ses enfants?..... Est-ce qu'il y a un mensonge et une vérité, un bien et un mal? Est-ce que ces hommes, qui se sont combattus sur la terre, ne sont pas maintenant d'accord dans le sein de Dieu, également récompensés des lumières et de l'agrément qu'ils ont répandus sur le genre humain?.....

Tâchez de faire entendre autre chose dans les bureaux!

II

HAUTE CRITIQUE.

La foi catholique a donné au monde Mozart, comme elle lui avait donné Raphaël. Tous deux sont ses enfants, ses élèves, ses inspirés; ni l'un ni l'autre n'a jamais perdu le caractère chrétien. Ce ne sont pas des saints, si l'on veut; ce sont, 'on veut, des pécheurs; ils ont porté la vie, ils en ont éprouvé les tentations, ils en ont subi les chutes. Mais leur esprit, leur âme, leur vie même, tout est resté chrétien, et ils sont morts chrétiens comme ils avaient vécu, les yeux tournés vers le ciel, l'intelligence pleine de ses clartés. C'est ce que constatent leurs ouvrages, ce qu'attestent tous les documents. Les lettres de Mozart nous font voir l'âme la plus douce, la plus simple, la plus franche du monde, et la plus ingénument attachée à la foi. Dans un siècle misérable et très-insolent, le siècle de Voltaire, cette âme droite n'apparaît pas un moment tentée contre les vérités de la Révélation. Il en est de même de Raphaël, au milieu d'une tempête analogue. Raphaël à la veille du Protestantisme, Mozart à la veille de la Révolution, sont deux vrais et simples fidèles. La séve catholique, lorsqu'on la dit épuisée, produit ces deux fleurs incomparables. Toute la fraîcheur, toute la grâce, toute la force et toute la splendeur du génie, voilà le chant du cygne catholique au moment de la mort.

Il y a un jeune homme chez M. Buloz qui ne trouve pas cela conforme à ses idées. Ce jeune homme a mis dans sa tête bulozienne qu'un grand artiste tel que Mozart ne pouvait être un stupide bon chrétien comme ce misérable troupeau de petites gens qui ne hantent point la *Revue Des Deux-Mondes,* ou qui simplement la traversent sur la pointe du pied, n'y touchant que le moins qu'ils peuvent, pour rentrer aussitôt dans le catéchisme, après avoir soigneusement essuyé leur chaussure.

Notre bulozien s'applique à faire un Mozart plus présentable, plus digne du Parnasse. Car, enfin, il faut qu'un artiste soit vivant et *penseur*, et l'on est d'accord que ces bons chrétiens ne vivent pas et surtout ne *pensent* pas ! Chacun sait que le catéchisme est une camisole de force qui empêche de vivre et de penser.

Tout en laissant à Mozart son habitude et sa pratique religieuses, qu'il n'y a nul moyen de lui ôter, il le dépeint comme un débauché et même comme un drôle, qui découche, qui hante les tripots, qui court les bals publics déguisé en pierrot, qui ne donne à la composition que les restes d'une nuit de fredaines. Il y a *tripots*, il y a *pierrot*, il y a *fredaines*. Tous ces hideux mots autour du nom de Mozart ! — Mais c'est à dessein de faire honneur à Mozart, et d'attester davantage son génie.

Le bulozien développe sa pensée en expressions de plus en plus choisies et harmonieuses :

« Pour le prémunir contre les INCONVÉNIENTS qui,
« chez tout autre, *auraient pu résulter* de ce contact
« avec un monde frivole et dépravé, Mozart avait
« l'instinctive pureté de sa nature, son heureuse ironie
« et cette vigoureuse santé de l'âme QUI FIT QU'A TRA-
« VERS les mille orages d'une existence *assez dissolue*,
« ce jeune homme resté chaste jusqu'à vingt-six ans,
« ne faillit jamais à ses croyances. »

Voyez comme cela s'arrange bien, et comme tout s'explique : Une vie assez dissolue, une vie de chenapan, mais une *pureté instinctive* de nature ! Des fréquentations ignobles et des habitudes qui ne le sont pas moins, mais une *vigoureuse santé de l'âme* et des croyances qui ne fléchissent pas ! Tout se fait contrepoids, tout vient à point. La pureté *instinctive de nature* prémunit contre les *inconvénients* qui pourraient résulter de la débauche ; le goût des tripots et les entraînements aux plaisirs qu'on y trouve, prémunissent contre les inconvénients de l'instinctive pureté de nature et des croyances qui ne fléchissent pss ; et l'instinctive pureté de nature et les croyances qui ne fléchissent pas, et les habits de pierrot, et le contact du monde dépravé, et les nuits de fredaines continuent pour entretenir la vigoureuse santé de l'âme, qui entretient elle-même la belle flamme du génie. Ainsi raisonne la critique chez M. Buloz.

Voilà donc Mozart *viveur*, mais ce n'est qu'un petit mérite ou ce n'est rien ; il faut que Mozart soit *penseur*. Penser, voilà le point. Qu'est-ce que penser ? Beaucoup de gens se sont chargé de nous l'apprendre, et je ne me pique pas de le savoir. Rousseau de Genève disait : « L'homme qui pense est un animal dépravé ! » Ils n'articulent pas aujourd'hui qu'il faut être dépravé pour penser, mais leurs définitions tournent bien un peu autour de cela. Un penseur ! Quand ils prononcent ce mot, quand ils décernent cette couronne, ils entendent essentiellement un esprit qui s'est échappé n'importe par quelle issue des limites de la foi catholique, et qui fait des efforts, n'importe quels, pour n'y pas rentrer. Plus à leurs yeux il s'en éloigne, ce qui ne prouve rien, plus à leurs yeux il est *penseur,* ce qui prouve moins encore. Ils n'appelleront jamais Bossuet penseur, ni aucun père de l'Église; Joseph de Maistre et Bonald ne sont point penseurs dans la force et dans la gloire de l'expression : ils sont penseurs *catholiques,* note au moins restrictive; mais Rousseau de Genève, Diderot, Dalembert, Proudhon, M. Pierre Larousse et M. Pierre Leroux sont des penseurs, et Auguste Comte aussi, et mille autres. Quant à M. Buloz, je crois qu'il en est la *pensée.* Être un peu cuistre et pesant de style et tout à fait sans style n'y nuit pas, l'obscurité épaisse est un bon signe, l'incompréhensibilité absolue fait merveille. Nous l'allons voir.

« Mozart, continue le critique, fréquentait l'Église;
« il pratiquait, ce qui ne veut pas dire que son œuvre
« ne s'étende pas au delà de la foi révélée. » — Un prêtre qui s'est occupé de Mozart, s'étonne ici, et demande en quoi la musique de la *Flûte enchantée* dépasse le catéchisme et va au delà du Concile de Trente? Mais ce prêtre n'entend pas suffisamment le bulozien. L'autre poursuit : « En pareil cas, ce que pense l'artiste, ce qu'il dit et ce qu'il fait, *n'est point tout.* C'est à son œuvre qu'il faut s'adresser, et l'œuvre ici respire *le sentiment de la plus absolue liberté de l'intelligence humaine dans la recherche du beau, du vrai, du bien.* » — Mais, observe encore le prêtre, en quoi la liberté de

l'intelligence est-elle contraire à la foi révélée, et qui a défendu à la foi d'un Fénelon, d'un Leibnitz, d'un saint Thomas ou d'un saint Paul de rechercher le vrai, le beau et le bien? — Le bulozien reprend : « — Né « dans la religion catholique, fils de parents dévots, « croyant lui-même, Mozart *n'en est pas moins* l'homme « du dix-huitième siècle, l'*être doué* d'une exubérance « *de vie nerveuse* ET qui, refoulé en *soi* par le forma- « lisme d'une société qui le tient à distance, s'il n'est « le plus grand des musiciens, sera *fatalement Wer-* « *ther.* » Ici le prêtre lève les yeux au ciel et se sent hors de combat. Il n'avait pas prévu « l'exubérance de vie nerveuse, » cette exubérance en vertu de laquelle Mozart, malgré « la vigoureuse santé de son âme, » se serait brûlé la cervelle, s'il n'avait eu la consolation intérieure de se connaître le plus grand des musiciens. Absolument déroutée par ce galimatias, la logique chrétienne demeure sans répartie.

Le bulozien continue : « *Pas plus* que Shakespeare « et Goëthe, Mozart ne *s'est donc fait!* » Cependant le prêtre a repris haleine : — Quoi! Mozart ne s'est point fait? Mais il était le contrepointiste le plus savant, en même temps que le compositeur le plus original et le plus fécond! Mais, à trente-six ans, il a laissé huit cents morceaux, et son génie ne sentait point de fatigue! Mozart qui a tant produit, Shakespeare qui a tant inventé, Goëthe qui a tant étudié, vous dites que ces hommes ne se sont point faits? « — Moins encore que l'auteur d'*Hamlet* et l'auteur de *Faust,* reprend le bulozien, l'auteur de *Don Juan* et de la *Flûte enchantée* NE doit porter la responsabilité de son génie. S'il fut si grand, *pardonnez-le lui,* car *il ne savait ce qu'il faisait.* Ce ne fut pas sa faute, mais celle de son pays, de son époque, dont il fut l'âme la plus sensible et partant la plus musicale. » — Mais, reprend le prêtre, vous vous contredisez ! Voilà que Mozart ne s'est point fait ni défait et qu'il n'est qu'une machine, un jeu d'orgue qui rend des sons sous le pied du siècle foulant ses pédales : que devient alors ce sentiment de *la plus absolue liberté de l'intelligence humaine* dont vous parliez tout à l'heure et par lequel, suivant vous, Mozart a cherché le vrai, le beau, le bien, fort au delà de l'enseignement de la foi révélée ? — *Basta !* répond le bulozien ; je conclus : La pureté instinctive de nature n'empêche pas de courir les tripots et de découcher pour jouir d'une société dépravée, en habit de pierrot ; la vigoureuse santé de l'âme n'empêche pas d'avoir une exubérance de *vie nerveuse ;* l'exubérance de *vie nerveuse* qui pousse fatalement un homme à se brûler la cervelle serait plus forte que les croyances qui ne défaillent pas, si cet homme n'était le plus grand des musiciens ; et l'on devient aisément le plus grand des musiciens pour peu que l'on consacre à la composition les restes d'une nuit de fredaines ; et pour faire de la bonne musique, il faut sortir de l'enseignement de la foi révélée, comme il appert de l'œuvre de Mozart ; et cette sortie de la foi révélée est très-conciliable avec des croyances qui ne défaillent pas, car les croyances ne sont pour rien dans les inventions de la musique, pas plus que l'instinct de pureté et la santé de l'âme dans la conduite de la vie, ni la science non plus, ni la liberté intellectuelle non plus, attendu qu'une âme ne se fait ni ne se défait, ni ne sait ce qu'elle fait, et qu'il suffit d'avoir l'exubérance de vie nerveuse. La vie nerveuse, tout est là ! Donc :

« Désormais le beau divin est le beau humain : plus
« d'antagonisme des deux principes, de lutte comme
« au moyen âge ; l'idéal dans le sensuel, l'*infini* dans
« le *fini*, une musique qui, si quelque *chose* pouvait
« l'égaler, ne trouverait son terme de comparaison
« que dans la plastique des Grecs ou dans la peinture
« de Raphaël... Le divin n'est en dernier terme (toute
« réflexion faite !) que l'*humain* dans sa beauté, son
« harmonie originelle.... »

Et voilà comment Mozart passe au rang des penseurs !

Le prêtre qui s'est occupé de Mozart, et qui est un homme instruit et naïf, ne revient pas de cette théorie. Il raisonne, il s'étonne, il s'indigne, il apporte cent objections. Que l'*infini* tienne *dans* le *fini*, est une proposition qui le dérange. Il fait observer que le contenu ne peut être plus grand que le contenant, et que c'est, par conséquent, une façon de parler tout à fait incorrecte et qui ne donne à l'esprit aucun sens clair et acceptable... Mais qu'il raisonne tant qu'il voudra ! M. Buloz a certainement admiré son jeune homme.

Moi, ce que j'admire par-dessus tout, c'est l'oreille de cet écrivain qui disserte de Mozart, le roi de l'harmonie, et qui pousse des sons tels que ceux-ci : *Qui-fit-qu'a-tra, zique-qui-si-quelque...* et autres. J'y trouve une vraie image de l'harmonie de ses idées; et sans me permettre de dire qu'il ne devrait pas s'occuper d'esthétique musicale, j'incline à penser qu'il était plutôt né pour casser des pierres.

Qui-fit-qu'a-tra! Zique-qui-si-quelque!...

IV

UN POÈTE.

Il y a un livre de M. Hugo qui ne passe que malaisément la frontière. Il est intitulé : *Les Châtiments*. Je n'avais pu que l'entrouvrir lorsqu'il était dans sa fleur. Je viens de le lire tout entier, autant que la lecture en est possible. Dix mille vers, peut-être davantage! Le poète a fait cette dépense pour expliquer que ses ennemis politiques, la plupart autrefois ses compères, confrères et amis, sont — en toutes lettres, — des voleurs, des brigands, des assassins, des gredins et triples gredins, des cancres, des escrocs, des bouchers, des vidangeurs, des ivrognes, des JÉSUITES.

Vers le cinquième millier, la fatigue se fait sentir, l'on commence à enjamber dans les strophes, à sauter même des pièces entières.

Jésuite paraît être l'injure que ce brillant nourrisson des Muses expectore avec plus de soulagement. Quand il a épuisé le vocabulaire bien plus ample que je viens d'abréger; quand il a donné à ses ennemis le nom de tous les criminels célèbres, Cartouche, Mandrin, Papavoine, Poulailler, Poulmann, Soufflard, Lacenaire, etc., etc. (car il en sait pour faire un Dictionnaire des rimes), alors il leur crie : *Jésuites!* C'est comme un coup de trompette qui lui rend vigueur et l'empêche de s'endormir à ses propres chansons.

―――

Ce trait si accusé est un signe de race. Il révèle dans M. Hugo l'abondance de sang *havinite*. M. Hugo est vraiment de cette famille d'esprits qui se nourrissent à la cuisine du *Siècle*. Qu'il pût cuisiner lui-même, je ne le dis pas. Les confectionneurs du *Siècle*, moins ingénus, savent bien ce qu'ils servent pour du jésuite. M. Hugo veut en manger comme eux : mais de plus il croit, comme un simple abonné, qu'il en mange, et qu'il se venge.

Oui, l'auteur des *Contemplations* est un métis du bonhomme Havin et de la Muse épique! Voilà un étrange mystère, et je ne me charge pas d'expliquer comment a pu se faire la rencontre qui a donné ce produit surprenant; mais les marques de la double origine sont sans nombre. Partout dans l'œuvre si volumineuse de M. Hugo, souvent dans la même page et jusque dans le même vers, le génie épique et le génie havinique se montrent côte à côte ou merveilleusement enlacés. De là les gênes perpétuelles de l'admiration et de la critique. On a sous les yeux le plus grand poète et l'écrivain le plus saugrenu, des platitudes magnifiques, un sublime absurde.

M. Hugo semble ne pouvoir faire un vers prosaïque ni se servir d'une couleur qui ne soit aussitôt ensoleillée ; l'inspiration ne le quitte pas ; sa parole, qui se sépare souvent de la pensée, ne se sépare jamais de l'image ; et cette richesse, volontiers accablante, décore fréquemment une pauvreté volontiers ignominieuse. Des myriades de mouches d'or et d'azur amoncelées sur quelque putridité !

———

Je me représente M. Hugo comme un artiste sans égal en qui le sentiment de l'Art s'est corrompu par la vanité d'étaler l'organisation particulière qui lui permet de vaincre la difficulté, et qui a cessé d'être musicien pour devenir *exécutant*. On raconte d'un homme de génie que je ne veux pas nommer, parce que je ne crois pas cette histoire, qu'il avait écrit un morceau de piano impossible. Pendant que les deux mains tenaient les deux extrémités du clavier, il fallait donner une note au milieu : il la donna, en frappant la touche de son nez. Si le fait est vrai, le grand homme à qui on l'impute regretta d'avoir offensé l'Art, il bannit de ses œuvres le morceau impossible. M. Hugo, tout au contraire, est fier de ces touches de nez, et ses œuvres en sont pleines. Nouveau trait de race havinique, le plus favorable peut-être de sa popularité.

———

Sa nature morale lui fait de plus mauvais tours. Il est vain, défaut que l'on n'oserait reprocher à un poëte, mais il en abuse; et il a une âme grossière et violente. Il s'en gêne assez peu pour que l'on ne se gêne point d'en parler.

Il avait contre ces misères et ces plaies de nature, le même remède qui est offert à tout le monde contre des infirmités égales. Le remède est le christianisme. Il l'a connu, il a préféré son mal; le genre humain tout entier sait avec quelle pompe, quelle ardeur et quel excès!

La vanité de M. Hugo s'enfle aisément lorsqu'on le critique; elle tourne à l'orgueil lorsqu'on le censure, et aussitôt, de son âme grossière et violente s'élèvent de grossières et violentes pensées, dont l'expression très-débordée le fait critiquer et censurer plus justement. Ces corrections plus justes lui sont plus amères, elles excitent davantage sa vanité, la poussent plus avant dans les fureurs de l'orgueil, et cette passion exaspérée enflammant de plus en plus son âme violente, y soulève plus épaisse la fumée des grossières et violentes pensées. Ce n'est pas le moyen d'étouffer la critique; elle y trouve de quoi dire, elle continue de parler : là, le poète ne se contient plus et le délire se déchaîne : il provoque ces éruptions de dix mille vers dont le but, plus ou moins déguisé, n'est au fond que d'éteindre et noyer le sifflet.

M. Hugo, peu fait pour la vie politique, s'y était gouverné de manière à devenir absolument ridicule, même odieux. La chute de la République fut pour lui la chute d'une pièce où il prétendait, bien à tort, une part d'auteur, et dans laquelle il croyait plus indûment encore représenter un principal rôle. Les *Châtiments* sont l'expression de sa double rancune d'auteur contre tous ceux qui l'ont sifflé ou qu'il en accuse. Profonde et inguérissable blessure!

J'ai trouvé dans ce volume, contre moi seul chétif, deux grandes pièces, sans compter quantité d'apostilles. Il me dit tout ce qu'il sait dire : il atteste que je ne crois pas en Dieu; il m'appelle espion, Lacenaire, Patouillet et le reste; le fou va jusqu'à insulter ma mère! Tout cela parce que j'ai un peu sifflé ses discours, qui le méritaient bien; et j'en avais le droit, puisqu'il était mon représentant.

En vérité, je ne tenais pas à le persécuter! Je défendais contre lui mes croyances, qu'il combattait, ou plutôt qu'il insultait à la tribune avec assez d'avantages sur moi. Par obéissance à la loi humaine, je payais ma part de ses vingt-cinq francs : saurait-il citer une loi de Dieu ou des hommes qui m'obligeât de ne le point juger totalement incompétent pour le discours public, ou qui dût m'empêcher de le dire? Ai-je insulté Madame sa mère ou Monsieur son père? Ai-je seulement contesté son génie? Point du tout. Ferme dans les strictes limites du droit et des convenances, j'ai seulement dit que je le trouvais sot politique et sot orateur. C'était le sentiment le plus doux à son endroit de tous les bons bourgeois de France, et même, en ce temps-là, des Havinites.

Si j'avais eu le dessein de le faire souffrir, j'aurais bien réussi, puisqu'après des années mes piqûres lui cuisaient encore. Mais il s'est trop gratté et je ne visais point à produire cette grosse inflammation.

———

Et lui, quel chagrin espère-t-il me causer en m'appelant Lacenaire? S'il veut dire que je l'ai assassiné, il fera rire. Qu'importe d'être traité d'assassin par M. Hugo, ou d'athée par Poivreux, ou d'espion par Lapouille! Un jour, M. About m'a appelé Marat; un autre jour, quelqu'un qui est à M. Buloz m'a appelé Rabelais; il y a aussi Philibrand qui jure ses grands dieux que je suis l'auteur secret d'un livre obscène : purs traits d'esprit, purs havinismes!

———

M. Hugo nourrit une autre idée. Il assure à diverses

reprises que ses vers sont un pilori, qu'il fait la fonction du bourreau, que ceux qu'il marque sont marqués à jamais. C'est une prétention de poète qu'avait eue déjà un fameux marqueur nommé Barthélemy, lequel, je crois, n'a marqué personne autant que lui-même. Pour mon compte, je passe à M. Hugo de prendre ce plaisir, — que je conçois très-bien. Mais il devait craindre son intempérance et n'y pas mettre tout le monde, à ce terrible pilori. Je m'y vois en compagnie de Pie IX ! Je pense que Pie IX s'en tirera et me déclouera : et je m'en irai dans la suite de Pie IX, laissant une réputation pour le moins aussi respectable que celles d'About, Lapouille et Philibrand.

Quant à M. Hugo, c'est un grand et illustre poète qui se verra pardonner beaucoup de grands et misérables torts. La postérité, toutefois, lui fera certaines difficultés.

Il disait jadis que le romantisme était le libéralisme en littérature, et que ce libéralisme réussirait comme l'autre. En effet ! Le libéralisme littéraire a réussi exactement comme le libéralisme politique : il a emporté la place, il n'y a rien laissé, il n'y mettra rien, il n'y demeurera pas, et son passage ne sera marqué que par des brèches probablement irréparables. Je vois encore du havinisme dans cette destinée. La postérité chicanera M. Hugo là-dessus, et sur d'autres points. Elle le trouvera court dans ses longueurs, mesquin dans ses tapages, enflé, détonnant, plus cheville que de raison, trop embesogné de montrer l'esprit qui lui manque, mauvais cultivateur du merveilleux héritage qu'il a reçu. La pompe de son bagage sera fort détruite. Déjà quelques unes de ses immenses baudruches se dégonflent, et l'admiration de M. Havin, pesant sur ces fragilités, en précipitera l'irrévocable aplatissement.

Et ce n'est pas tout ! Les *Châtiments* ont paru en 1853. En 1866, il se trouve que les événements, favorisés par la main la plus injuriée et la plus mordue, ont réalisé presque tout le programme du poëte. L'Italie est « affranchie, » d'autres grosses choses sont faites ou sont mûres, la démocratie est en progrès. Il faut donc que M. Hugo s'accuse de n'avoir pas eu la moindre perspicacité, ou qu'il se confesse ingrat. Il ne peut plus tarder d'exprimer les mêmes sentiments qui rendaient si criminelles à ses yeux

Les âmes de... et de..., ces gueuses !

D'un autre côté, si l'on considère Pie IX, et les évêques et religieux de l'Italie, leur *pilori* ressemble de plus en plus à l'échafaud des martyrs. Sur les marches de cet autel, l'ancien « poëte serein » de l'ère philippienne prend une belle figure, avec ses outils de bourreau, souffletant de ses vociférations les seuls hommes qui fassent honneur à la conscience humaine !

Depuis que ces pages sont écrites, j'ai lu les *Chansons des Rues et des Bois*, et il est arrivé un fait que je n'aurais pas attendu à cette occasion.

Les *Chansons*, sœurs très-ressemblantes des *Châtiments*, et filles comme eux de l'âme grossière et violente, sont cependant singulièrement mieux tournées. L'auteur n'a pas donné de pièces de métier où paraissent autant la force et la dextérité de sa main. Cela est plein, sonore, d'une sûreté, d'une netteté, d'un relief admirables. Peu de coton, peu de chevilles. C'est de la chair vivante et ferme, qui bondit de la seule vigueur des muscles et palpite de la seule chaleur du sang. Je voudrais oser dire que ce recueil est le plus bel animal qui existe en langue française.

J'en loue aussi, dans une certaine mesure, l'inspiration.

Quant au caractère intime de cette inspiration, je n'essaie même pas de formuler le sentiment que j'en ai. Elle est un châtiment, et d'autant plus terrible que l'auteur n'en sait absolument rien.

M. Hugo est né en 1802, ce qui le mène aux environs du point de maturité où se trouvaient les deux vieillards qui s'introduisirent près de Suzanne. Sous la copie du tableau que Rubens a fait de l'entreprise de ces amoureux, le graveur a écrit : *Turpe senilis amor!* Il n'en faut pas davantage ici. Le mérite que j'y loue, c'est la sincérité. M. Hugo se l'est donné pleinement, à la Diogène. Si les vieillards de Suzanne chantaient, nul doute qu'ils chantaient les *Chansons des Rues et des Bois*. Nous avons là toute leur âme. C'est abominable. Non, je ne pense pas qu'il existe en français un autre livre de ce ton ni de ce fonds! Je crois reconnaître que Henri Heine a chanté la note initiale et créé l'instrument; mais on l'imite en maître ou plutôt en inventeur, et comme le pauvre Laurent Pichat, qui eut la première idée des Petites Épopées, il est absorbé.

Quant au fait imprévu qui se manifeste à l'occasion des *Chansons*, c'est le complet insuccès de ces vers si bien frappés et de cette peinture si profonde.

Régnier disait:

> Je fais des vers qu'encor qu'Apollon les advoue,
> Peut-être dans la cour on leur fera la moue.

Voilà tout justement l'aventure des *Chansons*; le public leur fait la moue. Vainement une claque industrieuse s'évertue à les pousser, la froideur s'obstine, et pour citer notre grand-père Brébeuf:

> Le soleil étonné voit mourir ses rayons.

L'eût-on voulu croire, que des *Chansons* de M. Hugo pussent devenir ce que l'on appelle en librairie « un *rossignol!* »

Ce n'est pas la seule surprise mal gracieuse qu'aient

éprouvée depuis quelque temps les libraires du poète. Il y a aussi un tome sur *Shakespeare*, qui s'attarde ; et les *Travailleurs de la Mer*, enveloppés d'un calme plat, n'ont pu sortir du port que par le secours d'un hardi remorqueur, lequel n'a pas pris, dit-on, autant de harengs qu'il pensait.

Que signifie ceci ? — Est-ce que M. Hugo perd la note havinienne ? — Est-ce que ses derniers vers sont d'une littérature trop belle et trop raffinée ? — Tout est supposable plutôt qu'un accès de pudeur du public. Le public festoie toujours Béranger, et ne peut s'assouvir de Thérésa ni de Rocambole.

Est-ce qu'enfin l'heure serait venue, l'heure inévitable où la foule se détache de ceux qui l'ont caressée et abaissée ?

Quand une force véritable entreprend de corrompre, elle prend un grand empire et réussit au gré de ses vœux, puis bientôt au-delà de ses vœux. Le moment vient où cette foule qui a obéi longtemps, brise avec d'indignes maîtres. Mais ce n'est pas pour en prendre de meilleurs, c'est pour se donner d'indignes favoris. Elle n'aspire pas à remonter, elle veut au contraire descendre plus bas, descendre toujours, entraînée par le tempérament même que ses corrupteurs lui ont fait à chercher toujours des fanges plus épaisses, vouée à la bêtise, à l'abjection, au goût des perversités et des puanteurs.

Cependant les premiers corrupteurs avaient du génie, et le génie a des ailes. Gênés par leurs ailes, ils ne peuvent plus précéder cette foule qui descend ni même la suivre d'assez près. Elle les abandonne alors, ne les voit plus, ne les écoute plus, ne les comprend plus, et son indifférence

Laisse insensiblement mourir un long amour.

N'importe ! M. Hugo peut se vanter d'avoir produit un livre rare, et écrit en maîtres vers, et qui peint bien son homme, et qui lui fait sa statue comme il faut !

Seulement ses autres poésies en sont assez déparées. A côté de ces hennissements, l'ancienne pompe et l'ancienne vertu perdent fort de leur lustre ; tout semble blafard, — et cafard !

De telles choses marquent bien le dédain avec lequel Dieu laisse tomber les dons qui gagnent la gloire humaine, de même qu'il a laissé aux Romains, destinés à lui faire tant la guerre, « l'empire du monde, dit Bossuet, comme un présent de nulle prix ! »

TRISSOTTIN RÉHABILITÉ.

Jusqu'à ces derniers temps, le poète, pour le théâtre, a été tout simplement un grotesque. Le type est Trissottin, ou plutôt Vadius. Car Trissottin vise au solide ; il court le contrat de mariage et la dot grasse, et les fossés fangeux ne l'arrêtent point. Mais Vadius n'est occupé que de sa ballade et ne veut enlever que la gloire de ses rivaux. Cette raillerie d'un travers assez innocent a persévéré par le consentement de tous les poètes de mérite, qui ont plus que personne sujet de haïr les faiseurs de mauvais vers, étant si souvent contraints de subir leur humiliante rivalité. Il faut bien avouer que les vrais poètes sont rarement du petit nombre de ces hommes qui ignorent ce qu'ils valent. C'est d'ailleurs une terrible chose de se voir, ne fût-ce qu'un instant, comparer et préférer Pradon lorsque l'on est Racine; que dis-je? de voir Pradon lui-même croire qu'il est Racine et vous traiter de Pradon! De là ces brocards sans nombre, ces traits sanglants qui ont grêlé sur les neveux, les nourrissons et les bâtards des muses. Tous s'estimant bons, les mauvais plus peut-être que les autres, et tous trouvant généralement les autres mauvais, tous s'y sont mis. Ainsi furent servis au bourgeois des festins de lardons fort bien assaisonnés, quelques-uns immortels. Tel poète qui rima des volumes, ne vit encore que par une épigramme contre un rival qu'il sauve ainsi de l'oubli autant et plus que lui-même.

Entre autres merveilles, les romantiques, les plus ridicules poètes personnellement qui furent jamais, ont réhabilité le poète; ils l'ont élevé au rang de jeune premier.

C'est Trissotin maintenant qui épouse Henriette; à la moustache de Dorante conspué.

Cela est tout récent. Il semblait qu'on n'osât. On a épuisé l'artiste, l'avocat, l'ingénieur. Mais *le temps de Trissotin est à la fin venu.*

Un poëte en forme et en règle, poëte rimant, auteur pour le moins de dix mille vers très-bien faits et qui ne disent rien du tout, auteur même de cantates pour les jours d'allégresse publique, a fait ce coup d'audace et en a vu la fortune.

Il n'a pas marchandé. Son héros se nomme Gringoire, il est laid, il est niais, il est affamé, il ne sait rien de rien, il fait des théories sociales et des théories poétiques; il donne des conseils de gouvernement et d'humanité au roi Louis XI, et il épouse Mademoiselle Gorgibus, fille angélique de tout point, riche merveilleusement.

Il la prend avec des vers ! — une ballade !!

C'est le roi Louis XI qui fait le mariage. Car vous sentez bien que le bourgeois rechigne et ne serait pas si fou que de donner sa fille à un poëte. Il faut observer la nature! Mais le roi Louis XI, charmé du bon esprit et du grand cœur du Gringoire, qu'il a d'abord voulu pendre à cause d'une certaine autre ballade que le Gringoire a faite contre lui, veut absolument lui donner sa filleule. Dès lors plus de difficultés. Tout cède au roi et à la jeune fille qui cèdent à la poésie.

Il y a même de la couleur locale. Pour que le caractère du roi Louis XI soit mieux conservé, ce prince, tout en préparant les noces de Gringoire, médite l'encagement du cardinal La Balue.

Je trouverais le caractère de Louis XI plus complet encore, s'il prévoyait que désormais Gringoire ne fera plus de ballades séditieuses, mais plutôt des cantates. A la vérité, cela est si simple que ce n'était pas la peine de le dire.

Et Olivier-le-Daim, ou Tristan Lhermite, qui se trouve aussi fourré là-dedans, avec un collier d'or ! C'est lui qui est Dorante. Il voudrait fort épouser la jeune fille. Il est berné, totalement défait. En vain il vient de prendre le traître La Balue et d'assurer par ce service la vengeance du prince et la sécurité de l'État, la poésie emporte tout ; Louis XI n'a d'attention et de grâces que pour ce diable de Gringoire. Il raisonne, le roi Louis ! La Balue n'est que la ballade ; mais Gringoire, c'est la cantate !

Ainsi le poète triomphe de tout à la seule pointe du sonnet. Par la seule beauté de ses pensées, il enlève le cœur de la demoiselle ; par le seul effroi de la ballade et le seul espoir de la cantate, il se soumet le cœur du roi ; il dompte le bourgeois et deviendra son héritier, il bouscule l'homme de cour et prendra sa place. — Tout cela, sans même être relié en veau !

Et enfin, par comble d'audace, l'auteur a écrit sa pièce en prose. Il a voulu que Gringoire triomphât sans rime ni raison. *Poesia fara da se!*

Je n'ai jamais été si étonné qu'en voyant cet ouvrage applaudi sur la propre scène de Molière, à la clarté de ce même lustre qui éclaire les nasardes terribles et séculaires dont sont encore meurtris Oronte,

Vadius et Trissotin. Et je connus bien à cette pratique nouvelle qu'il faut retourner le fameux axiome de Bonald, et dire que *la société est l'expression de la littérature.*

VI

FANTASIO.

Le théâtre français en donne une autre marque, plus nette encore.

J'ai vu, quand j'étais jeune, le premier pas que Musset essaya sur la scène. C'était à l'*Odéon,* devant un auditoire composé de jeunes gens et d'oseurs ; mais, malgré sa bonne volonté, cet auditoire portait encore le joug classique, c'est-à-dire appartenait encore au parti littéraire où brillait M. Viennet. Musset fut sifflé. On ne comprenait rien à ses idées, rien à sa langue, rien à ses sentiments. Les plus jolies choses, des recherches de pensée et d'expression qui feraient aujourd'hui merveille, — sans être d'ailleurs plus merveilleuses qu'en ce temps-là, — furent les plus mal reçues. On les traitait de préciosités et de marivaudage. On trouvait que M. Scribe maniait bien mieux le français de comédie, et que feu Picard était bien plus observateur. Je me souviens que cette rigueur me parut très-injuste et très-sotte. L'impression me reste, et toutefois, aujourd'hui que le public applaudit *Fantasio,* je ne trouve plus si barbare le parterre qui repoussait la *Nuit vénitienne.*

Voilà le signe d'un grand changement dans le goût et même dans le sens public, que le parterre applaudisse *Fantasio!* Ce changement, je ne saurais pourtant l'appeler progrès. Assurément, s'il s'agit de la langue, elle est très-supérieure à celle de Scribe, Picard, Waflard et autres, qu'on applaudissait quand la première pièce de Musset fut sifflée. Elle a toute la supériorité de ce qui est sur ce qui n'est pas, la supériorité de la forme quelconque sur la matière brute et impure. Cependant ceux qui parlaient de préciosité et de marivaudage n'avaient pas tort, et j'observe, en passant, que le raffinement est aussi un caractère de barbarie. D'un autre côté, je ne sais pas trop si cette langue est applaudie tout-à-fait en connaissance de cause. Ce même parterre qui admire aujourd'hui la langue de Musset, n'a pas cessé d'avoir du goût pour le patois du faubourg Poissonnière, que parlait Scribe, et il applaudit des mêmes mains aux rugosités alambiquées et incorrectes de M. Ponsard. A vrai dire, le parterre me semble suivre une mode et répéter un mot d'ordre plutôt que céder à son mouvement propre, lorsqu'il caresse les gentillesses de *Fantasio,* qui d'ailleurs ne lui furent point destinées, et qui crèvent sous les mains des claqueurs comme une bulle de savon dans les pattes d'un ours.

Je crois que l'applaudissement s'adresse surtout au

fond. C'est là aussi que le changement se révèle plus sérieux et beaucoup moins consolant.

Fantasio est une rêverie, mais de la pire espèce; une rêverie préparée, combinée, machinée, fardée et fatiguée. Musset qui feignit toute sa vie d'être jeune, et qui peut-être ne le fut jamais, ne le fut du moins pas longtemps. Lorsqu'il écrivit ce poème, il prétendit bien y mettre de la jeunesse : il n'en avait plus même l'ombre, même le geste. Il s'y voulut peindre, mais tel qu'il se rêvait; il s'y peignit, mais tel qu'il était, vieux sous son fard, plein d'expérience inutile, morose, sceptique, et plus que tout, ennuyé, c'est presque dire ennuyeux; et, en dépit de tout cela, prétendant être l'homme le plus aimable du monde et que nulle femme ne pouvait voir sans ressentir tout au moins une forte pente à l'adorer.

Voilà *Fantasio*, bourgeois de Munich, le garçon le plus élégant de la ville, perdu de dettes, perdu encore (à son estime) de philosophie, de doutes et de science de la vie; ne croyant à rien, ne voyant plus rien à faire ni pour s'occuper ni pour s'amuser; se grisant de sophismes et de vin d'auberge; méprisant ses professeurs, ses camarades, ses concitoyens, ses créanciers, et dit-il aussi, lui-même; mais, quant à ce dernier point, l'on voit assez qu'il n'a pas encore perdu le sens de l'admiration. Il se fait bouffon de cour, la fille du roi découvre ses mérites, apprend à juger les princes, se résout de demeurer fille, — et finalement donne à Fantasio une clef plus intime que celle des chambellans.

Elle lui fait même promettre de s'en servir, car il laisse douter qu'il daigne; mais enfin il promet.

Il faut dire que Musset avait été plus réservé et plus fier. C'était mieux son personnage de dédaigner un roman avec la fille du roi. Les comédiens qui ont eu l'idée de mettre Fantasio sur la scène, se sont sans doute persuadé qu'ils rendraient le héros plus présentable, et aussi la princesse plus intéressante, en tournant l'aventure de côté. La princesse dit à Fantasio avec insistance : *Tu reviendras!* Cela n'est point dans le texte. Par cette addition, les comédiens ont commis une double irrévérence envers le public et envers l'auteur; mais l'auteur n'est plus là, et le parterre aime les princesses qui manquent d'un certain respect envers elles-mêmes et envers lui. *Tu reviendras!* le laisse sur une perspective qui l'aide à digérer tant de joli pathos.

Je n'entreprends pas de dire tout ce que ce spectacle offre de pénible, la détresse d'âme qui s'y révèle, l'effort qu'on y sent, le faux qu'on y touche, le malaise croissant de suivre durant trois actes cette chasse aux papillons morts, exécutée par un homme qui tient lui-même le fil de fer très-visible auquel ces prétendus papillons sont attachés. Pour comble de disgrâce, les acteurs ont tout-à-fait passé le matin, en sorte que la pénurie de jeunesse est grande partout, et sensible aux yeux comme à l'esprit. Il vous vient une envie de pleurer; cette torturante envie de pleurer qui n'ôte point l'envie de bâiller.

L'auteur est excusable d'une certaine façon. Il a écrit en prose, ce n'est pas peut-être la langue qui convenait au sujet; en tous cas, ce n'est pas sa langue naturelle, et il n'y possède plus toutes ses ressources. Musset, en prose, semble chaussé d'une sorte de sabots à sonnettes, fort jolis, sans doute, mais qui pourtant le privent de ses ailes principales, qu'il avait aux pieds et non aux épaules. D'ailleurs il ne s'était pas proposé de donner un spectacle, mais une lecture, laissant au lecteur le soin de se faire un Fantasio et une princesse capables de se renvoyer sans les briser tant de bulles de savon. La grosse faute serait donc aux comédiens, mais ils attirent le public et les voilà innocents. C'est le goût du public qui est étrange et qui semble incompréhensible.

Deux choses expliquent ce mystère. Premièrement, la mode. Je l'ai dit, le poète est de mode, et le parterre subit la mode. Le spectateur qui peut le moins goûter et comprendre ce qu'il y a de vraiment admirable en Musset, l'abonné du *Siècle,* par exemple, fait pour lapper et déguster les eaux grasses de Béranger, c'est celui-là présisément qui sera l'admirateur le plus patient de *Fantasio,* tant que la mode durera. Mais il ne faut pas s'y tromper, il est soutenu par un instinct profond et sûr. C'est la seconde explication du mystère, la grande.

Toute la littérature a du *havinisme* dans les veines. M. Hugo en est plein et cela perce la peau; Béranger n'était pas fait d'autre chose; Musset n'en manque pas, encore qu'il y paraisse moins, et que même des boutades soudaines éclatent souvent comme la protestation et la révolte d'une nature supérieure en lutte contre cette infirmité. Mais la nature supérieure est vaincue, le havinisme demeure et se fait sentir. Sauf les échappées que je signale et qui portent le jet poétique de Musset, par moments, au-dessus des plus beaux sommets de M. Hugo, si vous examinez l'idée générale de l'auteur de *Rolla* sur Dieu, sur l'âme, sur le culte, vous ne trouverez rien qui dépasse le niveau havinite. Comme conception, c'est toujours aussi plat; comme expression, c'est souvent plus grossier. Il y a de ridicules affectations de dédain, des irrévérences et des insolences qu'on ne rencontrerait pas dans les cotonnades théophilantropiques du grand vicaire Louis Jourdan et du bedeau Labédollière. En somme, Musset malgré ses airs de Cavalier, est de la même église que ces Têtes-Rondes; il a reçu leur baptême, et tout en se moquant, il combat sous leur drapeau, il attaque ce qu'ils veulent détruire. J'entends bien : il y a le fameux *Es-tu content, Voltaire ?* et quelques autres beaux vers qu'une saine impiété n'approuverait pas. Voltaire avait trouvé de ces beaux vers-là, — beaux à sa mode, — dans son *Alzire*, dans sa *Henriade*, dans d'autres endroits encore, et il les citait souvent, défiant les *Christicoles* d'en faire de semblables ; il y a aussi de beaux vers de M. Hugo sur le Crucifix ; il y a aussi des rimes pieuses de Béranger et des patenôtres du compère Jourdan, et je ne sais si le bon Labédollière n'a pas quelque brevet de Rome pour quelques livres ascétiques. Au bout du compte, l'auteur de la *Confession d'un enfant du siècle* était profondément anti-chrétien, et c'est déjà un excellent laissez-passer pour Fantasio.

Il peut bien m'ennuyer, pourvu qu'il m'empoisonne !

Fantasio caresse davantage encore l'esprit du siècle par d'autres côtés.

Il donne une couleur nouvelle et plus poétique à l'ancien mauvais sujet de théâtre, entièrement passé de style.

Ce garnement tout de feu et d'appétits sensuels, cet animal ardent qui ne se contente pas de faire des dettes, mais qui bat ses créanciers, qui ne se contente pas de séduire les filles, mais qui les enlève, qui ne se contente pas de se griser, mais qui casse les verres, on lui trouve aujourd'hui plusieurs graves défauts : il n'est point rêveur, il ne fait point de phrases, il n'a point de philosophie, il ne déclare aucun doute sur l'existence de Dieu, aucune intention de renverser l'ordre divin ni l'ordre humain, aucune aversion des hommes; il n'est en révolte que contre le guet et point du tout contre la société; il enfreint les règlements et ne les méprise pas; il ne méprise pas non plus son père, il se souvient de sa mère et de sa sœur; enfin ce mauvais sujet n'est qu'un honnête homme futur. On voit en lui des pentes qui le feront tourner au vulgaire. Il sera amoureux, il se mariera, il paiera ses créanciers, il fera son service de chef de famille et de citoyen; en un mot, les vieilles vertus seront entées sur ce sauvageon et profiteront de sa séve rebelle. Après avoir, dans le feu de sa jeunesse, égratigné la morale, il prêtera sa forte épaule pour la soutenir, il s'acquittera aussi, et volontairement et largement envers ce timide créancier.

Ce n'est plus là du tout le jeune homme moderne. Une autre poétique nous a fait d'autres goûts et d'autres mœurs. Pour intéresser et pour plaire, le jeune homme moderne, sage ou fou, doit être vieux, doit être usé, doit être caduc; un tronc mort où nulle greffe ne pourra prendre; un failli de cœur qui fera résolument banqueroute à tous ses créanciers naturels, à la famille comme à Dieu, à la société comme à la famille, qui vivra uniquement pour lui-même de la plus lâche privation de tout sentiment, et de qui personne enfin, sauf les taverniers et les ribaudes, ne tirera jamais que de fort médiocres dérisions de l'âme, de l'intelligence, du devoir et de la vie.

Fantasio est le type enrubanné de cette espèce

charmante. Je crois qu'il y a beaucoup d'instinctive complicité dans la naïveté qui l'applaudit.

Le garnement de Scribe, Picard et Waflard, tenait trop du commis-voyageur, mais cependant il valait mieux; il était plus honorable et même plus poétique.

On y voyait, je le répète, les éléments d'un homme. Fantasio n'a en lui que les éléments nécessaires pour les fonctions qu'il va remplir à la cour de Munich : bouffon officiel, amant secret; et encore combien de temps cela durera-t-il ? Car le bouffon n'est pas gai, et l'amant semble de nature à perdre assez promptement sa condition.

Qu'elle est logique et vengeresse cette force des choses qui conduit Musset à faire de son personnage, celui peut-être où il s'est le plus mis, un bouffon de cour; et qui amène ensuite les comédiens à donner en forme au même personnage cet autre emploi que sa fierté avait refusé ou que tout au moins sa pudeur avait laissé dans l'ombre ! — Et qu'il est significatif, le public à qui l'on peut faire admirer pareille œuvre jusque dans les épaisseurs de l'ennui !

La société est l'expression de la littérature.

Et la triste preuve, c'est Musset lui-même, l'auteur de Fantasio, pris comme un bourgeois à son propre personnage, tombant jeune dans l'impuissance et usant les dernières années de sa vie à ivrogner.

Poésie! Poésie! ce sont là tes coups.

VII

LE VRAI POÈTE PARISIEN.

M. Hugo n'a aucun caractère de nationalité : c'est une composition comme le métal des cloches formé de matières dures, brillantes et sonores, d'inégale valeur. Du cuivre, de l'argent, de l'étain! mais la fusion, lorsqu'elle réussit, en fait un tout plus précieux que l'or. Je trouve à M. Hugo jusqu'à la forme de la cloche. Il en a aussi, d'une certaine manière, l'emploi, la voix et le poids. Observez encore que la cloche ne chante pas d'elle-même, qu'il faut la mettre en branle, qu'elle n'est mise en branle que par des vigueurs vulgaires, qu'elle est sujette à se fêler. Hélas! c'est M. Havin, c'est Polichinelle, c'est Garibaldi qui agitent cet airain merveilleux, et que de fêlures!...

Malgré le byronisme qui le gâte et le havinisme qui trop souvent l'abêtit, Musset est un oiseau gaulois, très-français de culture, parisien seulement dans ses mauvais jours et seulement pour certains quartiers. Il ne tient ses lettres de naturalisation parisienne que d'une coterie, comme M. Hugo ne tient les siennes que d'une cohue.

Paris les lâchera l'un et l'autre, lorsque le plâtre étant tombé, les œuvres choisies se dégageront des œuvres complètes ; et ils ne seront plus estimés que de ceux qui sont nés pour goûter les chefs-d'œuvre.

Il n'y a, depuis Voltaire, qu'un poëte essentiellement parisien : ce n'est pas Béranger, qui n'est qu'essentiellement faubourien et havinien ; c'est Henri Heine, Allemand de naissance, Français de choix, juif d'origine, qui se fit baptiser protestant, personne n'a su pourquoi, redevint juif d'instinct, se crut ou se prétendit déiste, et au fond vécut, écrivit, mourut blasphémateur et athée sans parvenir jamais à en donner aucune raison.

Il est par excellence le poëte parisien, et, ce qui peut étonner, poëte lyrique et grand poëte.

Allemand néanmoins, il a bien son petit goût de *sauerkraut* et de hareng fumé, mêlé de quelque rancissure de vieille pommade à la fleur bleue. Qui a passé par 1830 et s'est pu défaire exactement du bleu? Mais Heine doit à cette même qualité d'Allemand d'avoir pris des accointances avec la pensée et avec l'art, qui le préservent personnellement plus encore que Musset des embrassements de la vile popularité. Aussi cynique d'esprit qu'on le puisse être, et même un peu plus, il tient la canaille à distance et ne la touche que par ses écoliers.

Il en a beaucoup. Ses livres, peu fréquentés du public, sont le bréviaire des beaux esprits de la petite presse. C'est là qu'ils ont pris le ton. Son extrême indécence empêche qu'on l'imite ni qu'on le cite, mais il inspire.

Vapereau, qui est Français comme Jocrisse, ne veut pas, par amour-propre national, que l'on égale Henri Heine à Voltaire. C'est Voltaire qui ne mérite pas de lui être égalé ni comme poète, ni peut-être comme Parisien. Voltaire n'a pas été plus insolent envers Dieu, envers la patrie, envers les hommes, n'a pas été plus incapable de respect envers quoi que ce soit de respectable, ni envers lui-même. Du reste, ils ont des conformités singulières de génie, de mœurs et d'aventure. De ces deux Parisiens parfaits, l'un ne vit pas à Paris, l'autre n'y est pas né, et l'esprit parisien s'étale aussi complet dans Heine qui l'a reçu par infusion, qu'il reste indélébile dans Voltaire malgré l'expulsion. Tous deux ont volontairement exilé par crainte des ennemis de tout genre que leur a faits leur talent. Tous deux sont pensionnés à l'étranger pour insulter la patrie qu'ils abjurent. Heine se prétend Français, Voltaire se dit Prussien. Heine touche une pension de Louis-Philippe comme Voltaire en reçoit une du roi Frédéric; et comme Voltaire injurie sans cesse les Français, qu'il appelle des Welches, Heine, Welche, injurie avec prédilection les Allemands. Dans le fonds, ni l'un n'est Français ni l'autre n'est Allemand : ils sont Parisiens. Paris est à lui seul une patrie, et le vrai Parisien d'esprit et de cœur se soucie fort peu du reste, même de la banlieue.

Vraiment, ce Heine avait considérablement d'esprit. Pour en avoir assez, il ne lui a manqué que de mieux se défendre d'en avoir trop. Mais ce défaut ne nuisit point à sa gloire dans le monde des lettres parisiennes, où la surabondance de l'esprit n'est pas le vice qui saute davantage aux yeux. L'on redoute peu par là l'encombrement de cette marchandise, connaissant à merveille une autre et pire manière d'assommer le consommateur.

———

Ce qu'était l'esprit de Heine, j'ai la fortune de n'avoir pas à le dire-moi-même. Il a fait quantité de préfaces où il a pris soin de donner à cet égard toutes les définitions et toutes les démonstrations les plus claires. On a n'a qu'à le laisser parler. Et pour n'être pas embarrassé du choix entre tant de portraits authentiques, j'en prends un qui m'est certifié par le plus illustre admirateur de cette grande figure littéraire, M. Théophile Gautier, prosateur et poète renommé dans Paris.

Peu de temps après la mort de Henri Heine, M. Théophile Gautier a fait son oraison funèbre dans la boutique du libraire Lévy, sous le titre pompeux d'*Étude*. Pour ne rien dissimuler, j'ai trouvé le titre un peu fallacieux et la pièce d'une allure assez lourde. Sur la réputation de M. Gautier, je l'aurais cru plus léger d'un bon tiers.

Il nous peint Henri Heine à l'époque de sa force, lorsqu'il était déjà Parisien consommé :

« C'était un bel homme de trente-cinq ou trente-six ans, *ayant* les apparences d'une santé robuste; on eût dit un Apollon germanique, *à voir* son haut front *blanc*, pur comme une table de marbre qu'ombrageaient *d'abondantes masses* de cheveux *blonds*. Ses yeux *bleus* pétillaient de lumière et d'inspiration; ses joues rondes, pleines, d'un contour élégant, n'étaient pas *plombées* par la *lividité* romantique à la mode à cette époque. *Au contraire* les *roses vermeilles* s'y épanouissaient classiquement; une légère courbure hébraïque dérangeait, sans en altérer la pureté, *l'intention qu'avait eue son nez d'être grec,* ses lèvres harmonieuses gardaient au repos une expression charmante; mais lorsqu'il parlait, de leur arc *rouge* jaillissaient en sifflant des flèches aiguës et barbelées, des dards sarcastiques *ne manquant* jamais leur but; car jamais personne ne fut plus cruel pour la sottise : au sourire divin du musagète, succédait le ricanement du Satyre. »

Je ne saurais m'abstenir de faire remarquer « dans l'intérêt des jeunes gens, » comme disait le musagète Voltaire, que M. Gautier, autre musagète, nous fournit ici un parfait exemple de mal écrire. Non pas que cela soit précisément incorrect, malgré la tournure odieuse et même répréhensible des deux participes *ayant* et *ne manquant*, massifs à faire suer. Mais, — sans compter le je ne sais quoi de répugnant qu'offre la description d'un homme poussée à ce point et traitée avec ce soin, jusqu'à parler de son nez grec et de ses joues rondes, comme s'il s'agissait d'une femme, — que d'incongruités ! Évitez, jeunes gens, ces *à voir*, ces *au contraire* et toutes ces surcharges qui donnent à la phrase une figure de coche ensablé. Évitez ces épithètes accrochées partout : c'est un goût sauvage de porter des pendeloques jusque dans les narines. Évitez ces adverbes qui font *plouf,* encore que tel bruit vous semble beau. Évitez les « *abondantes masses* de cheveux, » car c'est un pléonasme. Des *touffes* peuvent être maigres, des *masses* sont toujours touffues, c'est-à-dire abondantes ; et le pléonasme dans le style est signe d'un esprit qui n'a pas le mot, comme la multitude des paroles en affaires est signe d'un homme qui n'a pas le sou. Et enfin, jeunes gens ! sur toute chose gardez-vous de croire que la plume est faite pour peindre avec des couleurs, et que l'écrivain coloriste est celui qui prend la palette à la place de l'encrier. L'écrivain peint à l'encre et dédaigne tout autre procédé. Voilà en dix lignes, du blanc, du blond, du bleu, du non plombé, du non livide, du rose, du vermeil et du rouge ! Avec toute cette dépense, l'auteur réussit à me donner très-bien l'idée d'une grosse poupée allemande ; c'est ainsi que l'on peint à Nuremberg ou encore à Épinal, et je crois que Henri Heine, déposant « le sourire divin du musagète, » eût été « cruel » pour cette mise en couleur.

Je ferme la parenthèse et je laisse M. Gautier continuer son « étude. »

« Un léger embonpoint païen, que devait expier plus

« tard une maigreur toute chrétienne, arrondissait ses
« formes : il ne portait ni barbe, ni moustache, ni
« favori, ne fumait pas, ne buvait pas de bière, et
« comme Gœthe (*il*) avait horreur de trois choses... »

Si vous êtes curieux de connaître ces trois choses
dont Gœthe avait horreur et que M. Gautier rappelle
sans les nommer, par un sourire discret, en « arrondissant ses formes, » c'étaient le son des cloches, le
christianisme et les punaises. — Mais tout le monde ne
sait pas écrire pour avoir horreur de ces trois choses-
là et pour savoir les indiquer si à propos sur la pierre
tumulaire d'un ami.

M. Gautier poursuit :

« Heine était alors dans toute la ferveur hégélienne ;
« s'il lui répugnait de croire que Dieu s'était fait
« homme, il admettait sans difficulté que l'homme
« s'était fait Dieu, et *se comportait en conséquence*.
« Laissons-le raconter ce *splendide* enivrement intel-
« lectuel. »

C'est maintenant Heine qui parle, justifiant l'admiration dont on vient d'entendre un écho :

« J'étais moi-même la loi vivante de morale, j'étais
impeccable, j'étais la pureté incarnée ; les Madeleines
les plus compromises furent purifiées par les flammes
de mes ardeurs et redevinrent vierges entre mes bras :
ces restaurations de virginité faillirent parfois, il est
vrai, épuiser mes saintes forces. J'étais tout amour et
tout exempt de haine ; je ne me vengeais plus de mes
ennemis ; car je n'admettais pas d'ennemis vis-à-vis
de ma divine personne, mais seulement des mécréants,

et le tort qu'ils me faisaient était un sacrilége, comme les injures qu'ils me disaient étaient autant de blasphèmes. Il fallait de temps en temps punir de telles impiétés, mais c'était un châtiment divin qui frappait le pécheur et non une vengeance par rancune humaine. Je ne connaissais pas non plus à mon égard des amis, mais des fidèles, des croyants, et je leur faisais beaucoup de bien. Les frais de représentation d'un dieu qui ne pouvait être chiche et qui ne ménage ni sa bourse ni son corps sont énormes. Pour faire ce métier superbe il faut avant tout être doté de beaucoup d'argent et de beaucoup de santé; or, un beau matin, c'était à la fin du mois de février 1848, ces deux choses me firent défaut (1). Ma divinité en fut tellement ébranlée qu'elle s'écroula misérablement. »

Voilà Heine bien portant, peint — sans couleur ! — par lui-même. Peint avec plus de vérité que de vraisemblance, car l'impudence passe ici la commune mesure; mais elle n'outre pas sa mesure à lui, et il l'a toujours remplie de la même façon. L'on peut imaginer à peu près ce que produisait l'esprit d'un homme capable de se peindre ainsi pour le public.

Lorsqu'il décrivait de la sorte le « splendide enivrement *intellectuel* » où il s'était entretenu jusqu'à l'âge sérieux de quarante-huit ans, la fête était finie et l'avait laissé dans un anéantissement corporel voisin de la mort, paralytique, aveugle, presque sans souffle et déjà enveloppé du linceul. Il garda le lit huit ans. Son intelligence seule demeurait entière ; mais hélas ! plus enivrée que jamais, plus enchaînée par le sophisme

(1) Louis-Philippe s'en allait et la pension avec lui.

et par l'orgueil que ne l'était son corps par la maladie. C'est en cet état qu'il écrivit ou plutôt qu'il dicta ses meilleurs poèmes et ses blasphèmes les plus odieux.

Quant à la pensée, on y sent le vide et le délire. Sans perdre jamais les qualités, pour ainsi dire matérielles de son esprit, toujours souple, brillant, élégant, aigu, plein de feu, il semble avoir totalement perdu la faculté de le gouverner. Cet instrument admirable n'est plus qu'un jouet périlleux dans les mains d'un enfant méchant et irrité, qui veut tout briser et qui se blesse lui-même.

Il n'a désormais que des colères, des sarcasmes et du désespoir, un désespoir vil, furieux de ne pouvoir ressaisir les ivresses grossières de la vie. Il se moque de toute idée, de tout culte, de toute croyance, même de toute gloire. Il hait, il veut jouir et il meurt ! La *Revue des Deux-Mondes*, qui n'a rien tant admiré que Heine, ne peut s'en taire, et elle le blâme avec ces beaux yeux baissés de prude libre-penseuse qu'on lui voit quelquefois : « Dans ses aspirations au repos, le « regret des jouissances matérielles, il faut bien le « dire, tient une place singulièrement agrandie. Ce « regret des voluptés impossibles serait même, si on « le prenait au mot, la conclusion de ses pensées sur « la mort. Toujours l'ironie, comme on voit, toujours « le dédain de l'âme et la négation de la vertu, tou- « jours enfin ses théories méprisantes que l'humoriste « ne craint pas de s'appliquer à lui-même ! » Mais la

Revue des Deux-Mondes est trop large et bienveillante personne au fond pour appliquer à l'*humoriste* les théories que lui-même ne craint pas de s'appliquer ; et en servant au public ses blasphèmes fraîchement éclos, elle ajoute : « Nous croyons que ce n'est là encore « qu'une crise dans le développement de sa pensée. »

Hélas ! il y mourut, dans cette crise, et rien n'est plus épouvantable et plus navrant. Je ne sais si l'histoire des lettres renferme un épisode qui passe l'horreur du spectacle qu'offrit ce malheureux. Durant huit années, Dieu appesantissant sa main sur sa chair et sur ses os, le tient suspendu au-dessus de l'abime et lui laisse toute son intelligence pour le considérer et se sauver. La douleur lui arrache des rugissements et des blasphèmes, pas un mot de repentir, pas un appel à la clémence ; son intelligence fourvoyée ne reçoit pas un rayon de la lumière d'en haut, mais comme imprégnée déjà des vapeurs qui montent du gouffre, elle se tourne avec rage contre ce Dieu qui lui offre la vie et qui lui laisse le temps. La miséricorde fut moins offerte à Voltaire et il la refusa moins. Non, Voltaire lui-même ne semble pas avoir à ce point nié Dieu et s'être si profondément enfoncé dans la pourriture du bel esprit ! Heine a ricané jusque dans le cercueil ; jusque dans le cercueil il regrette les joies de la luxure et de la ripaille ; jusque dans le cercueil il songe à la gloriole littéraire, en affectant de la dédaigner ; du fond du cercueil il voit encore ses amis de France et d'Allemagne qui applaudissent émerveillés à la puissance de ses ricanements, et c'est en ricanant qu'il expire.

Voici l'épilogue du dernier livre de Heine, ce que la *Revue des Deux-Mondes* appelle ses *novissima verba*:

« Ils disent que la gloire réchauffe notre tombe. Folies et sottises que tout cela ! mieux valent pour nous réchauffer les lourdes caresses d'une vachère amoureuse. Mieux vaut aussi pour nous réchauffer les entrailles, mieux vaut boire largement du vin épicé, du punch et du grog, même au fond des plus ignobles tavernes, au milieu de voleurs et de vagabonds échappés à la potence, mais qui vivent, qui respirent, qui ronflent et qui sont plus dignes d'envie que le glorieux enfant de Thétis. »

Belles paroles d'un mourant, et digne épilogue de sept ou huit volumes d'œuvres complètes ! Mais le monde pour qui chantait le poète a trouvé cela délicieux. Ils sont tous dans la dernière admiration de ce beau courage, de ce beau dédain, de ce beau rire ; l'excellent M. Gautier ne peut se consoler de ne l'entendre plus :

« Les amis de Heine devraient se réjouir DE CE QUE cette atroce torture SOIT terminée enfin, *et que le bourreau invisible* AIT donné le coup de grâce au pauvre supplicié ; mais penser QUE DE CE cerveau lumineux, pétri de rayons et d'idées, d'où les images sortaient en bourdonnant comme des abeilles d'or, il ne reste plus aujourd'hui qu'un peu de pulpe *grisâtre*, est une douleur qu'on n'accepte pas sans révolte. C'est vrai, il était cloué vivant dans sa bière ; mais, en approchant l'oreille, on entendait la poésie chanter sous le drap noir. Quel deuil de voir un de ces microcosmes plus vastes que l'univers *et* contenus *par* l'étroite voûte d'un crâne, brisé, perdu, anéanti! Quelles lentes combinaisons il faudra à la NATURE *pour former une tête pareille!* »

O musagète Gautier, que voilà de mauvaise prose et de plus mauvais lieux communs, et que les abeilles d'or qui habitent votre pulpe grisâtre semblent peu en humeur de sortir aujourd'hui! Cependant ranimez-vous. La *nature* n'est pas si lente ouvrière que vous croyez. Elle a déjà façonné quantité de « têtes pareilles; » il y en a des centaines sur le boulevard et une au moins par rédaction de petit journal. Vous n'avez guère cherché, si vous croyez qu'il est difficile de trouver des hommes qui soient dans l'essentiel ce que Henri Heine a été, et vous n'écoutez guère, si vous n'entendez pas partout le bel accent de son âme dévouée au genre humain.

Quand les Allemands indignés lui reprochaient ses injures, son impiété, son cynisme, et la pension qu'il recevait de Louis-Philippe, et d'autres choses louches, Henri Heine commençait par les accabler d'invectives, les traitait de cafards, d'hypocrites, de laquais prussiens; ensuite il leur disait qu'il était plus patriote qu'eux, qu'il travaillait plus qu'eux à la grandeur de l'Allemagne; enfin il promettait aux Allemands l'empire du monde, pour peu qu'ils sussent faire certaines choses qu'il leur indiquait :

« Quand nous aurons réalisé le grand œuvre de la

Révolution : la Démocratie universelle ! Quand nous aurons poursuivi la pensée de la Révolution dans toutes ses conséquences, quand nous aurons détruit le servilisme jusque dans son dernier refuge — le ciel ! — Quand nous aurons chassé la misère de la surface de la terre, quand nous aurons rendu sa dignité au peuple déshérité, au génie raillé, à la beauté profanée, comme nos grands maîtres, les penseurs et les poètes l'ont dit et l'ont chanté, et comme nous, leurs disciples, le voulons : — alors ce n'est pas seulement l'Alsace et la Lorraine, mais la France tout entière, mais l'Europe et le monde sauvé tout entier, qui seront à nous ! Oui, le monde entier sera allemand ! »

Ce programme patriotique est daté de 1844, du temps que le poète faisait son métier de dieu hégélien, aux gages du bon et prudent roi Louis-Philippe. — Et j'ose assurer que Paris fourmille d'apôtres de même sorte, parfaitement dévoués à répandre le même Évangile, aux mêmes conditions.. Réaliser la démocratie universelle, détruire le servilisme, abolir la misère, rendre sa dignité à la beauté profanée, travailler à tout cela comme Henri Heine, sans être forcé d'en croire un mot, sans renoncer aux huîtres, ni aux féeries, ni aux pensions, ni aux décorations qui suivent les pensions, ni aux profits supplémentaires que réalise toujours quiconque sut attraper des décorations et des pensions :… mais Poivreux en est, Galapias en est, Galvaudin en est ; sauf de rares exceptions, toute la presse en est ! Je ne découvre partout que des petits Henri Heine qui vont demain me traiter de servile hypocrite, et je ne sais comment fait M. Gautier pour ne les voir pas.

Le génie peut manquer, il n'est pas nécessaire. Henri Heine en eut pour la consommation de toute sa race. Voltaire a duré cent ans et n'est pas épuisé, grâce aux goujats qui le traduisent. La *nature* est sage : trop de soleil brûlerait la moisson, trop d'abeilles d'or dans la « pulpe grisâtre » nuiraient aux progrès populaires de l'idée. Imaginez tels ou tels journaux rédigés par des gens de génie : comme la vente baisserait ! Il faut des amincisseurs, des aplatisseurs et des avilisseurs qui ôtent aux doctrines criminelles certaines âpretés, certaines audaces de sincérité qui révèlent trop où elles tendent, autrement les multitudes refuseraient d'avaler ces poisons et la vérité ne serait pas assez vengée des sociétés qui favorisent le cours de l'erreur. Il est juste que les puissants du monde, les riches, les sages, les *dilettanti* que Voltaire et Heine ont amusés sachent un jour ce qu'en coûte le divertissement ; et jamais cette justice ne serait complète si Galvaudin, Poivreux et Galapias n'apportaient à la pesée de ces grands hommes le secours de leurs traductions.

―――

Que M. Gautier donc ne prie pas la *Nature* de hâter ses « combinaisons » et de surchauffer ses fourneaux pour nous donner tout de suite un autre Heine. C'est un vœu téméraire. Heine serait gêné et peut-être gênant. L'on a sujet de douter que Voltaire, en 93, eût été bon révolutionnaire ; peut-être eût-il fallu, comme à d'autres, lui « couper le sifflet. » Et Henri Heine, si « cruel pour la sottise, » de quel œil pense-t-on qu'il regarderait aujourd'hui ses continuateurs et même ses admirateurs? Au sourire divin du musagète, succéderait le ricanement du satyre.

Ce serait plutôt maintenant aux chrétiens de souhaiter qu'il s'élevât des Voltaire et des Henri Heine; qu'il s'en élevât simultanément plusieurs! Ou l'horreur de la sottise et de la putréfaction présentes les tirerait par force de la cohue impie, ou du moins ils nous vengeraient par les portraits qu'ils traceraient les uns des autres; ces portraits, que nous ne pouvons qu'adoucir, et que seuls ils sauraient rendre véridiques, en y multipliant les audaces de leurs mains impudentes et de leur langue effrontée.

NOTE.

Un trop grand nombre de mes contemporains estiment le talent de M. Gautier pour que je veuille laisser croire que je le méconnais. Certainement, si j'étais chargé de classer son étude de Henri Heine, je ne placerais pas ce morceau dans les premiers rangs! Par incapacité de saisir la pensée du poëte ou par honnête embarras d'avouer tout le charme qu'elle a pour lui et tout le bien qu'il lui veut, il s'arrête à considérer la forme, et ne le fait pas en expert. Mais nous avons de lui quantité d'autres pièces moins manquées. Il y en a beaucoup, le plus grand nombre, contre lesquelles je suis à peu près assuré de n'avoir jamais à élever la moindre critique. Cependant, je n'ignore pas tout. Sur la chaude recommandation d'un esprit charmant, j'ai lu son *Roman de la Momie*, où sont racontées les aventures surprenantes de la belle Tahoser, fille du grand-prêtre égyptien Pétamounoph, laquelle fut miraculeusement guérie d'une courbature par Moïse, peu de temps avant le passage de la mer Rouge; puis fort aimée de Pharaon qui périt en poursuivant les Hébreux; puis retrouvée toute fraîche ces jours derniers, en son tombeau, par un jeune Anglais qui la désembauma et s'enflamma du même amour que Pharaon, dont il brûle encore à l'heure qu'il est. C'est un travail de grande imagination! Je serais injuste si je feignais d'avouer que la partie descriptive est souvent d'une remarquable dextérité; un calque ne serait pas plus exact, et un moulage en plâtre n'aurait pas plus de relief. Pour la couleur, M. Gautier y excelle; je n'ai nulle part rien vu de plus égyptien; le bleu et le vermillon surtout sont de première qualité. En somme, M. Gautier est un bon peintre de nature morte, et tout au moins un excellent photographe.

Mais, par exemple, il est trop persuadé qu'il a des connaissances en matière d'art, de philosophie et de religion, et c'est ce qui me contraint de lui dire que les puissances de la photographie ne vont point si haut.

VIII

TIBULLE MOUTON.

Tibulle Mouton, à peine au sortir de l'enfance, lut les poëtes nouveaux et sut qu'il avait du génie. Il ne le laissa point ignorer. Tout de suite il composa des vers dans le dernier goût. Ses parents, d'abord charmés, connurent assez tôt qu'il ne feraient rien de lui. On le mit au collége, aux écoles spéciales, chez le notaire, chez l'avoué, dans le commerce, dans les chemins de fer; il ne réussit en rien qu'à produire des sonnets, toujours dans le dernier goût. Il y a vingt ans que cela dure, et Tibulle Mouton est présentement âgé de trente-cinq ans et auteur de mille sonnets. Pour ne rien déguiser, ce garçon est imbécile. Ses parents n'ont plus qu'une lointaine espérance, c'est de lui faire obtenir tôt ou tard un prix de l'Académie française et la croix d'Honneur. Lorsque Tibulle sera primé et décoré, ils ne rougiront plus tant de l'éducation qu'ils lui ont fait donner avec un peu d'orgueil, et qui leur a coûté gros. Ils pensent même qu'ils le marieront honnêtement, parce qu'après tout il ne dissipe point son patrimoine et n'est nullement débauché. — L'on ne doit pas, disent-ils, le juger sur ses vers; en vers, il est Tibulle, mais en tout le reste il est Mouton, et c'est un véritable innocent, plutôt craintif, qui ne serait même pas bête et qui pourrait figurer, s'il n'avait cette déplorable manie de se tenir toujours dans quelque coin à mâchonner des vers.

Voici la dernière production de Tibulle. Je l'ai tirée d'un gros recueil tout plein de choses pareilles, où les poètes d'avenir paient leur gloire en attendant le libraire qui les paiera. L'on voit qu'en effet Tibulle ne manque pas d'ordre, puisque sur le léger sou de poche qu'il tire de ses parents il a su économiser de quoi prendre un billet d'entrée pour huit sonnets! Or, les sonnets tiennent beaucoup de place à cause des titres et des blancs.

Les huit sonnets ont un titre général :

TROIS FLAMMES!

I

L'AMANTE.

Un jour, au temps plus vert de la prime saison,
Nous menions par les champs son grand-papa, notaire.
J'arrêtai le vieillard près de la source claire
Où l'on pouvait cueillir la fleur bleue à foison.

Que cette eau coulait doux emmy le vert gazon.
Mais j'avais en esprit une bien autre affaire :
Je voulais épouser. Or, l'aïeul exemplaire
Trouvait peu que mes plans crevassent de raison.

J'argumentais très-chaud. A quelques pas, Flavie,
Toute aux myosotis, n'avait rien écouté.
Pourtant, d'un feu plus vif éclatait sa beauté.

Je fus par le bonhomme, à deux ans appointé,
J'obtins d'elle un regard qui me rendit la vie...
Mais, ma foi, ces deux ans furent l'éternité !

II

L'ÉPOUSE.

La nuit a trop duré, quoique pleine d'étoiles :
O beau ciel assombri, laisse naître le jour !
Et vous, ô ma beauté, quittez enfin ces voiles,
    Laissez naître l'amour !

Pourquoi tarder encor, de toi-même ennemie ?
Je t'aime, tu le sais, l'amour sera vainqueur.
Mets ta main dans ma main, que ton cœur, Euphémie,
    Palpite avec mon cœur !

Reprends, reprends la vie, ô rose, ô fleur divine !
Et que mon noir destin, sous ton ombre abrité,
   Commence son été.

Et nous irons tous deux rêver sur la colline ;
Et nos cœurs enivrés diront plus de concerts
   Que n'en ont les bois verts !

———

   Vous m'appelez enfant ; vous dites
   Que vous seriez ma mère. Hélas !
   Non, je suis vieux et je suis las,
   Traînant des faiblesses maudites.

   Vous, ma mère !... Sonnez mon glas !
   Mes espérances interdites
   Comme mes œuvres inédites,
   Vous les tuez sans coutelas.

   Mais oui, je suis encore à naître.
   Ma mère, vous la pourriez être ;
   Vous pourriez me donner le jour :

   Je serais beau, j'aurais ta flamme ;
   Je serais grand, j'aurais ton âme...
   Fais ce prodige, mon amour !

Quand Louis-Philippe, sans pompe,
De son faux trône détala,
Elle avait bien, en ce temps-là
Vingt printemps, si je ne me trompe.

Alors à Durand (Théopompe).
Le sacrement la ficela ;
Et quinze ans ce ménage alla
Plus que mal, si je ne me trompe.

Il s'est passé trois ans depuis !...
Elle est humide comme un puits,
Très-crevassée et ravagée.

Je l'épouse gaillardement :
Et des fleurs de son testament,
Je rafraîchirai Lalagée.

———

Je suis à mon gré chez la vieille.
Elle a des airs fort saugrenus
Et tient mille propos cornus ;
Mais sa cuisine est sans pareille.

— Trouvez-vous ces vers bien venus?
Vieille irait-il avec *bouteille?* —
Sa cave est une autre merveille,
Un Institut de noms connus!

Je lui barbouille en couleur bleue
Des sonnets sans tête ni queue,
Et classiques affreusement.

Elle en raffole. Pour ma gloire,
Cela ne vient pas aisément;
Mais j'attrape de bons *pour-boire*.

III

LA MAITRESSE.

Lalagée, aimable démon,
Que je connais trop et que j'aime,
Je comprends votre cri suprême;
Vous avez quelque chose au *Mont!*

Ma surprise n'est pas extrême;
Vous êtes faite de limon!....
Mais je m'abstiens de tout sermon,
Étant fort limoneux moi-même.

Voici mieux. Poète pervers,
J'ai chanté mon épouse en vers;
C'est un travail contre nature.

La vieille a payé l'Apollon :
Retirez votre châle long
Et redorez votre ceinture.

———

Ou c'est la jeune, ou c'est l'âgée,
Chacune apporte quelque ennui.
D'un gros catarrhe soulagée,
La vieille dort sa bonne nuit.

Elle s'est à vivre enragée !
Un tel entêtement me nuit :
Autant le bel espoir s'enfuit,
Autant chancelle Lalagée.

Et Lalagée, à parler franc,
N'a que les charmes de son rang.
Et non tous ceux qu'en vers je loue !

J'ai beau faire, je vois très-bien
Que son âme, son entretien
Et ses yeux sont couleur de boue.

Non, Monsieur l'Officier, entre nous point de guerres !
Prenez l'objet charmant que nous nous disputons.
Qui doit filer ? Cela se voit à nos mentons.
Donc, je bats en retraite et vas à mes affaires.

Je ne suis point un fol. Mes armes, si légères,
Manqueraient leur effet contre vos espontons.
Et puis votre cheval, et puis vos hoquetons,
Et puis votre ruban !.... Et puis je n'y tiens guères.

Rengainez, triomphez, et Dieu vous gard' de mal !
Et surveillez un peu votre brosseur ! La fille
Est fausse, du chignon jusques à la cheville.

Portez-vous bien ; prenez bien garde au carnaval !
Que rien du Casino, que rien de la Courtille
Ne vienne endommager un si bel animal !

Malgré le bon certificat que lui donnent ses parents, Tibulle pourra paraître d'une moralité légère. Mais c'est le dernier goût. On doit bien penser que Tibulle a médité les *Chansons des Rues et des Bois*. Il est admirable par le soin qu'il a de se tenir au courant. D'ailleurs, tous les poètes du temps portent ce plumet de galanterie cavalière ; ils rougiraient de se montrer en public sans avoir Lalagée au bras, surtout sans proclamer qu'elle les trahit.

Et c'est là le refrain qu'ils font à leurs ballades.

IX

BÉTINET, VENGEUR DES LETTRES.

Un jeune homme de lettres entreprend de prouver que la mauvaise littérature n'a aucune action sur les mœurs, ou plutôt qu'il n'y a point, quant à la morale, de bonne, ni de mauvaise littérature. Ce n'est point sa cause qu'il plaide, rendons lui cette justice ! On n'a jamais entendu dire que sa littérature ait fait le moindre mal, et quoiqu'il écrive depuis quelque temps déjà, il est innocent comme l'enfant qui vient de naître. J'ai bien le pressentiment qu'il mourra dans cette innocence, enveloppé des feuilles où il a vu le jour. Il se nomme Bétinet, et il a des rentes.

Je suis assuré de ne point l'affliger en signalant sa tentative, mais je ne voudrais point non plus que mes observations lui fissent prendre une idée trop avantageuse de lui-même. Très-sincèrement, le paradoxe est un peu fort pour lui. On voit bien qu'il s'ingénie et se travaille, et qu'il a fait de son mieux. Il entame vaillamment ses adversaires, ceux qui pourraient croire que la littérature n'est pas sans influence sur la société. Il les compare d'abord à des chiens qui font un vacarme « saugrenu; » il les appelle ensuite « un tas de gardiens de la morale publique; » puis « les *condottieri* de l'armée du bien; » puis « bâtards d'Érostrate, » etc. Dans chacun de ses paragraphes il met une demi-douzaine de ces coups de force; et des *ah!* et des *comment!* et des *eh! mon Dieu!* partout où il peut les placer, et même ailleurs. Pour les points d'exclamation, le morceau en est hérissé. Malheureusement un point d'exclamation ne saurait tenir lieu d'une pointe d'esprit. Quant au raisonnement, qui devait être la partie soignée dans un pareil ouvrage, il manque.

Si j'avais l'honneur de connaître le jeune Bétinet, qui a des rentes, je lui conseillerais de prendre garde à l'influence très-sérieuse des rentes sur la littérature et à l'influence plus sérieuse encore de la littérature sur les rentes.

Assurément, assurément, par le moyen des rentes, on a du succès en littérature, et un succès qui peut aller loin! Le monde a vu des académiciens de fourchette, c'est-à-dire qui surent se faire élire pour avoir su faire manger. Mais il faut alors avoir beaucoup de rentes, ou savoir très-bien s'en servir; car la littérature mange comme une fille, et telle est son influence sur les rentes : elle les mange! Oui, jeune Bétinet; elle les mange, elle les dévore, et quand elle a tout mangé, il n'y a plus de succès. Et si vous comptez qu'au temps du succès enfanté par les rentes, vous vous serez fait un nom qui enchainera le succès et ramènera les rentes, vous êtes dans l'erreur, jeune Bétinet. Les rentes, par voie de cuisine, vous eussent-elles poussé jusqu'à l'Académie, vous n'en tireriez encore que vos quinze cents francs et la croix d'Honneur ; on ne vous rendrait pas même vos dîners.

Voilà, Bétinet, sur quoi vous pouvez méditer opportunément.

Quant à connaitre l'effet social des livres de Galvaudin, de Papion et des autres, et la destinée des vieilles lunes, que vous importe, et qui diable voulez-vous qui s'intéresse à ce que vous en pensez ? Qu'est-ce que cela fait, ce que vous en pensez ?

Ainsi vous avez déjà imprimé trois ou quatre volumes, et des articles par douzaines, et sustenté des tas de gens de lettres ; vous leur avez prêté des vingt francs, des trente francs, des cent francs peut-être : et pas un n'a eu l'humanité de vous faire entendre que vous n'êtes pas né pour éclairer le monde, ni pour tirer dix sous d'un feuillet de *copie*...

Bétinet, on vous trompe !!!

X

L'HUMBLE *CHOSE*, ET SON HUMBLE LIBRAIRE.

Ce qu'il y a d'humilité dans ces historiens d'orgueil ne se peut décrire. Jamais on ne s'est abandonné de si bonne grâce aux camouflets; jamais le saint le plus rigoureux envers lui-même n'a pu s'accabler d'aveux plus mortifiants. Les exemples sont sans nombre; j'en prends un, celui du jour.

Chose a fait ces deux romans fameux, le *Maudit* et la *Religieuse*. Descendons un peu dans le puisard de son humilité. Ne descendons qu'un peu, quelques échelons seulement; plus bas nous remuerions les gaz qui asphyxient.

Si c'est le *Chose* que l'on nomme, ce n'est pas tout-à-fait le premier venu. Si ce n'est pas ce Chose-là, c'en est un autre qui n'est pas bien loin de lui ni au-dessus, ni au-dessous. La main qui a fait ces œuvres ne manie pas pour la première fois une plume.

Qui que ce soit, il se cache. Voilà un homme qui confesse tout de suite ou que son nom nuirait à son œuvre ou que son œuvre nuirait à son nom. C'est l'un ou l'autre; c'est probablement l'un et l'autre. Le nom nuirait même à cette œuvre, l'œuvre nuirait même à ce nom! Telles sont les douceurs que Chose se dit à soi-même, pour commencer. Pauvre diable ! pourquoi ne pas se faire un nom qui relève ses œuvres ? Pourquoi ne pas entreprendre des œuvres qui relèvent son nom ? Il y pense, il le voudrait bien ; il s'avoue l'impossible, et se met humblement à son travail infâme. Il n'ignore pas que quand le nom sera révélé, ce sera une huée sur l'œuvre ; que quand l'œuvre sera divulguée, ce sera une couche de boue sur le nom ; et il travaille, il vit avec cette pensée !

O Labre, ta pénitence n'allait pas si loin ! Voici un héros qui se donne à des morsures plus hideuses que tu n'en affrontas : celui-ci entretient dans son cœur la vermine que tu te contentais de souffrir sur ta peau !

Il a fini. Il avait conçu son dessein, il l'a exécuté, à présent il le confesse. Il va trouver un libraire. Je voudrais savoir comment un homme avoue à un homme qu'il a fait ces sortes d'œuvres ? Nous autres, nous nous agenouillons dans une église, non pas devant un homme, mais devant un prêtre. Nous avons prié, il a prié. Nous lui disons : « Père, j'ai péché. » Il sait d'avance que si nous avons offensé Dieu, nous demandons pardon ; que si nous avons fait tort à un frère, nous voulons réparer ce tort. Ici, c'est autre chose. Il s'agit de dire ceci : — « Je viens de faire une œuvre malhonnête. Je diffame tels et tels honnêtes gens ; j'insulte à Dieu, à la conscience, à la pudeur. Achètes-tu cette œuvre, et combien l'achètes-tu ? »

Je serais curieux de savoir comment on s'y prend, quelles circonlocutions on emploie. Il y en a qui prétendent que cela se fait tout tranquillement, sans embarras, sans honte, en causant dans la rue, en fumant une pipe et en buvant une chope. J'ai peine à le croire. Il faut au moins bien de l'humilité pour avouer si naturellement qu'on est... cela, et pour se laisser proposer la complicité de cela.

Ce qui est certain, c'est que cela se fait. Nos deux malandrins s'abouchent, comme les loups faméliques dont parle Marot :

> Nos deux grands loups ravissants et famis,
> Qui aiment plus cent sols que cent amis.

Ils supportent la grande infection des paroles qui filtrent de leurs lèvres. « Frère, dit l'un, as-tu bien pris tes précautions contre la police correctionnelle? — Oh! oui, répond l'autre; je ne nomme personne. — Et contre les coups de bâton? — Contre les coups de bâton aussi. Je ne m'adresse qu'à des gens qui n'en donnent point. — Et c'est immoral, n'est-ce pas? — L'aurais-je fait ! »

Ils combinent, ils arrangent, ils ajoutent. L'ouvrage paraît avec un nom de libraire, sans nom d'auteur.

A qui la palme, du libraire qui signe, ou de l'auteur qui ne signe pas?

C'est la question de vertu entre le larron, qui a le courage d'agir, et le recéleur, qui a le courage de se montrer.

Qu'on ne me reproche pas de faire des assimilations odieuses ! Je mets une grande différence entre le larron qui dérobe un mouchoir et cet « écrivain » et ce libraire qui s'associent pour réaliser leur bénéfice aux dépens de la morale publique et de l'honneur des gens.

Il y avait des grottes sur le Parnasse ; on y a creusé aussi des cavernes.

Remarquez une autre industrie de Chose. Il ne se contente pas de taire modestement son nom : il prend encore une qualité qui ne lui appartient pas : l'*abbé Trois-Étoiles*. Profondeur de l'humilité ! Il charge sa pauvre conscience d'un mensonge qui est en même temps un vol. Il vole le public en l'incitant à croire qu'il va dire quelque chose de certain et que tout le monde ne sait pas. Ainsi quelques hardis coquins, pour mieux faire leur coup, volent d'abord un habit de gendarme ou une écharpe de commissaire. Quand ils sont pris, la justice punit sévèrement ce fait. Faut-il louer notre auteur d'un acte de courage ? Non ! Prendre un habit de gendarme pour forcer un tiroir, c'est crime. Mais prendre un habit de prêtre pour enseigner l'immoralité, pour diffamer le clergé, la religion et les honnêtes gens, ce n'est qu'une supercherie littéraire autorisée :

Il est avec *les lois* des accommodements.

Et le tour est fait ! L'éditeur lance le livre, sème des bruits appétissants, trouve des journaux qui reçoivent ses annonces et ses *réclames*, des critiques qui poussent à la vente, des libraires qui offrent leur concours. Vingt-cinq sous de remise triomphent de bien des scrupules ! L'auteur reçoit sa somme et mange du pain acheté de cet argent. — Mais il ne se nomme pas !

Pour tout dire, j'ai peur qu'il ne garde point cette vertu. Il a été si célébré par les réclames, certain journaliste l'a si haut félicité de ce grand service rendu au genre humain, qu'il faut s'attendre à le voir assumer sa gloire. Un jour, ôtant lui-même son masque et montrant son visage plus vil encore, il dira tout fier : — C'est moi, un Tel, de la Société des Gens de Lettres !

Seulement, dès qu'il aura dit : — C'est moi ! le public dira : — C'est lui !

Alors, plus de lecteurs. Ceux-là même qui l'auraient savouré anonyme, feindront un certain dégoût.

Et la Société des Gens de Lettres éprouvera un certain embarras.

XI

LA TRAGÉDIE.

Encore que j'admire grandement cette belle forme de poème, j'avoue que je n'avais point vu de tragédie depuis une certaine représentation de *Polyeucte*, aux jours lointains de Louis-Philippe. Il y avait déjà longues années que je m'étais enfui du théâtre, après avoir subi deux ou trois actes du *Cid*, joué par une Chimène mafflue et par un Rodrigue camus. Ces beaux ouvrages perdent à la scène, faute d'acteurs ; il se les faut jouer soi-même. L'imagination fait des héros et des héroïnes ; les comédiens ne peuvent donner tant. Sans idéal propre (sauf dans la comédie et surtout dans la farce), où trouveraient-ils aujourd'hui à étudier une figure de héros ? Où prendre le type d'un de ces Romains de Corneille et de Racine, qui sont en même temps si grands seigneurs français ? Les acteurs de Corneille et de Racine voyaient des hommes et des manières qui n'existent plus. Quant aux femmes, les portraits historiques témoignent que la race romaine de Versailles a complètement disparu. Elle a péri en 1789. Chérubin, parlant de la comtesse Almaviva, dit : « Qu'elle est imposante ! » Aujourd'hui, même un page, ne saurait avoir l'idée seulement d'une jeune femme « imposante. » Nos dames étalent trop de *chic*, trop de bottes et de cheveux. S'il existe encore des femmes imposantes, elles sont dans les couvents.

Rachel n'avait certainement rien retrouvé de ce grand air. Elle était anguleuse. Pourtant, avec du masque et de la voix et un instinct premier, elle ressuscita quelques éclats du tonnerre tragique. Dans le rôle de Pauline, qu'elle ne pouvait entièrement comprendre, elle réalisait un lointain sentiment de la grandeur cornélienne, et c'était comme un mirage de beauté.

L'affiche annonçait *Britannicus*. Je voulus m'en donner le régal ou le déboire, et voir comment on traite la tragédie en ce règne de la farce.

Hélas! la salle était vide. Je l'avais trouvée pleine et frémissante la dernière fois que j'y fusse entré, devant je ne sais quelle conception d'un accouplage d'académiciens. Aujourd'hui, *D'adorateurs zélés, à peine un petit nombre!*

———

A travers beaucoup d'alexandrins exterminés, j'ai admiré tout de nouveau le chef-d'œuvre. Comme ces vers forgés de musique et de clarté sont entièrement beaux! Quelle savante étude des caractères, et de la vérité historique! Que Néron est bien l'empereur, cet empereur-là, au moment décisif où Racine l'a voulu peindre! Que Narcisse est bien le conseiller de crimes, l'esclave intelligent et méchant, en mission de l'enfer auprès d'un tel maître du monde! Qu'Agrippine a bien l'ambition ardente et frivole de la femme! Que Burrhus enfin, exprime bien la tiède sagesse de l'honnête homme de cour et l'impuissante vertu du stoïcien! Junie et surtout Britannicus ne sont que des jeunes gens amoureux, mais c'est ce qu'ils doivent être, et les battements très-sincères de ces jeunes cœurs donnent le branle à tout l'ouvrage. On dit que l'amour de Britannicus et de Junie n'est pas romain. Qu'importe, si c'est de l'amour ! Cet amour tient peu de place et il est victorieux. Il empêche Britannicus de dissimuler, il donne le ferment qui révèle Néron, qui fait déborder le monstre encore timide et emprisonné. Il est aussi la première punition du tyran : Néron goûtera le supplice de ne pouvoir entièrement dégrader la majesté de l'âme humaine.

La nouvelle poétique peindrait autrement Néron et son règne. Elle disséminerait ce personnage en vingt tableaux heurtés et nous donnerait plusieurs hommes au lieu d'un. Elle voudrait mêler le hideux au tragique, elle ferait surtout dominer le grotesque et rendrait Néron ridicule, absolument et ouvertement. Pour atteindre ce beau résultat, elle briserait la magnifique harmonie des unités : nous aurions Néron histrion et Néron incendiaire, Néron empereur et Néron bête féroce, Néron égorgeur et Néron égorgé ; en un mot, des membres au lieu d'un corps ; une kermesse avec des bourreaux dans un coin, au lieu des panathénées. A travers ce fouillis, le drame irait comme il pourrait ; le jeu des machines dramatiques remplaçant les mouvements naturels de l'esprit et du cœur.

Cependant, avec tout cet appareil, la nouvelle poétique ne saurait rien produire que Racine ait oublié. Néron et le règne de Néron sont tout entiers dans l'épisode de Britannicus. Le poète a tout marqué d'un trait juste, relégué quelquefois, toujours visible. Il s'en vante lui-même avec une charmante fierté : « Voici celle de mes tragédies que je puis dire que « j'ai le plus travaillée. A peine elle parut sur le « théâtre, qu'il s'éleva quantité de critiques qui sem- « blaient la détruire... La pièce est demeurée, et si j'ai « fait quelque chose de solide et qui mérite quelque « louange, la plupart des connaisseurs demeurent « d'accord que c'est ce même Britannicus. » Il dit ensuite qu'il a « travaillé sur des modèles qui l'ont « extrêmement soutenu dans la peinture qu'il voulait « faire de la cour d'Agrippine et de Néron ; » car sa tragédie « n'est pas moins la disgrâce d'Agrippine « que la mort de Britannicus. » — Il renvoie « à Tacite « qui aussi bien est entre les mains de tout le monde. » — Pour commencer par Néron, « il faut se souvenir « qu'il est ici dans les premières années de son règne, « qui ont été heureuses comme l'on sait. Ainsi il ne « m'a pas été permis de le représenter aussi méchant « qu'il a été depuis. Je ne le représente pas non plus « comme un homme vertueux ; car il ne l'a jamais « été. Il n'a pas encore tué sa mère, sa femme, ses « gouverneurs ; mais il a en lui les semences de tous « ces crimes. Il commence à vouloir secouer le joug. « C'est un monstre naissant qui n'ose pas encore se « déclarer, et qui cherche des couleurs à ses méchantes « actions... Je lui donne Narcisse pour confident, parce « que cet affranchi avait une conformité merveilleuse « avec les vices du prince encore cachés ; *cujus abditis* « *adhuc vitiis mirè congruebat*. J'ai choisi Burrhus

« pour opposer un honnête homme à cette peste de
« cour... Burrhus, *militaribus curis et severitate mo-*
« *rum...* Toute la peine de Burrhus et de Sénèque
« était de résister à l'orgueil et à la férocité d'Agrip-
« pine, *quæ, cunctis malæ dominationis cupidinibus*
« *flagrans, habebat in partibus Pallantem.* La mort de
« Britannicus fut un coup de foudre pour elle, dit
« Tacite ; ce crime lui en faisait craindre un plus
« grand. » Le poète établit de même les caractères
historiques de son Britannicus et de sa Junie. S'il fait
entrer Junie dans les vestales, ce n'est pas qu'il ignore
la règle canonique qui fixait l'âge de la réception
entre six et dix ans : « Mais le peuple prend ici Junie
« sous sa protection. Et j'ai cru qu'en considération de
« sa naissance, de sa vertu et de son malheur, il pou-
« vait la dispenser de l'âge prescrit par les lois,
« comme il a dispensé de l'âge pour le consulat tant
« de grands hommes qui avaient mérité ce privilége. »
On le voit, Racine connaît son monde romain, et s'il
s'est plus attaché à la peinture des caractères et des
passions qu'à la représentation des costumes, ce n'est
pas faute d'avoir pu faire le costumier. Il pensait que
le costume importe peu à des spectateurs qui ont Tacite
entre les mains. L'extrême soin des détails offense
l'Art ; il détourne l'attention de l'objet principal pour
la divertir sur des inutilités. L'objet principal, c'est
l'homme. C'est, ici, le « monstre naissant, » s'apprê-
tant à épouvanter la terre ; c'est l'orgueil féroce, capable de tous les crimes pour régner, incapable de pru-

dence et se perdant lui-même. Le reste est accessoire et ne doit être employé que dans la mesure strictement nécessaire. Quel besoin ai-je de voir brûler des chiffons sur la scène pour savoir que Néron est homme à incendier Rome et l'empire? Narcisse en faveur, Burrhus écarté, le fratricide accompli, le parricide déjà résolu, les cœurs innocents et purs déchirés par ce tyran plus furieux et poussé à commettre plus de crimes à mesure qu'il est atteint de plus de remords, tout m'est présent, tout m'est justifié; je sais comment Néron devient coupable et comment il deviendra fou.

Sa vanité d'histrion, si considérable, j'en conviens, et que la poétique réaliste ne manquerait pas de mettre en acte, n'est point oubliée et produit ce qu'elle doit produire. C'est en l'irritant que Narcisse, après avoir longtemps tâté son maitre, qu'on me pardonne l'expression, emporte enfin les derniers scrupules de vertu que l'éloquence de Burrhus a su réveiller une dernière fois. César veut bien reprendre le joug de sa mère, veut bien se réconcilier à son rival, veut bien dominer son amour; toute sa passion le ressaisit et tous ses crimes sont résolus lorsqu'un vil affranchi lui fait entendre qu'on le trouve mauvais acteur. Seulement, au lieu de longues scènes où César serait ridicule, le poète se contente de quelques vers. Il faut que Néron épouvante; la dignité de l'art ne permet point qu'il amuse. Narcisse lui-même, qui le joue, ne lui parle que comme au maître du monde :

Néron, s'ils en sont crus, n'est point né pour l'empire...
Pour toute ambition, pour vertu singulière,
Il excelle à conduire un char dans la carrière,
A disputer des prix indignes de ses mains,
A se donner lui-même en spectacle aux Romains,
A venir prodiguer sa voix sur un théâtre,
A réciter des chants qu'il veut qu'on idolâtre,
Tandis que ses soldats, de moments en moments,
Vont arracher pour lui des applaudissements.
Ah ! ne voulez-vous pas les forcer à se taire ?
— Viens, Narcisse, allons voir ce que nous devons faire !

Voilà Néron. Et c'est ainsi qu'il convient de montrer l'histrion dans l'empereur, et non pas en lui faisant chanter, d'une voix fausse, les sonnets de Trissotin, entouré de ses soldats qui forcent l'applaudissement des auditeurs tentés de siffler. Ce pittoresque, plus réel peut-être, plus matériellement historique, fausserait cependant le caractère dramatique de Néron, par la raison qu'un tigre n'est pas un chat ni un ours, ni un singe. En même temps il fausserait la loi poétique en introduisant le rire dans le poème tragique, d'où il est banni, comme, d'un autre côté, avec une majesté pareille, dédaignant l'épouvante grossière, la tragédie écarte la vue du sang. Telle est la loi générale de la tragédie, par où elle s'élève au sommet pur de l'Art et de la beauté. Par la seule pompe du langage, par la seule peinture de la passion, par la seule grandeur de l'âme, elle veut produire une impression terrible, et laisse à un art inférieur les ressources qui peuvent émouvoir les sens.

La peinture de l'époque, ou, comme ils disent, la *couleur locale,* est au nombre des éléments qui appartiennent à la tragédie sous la condition d'en abuser moins que de tout autre, elle qui doit n'abuser de rien. Racine ne l'a point omise; elle existe au fond du tableau, comme l'air dans lequel se meuvent les personnages, pleine partout, partout discrète. Lorsqu'il s'agit du poison qui doit tuer Britannicus, Narcisse va le demander à Locuste, et ce favori de l'empereur parle en ami de l'empoisonneuse attitrée :

> La fameuse Locuste
> A redoublé pour moi ses soins officieux.
> Elle a fait expirer un esclave à mes yeux.

Assurément ces deux vers peignent suffisamment un vaste côté de la civilisation impériale, et l'élégance raffinée du langage n'est qu'un trait de vérité plus effrayant. La langue de Narcisse reste douce et calme, virgilienne, comme l'âme de Néron demeure tranquille lorsqu'il voit tomber son frère, foudroyé du poison que Narcisse a versé :

> Néron l'a vu mourir sans changer de couleur.

Écoutons un autre portrait de Rome au temps de Néron. Tacite ne surpasse nulle part l'énergie de ces paroles, plus formidables encore dans la bouche où le poète les a placées. C'est Narcisse qui parle à Néron, et ce que l'ancien esclave ose dire à l'empereur, Burrhus, le vieux citoyen, ne l'oserait penser : en s'avouant la bassesse de Rome, il craindrait d'offenser l'Empereur et d'outrager la patrie :

> Les Romains ne vous sont pas connus.
> Vous les verrez toujours ardents à vous complaire.
> Leur prompte servitude a fatigué Tibère.
> Moi-même, revêtu d'un pouvoir emprunté,
> Que je reçus de Claude avec la liberté,
> J'ai cent fois, dans le cours de ma gloire passée,
> Tenté leur patience et ne l'ai point lassée.
> D'un empoisonnement vous craignez la noirceur?
> Faites périr le frère, abandonnez la sœur ;
> Rome, sur les autels prodiguant les victimes,
> Fussent-ils innocents, leur trouvera des crimes.

C'est de l'histoire, je pense; c'est même quelque chose de plus. Et si l'on considère la quantité de personnages que la littérature française a fournis à la politique, l'on en trouvera peu qui puissent présenter autant que Racine l'étoffe d'un grand citoyen et d'un véritable homme d'État.

XII

GENS DE LETTRES ET GENS DE BIEN.

La poésie dramatique française, ce fut une grande chose! Et les hommes qui amenèrent cette grande chose à sa splendide maturité n'ignoraient pas ce qu'ils avait fait et ce qu'ils valaient. Lorsque Pierre

Corneille mourut, Jean Racine le mit à son rang dans la gloire. On lit peu, malheureusement, la prose de Racine. Puisque j'en ai l'occasion, je reproduirai ici ce portrait, également digne du modèle et du peintre. En louant Pierre Corneille, Racine expose la belle conception qu'ils avaient l'un et l'autre de l'art dramatique. Rien ne peut éclairer d'une lueur plus vengeresse l'ignominie des théories et des œuvres de notre temps :

« Vous savez (1) en quel état se trouvait la scène
« française lorsqu'il commença à travailler. Quel désordre ! quelle irrégularité ! Nul goût, nulle connaissance des véritables beautés du théâtre. Les auteurs
« aussi ignorants que les spectateurs. La plupart des
« sujets extravagants et dénués de vraisemblance.
« Point de mœurs, point de caractères. La diction
« encore plus vicieuse que l'action et dont les pointes
« et de misérables jeux de mots faisaient le principal
« ornement. En un mot, toutes les règles de l'art,
« celles même de l'honnêteté et de la bienséance partout violées.

« Dans cette enfance, ou, pour mieux dire, dans ce
« chaos du poème dramatique parmi nous, votre illustre frère, après avoir quelque temps cherché le bon
« chemin, et lutté, si l'on ose ainsi dire, contre le
« mauvais goût du siècle, enfin, inspiré d'un génie

(1) Racine s'adresse, comme directeur de l'Académie, à Thomas Corneille, élu d'une seule voix en remplacement de son frère.

« extraordinaire, et aidé de la lecture des anciens, fit
« voir sur la scène la raison, mais la raison accompa-
« gnée de toute la pompe, de tous les ornements dont
« notre langue est capable ; accorda heureusement la
« vraisemblance et le merveilleux, et laissa loin der-
« rière lui tout ce qu'il avait de rivaux.....

« A dire vrai, où trouvera-t-on un poète qui ait
« possédé à la fois tant de grands talents, tant d'excel-
« lentes parties ? L'art, la force, le jugement, l'esprit.
« Quelle noblesse, quelle économie dans les sujets !
« quelle véhémence dans les passions ! quelle gravité
« dans les sentiments ! quelle dignité et en même
« temps quelle variété dans les caractères ! Combien
« de rois, de princes, de héros, représentés tels qu'ils
« doivent être, toujours uniformes avec eux-mêmes, et
« jamais ne se ressemblant les uns aux autres ! Parmi
« tout cela, une magnificence d'expression propor-
« tionnée aux maîtres du monde qu'il fait souvent
« parler, capable néanmoins de s'abaisser quand il
« veut et de descendre jusqu'aux plus simples naï-
« vetés du comique, où il est encore inimitable. Enfin,
« ce qui lui est surtout particulier : une certaine élé-
« vation qui surprend, qui enlève et qui rend jusqu'à
« ses défauts, si on peut lui en reprocher quelques-
« uns, plus estimables que les vertus des autres. Per-
« sonnage véritablement né pour la gloire de son
« pays.....

« Oui, Monsieur, que l'ignorance rabaisse tant
« qu'elle voudra l'éloquence et la poésie, et traite les

« habiles écrivains de gens inutiles dans les États,
« nous ne craindrons point de le dire à l'avantage des
« lettres; du moment que des esprits sublimes, pas-
« sant de bien loin les bornes communes, se distin-
« guent, s'immortalisent par des chefs-d'œuvre comme
« ceux de Corneille, quelque étrange inégalité que,
« durant leur vie, la fortune mette entre eux et les
« plus grands héros, après leur mort cette différence
« cesse. La postérité, qui se plaît, qui s'instruit dans
« les ouvrages qu'ils lui ont laissés, ne fait point dif-
« ficulté de les égaler à tout ce qu'il y a de plus con-
« sidérable parmi les hommes, fait marcher de pair
« l'excellent poëte et le grand capitaine... Voilà,
« Monsieur, comme la postérité parlera de votre illus-
« tre frère. Voilà une partie des qualités qui l'ont fait
« connaitre à toute l'Europe. Il en eut bien d'autres
« qui, bien que moins éclatantes aux yeux du public,
« ne sont pas moins dignes de nos louanges, je veux
« dire homme de probité et de piété, bon père de fa-
« mille, bon parent, bon ami... »

Noble louange, que la postérité, invoquée avec une si tranquille confiance, a ratifiée en tout, et qu'elle applique à celui qui l'a donnée aussi bien qu'à celui qui l'a reçue!

C'est une sensation délicieuse d'écouter une tragédie de Racine, après qu'on s'est trempé pendant quelques jours dans les œuvres modernes. Il semble que l'on se promène autour d'une belle et immense architecture, sous la magnificence des grands arbres régulièrement plantés. L'air est salubre, le ciel est pur, et l'on prend l'assurance de ne rencontrer ni mauvais miasmes ni mauvaises gens. A vrai dire, les acteurs n'avaient rien de bien tragique et ne représentaient pas beaucoup des dominateurs du monde. C'étaient plutôt de passables lecteurs, et encore fallait-il endurer une quantité d'intonations parisiennes. Ces artistes ont joué le drame; la prose moderne a coulé de leurs lèvres et gâté l'instrument. Néanmoins je ne peux dire quel gré on leur sait de ne point débiter d'impertinences et de saletés, de n'en point faire, de respecter le public et eux-mêmes. J'ai savouré ce plaisir devenu rare, et j'ai trouvé que les hommes à qui l'on pouvait jadis en quelque sorte le prodiguer, étaient plus grands et plus forts que nous.

LIVRE V

LA SCIENCE

I

DEUX CONFESSIONS.

Je viens de recevoir la confession de deux dames. Je les ai rencontrées dans un lieu où elles fréquentent fort et parlent volontiers, toujours à dessein de se faire entendre. Je ne dis pas qu'elles se proposent de livrer leurs secrets, surtout d'avouer leurs péchés; néanmoins elles se confessent, et assez gravement. Le désir de piquer, le besoin d'étonner, un fonds naturel d'impertinence, un certain goût du scandale, la naïveté aussi, parfois même un accident de sincérité, tout cela ensemble amène au jour des indications précieuses ; on finit par attraper tous les secrets et par connaître tous les péchés, jusqu'aux péchés ridicules.

Ah ! ce n'est pas beau ni honorable, une confession sans repentir et sans lumière ! et ce n'est pas gai non plus, puisqu'enfin cette confession nous montre des maladies de l'âme et des malades entêtés à ne point guérir; mais rien n'est plus instructif.

Quant aux dames en question, ces deux indiscrètes, j'ai presque dit ces deux bavardes, se nomment, l'une, la SCIENCE, l'autre la PHILOSOPHIE.

Je ne garantis point leurs papiers. Sont-elles seulement parentes des deux antiques majestés que l'on a connues autrefois sous ces noms? Je l'ignore.

Nous avons le portrait de la Science, dans Joseph de Maistre: une prophétesse sublime, sœur aînée de la Poésie dont elle inspire quelquefois et règle toujours les chants; une reine couronnée de la mître orientale, vêtue d'un manteau d'étoiles... Ce n'est pas du tout la personne que j'ai sous les yeux! Celle-ci est petite, voûtée; habillée de cotonnades, chaussée de caoutchouc, chauve sous un bonnet de soie; d'horribles bésicles de myope couvrent ses yeux chafouins. Elle traîne un attirail de compas, de cornues, de marmites; ses poches sont gonflées de calepins qu'elle consulte sans cesse; elle prend le microscope pour regarder un bœuf; elle parle, elle parle, elle parle! Et sa prétention est de tout savoir et de ne croire rien.

Sa sœur, dame Philosophie, lui ressemble. Aussi laide, aussi myope, aussi ladre, aussi chargée de calepins, mais d'une physionomie encore plus vaine et d'un caquet encore plus audacieux; elle fait le métier de peser l'impondérable, de disséquer l'invisible, de mesurer l'infini. La première prétend donner la lumière au monde ; celle-ci prétend lui donner la loi. Jusqu'ici, dit-elle, on n'a connu ni l'homme, ni Dieu : elle trouvera l'homme et elle trouvera Dieu. Elle a déjà découvert que Dieu et l'homme sont une même chose, et cette chose, ce n'est ni Dieu ni l'homme ; c'est… Mais nous entendrons ce beau secret de sa propre bouche.

L'endroit où je les ai rencontrées est la *Revue des Deux-Mondes*. S'il existe un magasin de confusion sur la terre, un lieu où règne en permanence la *malaria* qui étiole les intelligences et les cœurs, c'est là. Le génie moderne, essentiellement abêtissant, n'a rien ouvré de plus mortel que cet engrenage perpétuellement actif, qui tente l'esprit par les odeurs variées de la littérature, de l'art, de la science, par l'attrait victorieux de la frivolité, et qui, l'ayant saisi, le fait passer par toutes les températures, l'amollit à toutes les vapeurs, l'obscurcit à toutes les fumées, l'amincit sous tous les laminoirs, le broie sous tous les pilons, le triture, le divise, le mélange, le carde, et enfin le réduit à n'être plus qu'une étoupe, sur laquelle toutes les mauvaises dominations peuvent dormir leur insolent sommeil. Examinez à fond le nourrisson de la *Revue des Deux-Mondes*, vous trouverez un fumeur d'opium aussi terrassé que le plus empoisonné des Chinois. Lorsqu'il vient de prendre sa dose, il semble vivre. Il a en tête une idée quelconque. Ce n'est pas toujours l'idée de la veille ; mais enfin, il résonne, ou il récite, et son discours se suit. L'instant d'après, il n'y a plus une idée, ni une pensée ni une volonté entières ; c'est l'étoupe. N'importe qui peut apporter n'importe quel fétiche et le poser sur ce coussin. Un despote cynique disait : « Si j'avais une population à punir, je la ferais gouverner par des philosophes. » Gouverne-la toi-même, ô despote ! mais fais-la instruire par les Buloziens ; tu pourras la manger.

Et toutefois, la *Revue des Deux-Mondes* n'existe pas sans quelque favorable dessein de Dieu. Pour qui n'y pénètre qu'avec précaution, muni de lumière et d'eau bénite, ce sabbat est plein d'enseignements. Sans doute on y entend de mauvaises chansons, on y voit des danses et des peintures hardies, on y est heurté par la négation, insulté par le blasphème : mais le profit est grand ! Il existe un dictionnaire des *Apologistes involontaires*. Quel que soit le mérite de ce livre, la *Revue des Deux-Mondes* vaut mieux. Jamais les anciens adversaires n'ont tant dit à l'honneur du Christianisme, n'en ont plus clairement démontré la divinité et la nécessité. Outre ses littérateurs et romanciers qui peignent sans le savoir, outre ses philosophes qui révèlent sans le vouloir, la *Revue des Deux-Mondes* met en besogne une multitude d'ouvriers sincères et maladroits. Ils étudient bien les faits ; par conscience ou par indifférence, souvent ils les présentent bien. Seulement les uns ne concluent pas, les autres concluent contre les faits mêmes qu'ils viennent d'établir. Prendre les faits et conclure, ou retourner les conclusions fausses, c'est assez pour tirer de la *Revue* une vaste et excellente apologie. Quelques hommes de bon sens y suffiraient. Ils trouveraient de quoi amuser le public, en ajoutant les aveux dont les littérateurs purs, romanciers et poètes, sont prodigues touchant l'état moral et intellectuel de nos générations éclairées. Impossible de mieux peindre le vide, le dégoût, l'ennui, l'horreur du commun, l'impuissance d'en sortir. Chemin faisant, on n'aurait qu'à laisser la parole à ces brillants écrivains et à ces fiers critiques pour donner encore la preuve que la plupart d'entre eux ne sont pas même médiocres. Babel de toutes les idées, Babel de tous les patois.

Mais venons à nos confessions; elles pourraient fournir un chapitre du livre que je propose. La première nous dit honnêtement ce que la *Science*, aujourd'hui, sait, et ce qu'elle espère savoir de l'homme physique. La seconde nous dit comment la *Philosophie* élèvera cet être que la science étudie, et comment elle le fera Dieu.

Ce ne fut pas sans appréhension que j'entrepris de lire un compte-rendu des plus récents ouvrages de physiologie. *Du système nerveux*, auteur, M. Paul de

Rémusat. Je m'attendais à une exposition de philosophie matérialiste, je craignais un style précieux et barbare. J'entrai néanmoins. Quelle surprise agréable ! Un style clair, élégant sans prétention, des faits curieux, une pensée droite et modeste !

En fait de physiologie comme de psychologie, il n'est pas rare de rencontrer des gens qui ne savent rien, et qui prétendent expliquer tout. M. Paul de Rémusat questionne habilement ceux qui expérimentent, mais prétend ne rien savoir, et surtout se défend de rien expliquer. Dans les vastes excursions de la science moderne, qu'il escorte en curieux intelligent, il place stoïquement le poteau au-delà duquel elle se targue vainement de passer, et avec quelque succès qu'elle ait cru marcher, il montre qu'elle a fait peu de chemin. A l'encontre de tant de psychologues qui aboutissent au matérialisme le plus dense, ce rapporteur qui ne sort pas de la physiologie, ouvre par sa bonne foi la porte aux conclusions les plus spiritualistes. Il l'ouvre, j'ignore si sa propre raison sait la franchir. On peut l'espérer, et il en paraît digne. Je serais étonné que les faiblesses de la science ne l'éclairassent point sur les défaillances de la philosophie. Alors, il se rendra attentif aux solutions de l'Église ; car, connaissant par cette science si avancée et pourtant si incomplète les merveilles de Dieu dans la nature et dans l'homme, il comprendra que le Créateur n'a pu vouloir nous laisser devant ce point d'interrogation que pose la superbe imbécile de nos docteurs.

La question qui s'offre dans l'étude du « Système nerveux » est de savoir comment l'homme est fait, quels sont les agents de la volonté, comment la volonté se transmet à ses agents et les fait obéir. Les physiologistes annoncent un peu qu'ils sont en état de répondre à tout cela ; bien plus, ils croient pouvoir dire ce que c'est que la volonté elle-même. Quant à ce dernier point, M. Paul de Rémusat estime avec raison qu'il n'est pas de leur ressort et s'abstient d'y toucher. Quant aux autres points, il trouve que les expériences des physiologistes sont ingénieuses, mais encore très-insuffisantes, laissant obscures beaucoup de choses essentielles, fournissant beaucoup de contradictions, aboutissant à des *desiderata* probablement impossibles à remplir.

Il *paraît* prouvé, *dans l'état présent de la science,* que les nerfs, agents évidents de la volonté, sont de deux sortes : les uns avertissent le cerveau par la sensibilité, les autres exécutent la volonté que le cerveau leur transmet par suite de l'impression reçue. Comment cela se fait-il ? Rien n'est moins clair ; et si c'est bien le cerveau qui transmet la volonté, rien n'est moins sûr. Qu'est-ce que c'est que le cerveau ? Il faudrait savoir ce que c'est que l'âme ! Toute la question se trouve concentrée dans cette cachette où le scalpel ne pénètre pas. On peut dire que malgré le scalpel et tous les engins d'étude, la vraie merveille de ce merveilleux corps humain ne sera jamais connue. Lorsque la mort le met dans l'état où il peut être vraiment étudié, la vraie merveille n'y existe plus, elle est ailleurs. Comment apprécier les modifications instantanées, les perturbations radicales que la mort opère dans le corps humain ? Le chimiste décomposant un corps en trouve-t-il les éléments, ou n'a-t-il pas plutôt détruit les éléments par lesquels ces parties qu'il analyse étaient assemblées et formaient sinon un seul corps, du moins un tout ? On a compté que certains insectes peuvent étendre et fléchir leurs ailes sept mille fois par seconde. Comment font-ils ? Quelle étude microscopique de l'insecte mort expliquera ce fait, où nous avons la preuve que le moucheron enferme plus de force de vie que le taureau ? Il y a dans le corps de l'homme des parties aussi ténues que dans le corps de l'insecte; il y en a d'invisibles, et la plus invisible de toutes, qui fait tout, c'est la VIE. Qu'est-ce que la vie ?...

Ce que l'on sait des parties même les plus visibles et grossières de l'organisation est récent et se réduit à rien, quoique immense. « Une différence réelle
« entre les nerfs qui transmettent la sensibilité et
« ceux qui conduisent la volonté ou le mouvement,
« entrevue quelquefois, n'avait jamais été clairement
« établie. Galien faisait venir les uns de la moelle et
« les autres du cerveau. Il faut arriver non pas seule-
« ment à la physiologie moderne, mais à la physio-
« logie récente de ces quarante dernières années pour
« obtenir quelques notions claires sur ces difficiles

« problèmes ; et encore verrons nous que ces notions
« sont restées incomplètes, et que bien des choses,
« comme disait Sénèque, se *meuvent toujours dans les
« ombres d'un secret impénétrable.* »

Une remarque qui fait invinciblement chavirer toutes ces études morcelées, c'est que l'homme, dans l'innombrable variété des choses qui le composent, forme un tout, et dans ce tout, rien n'est inutile, quoique l'abondance du Créateur semble y avoir mis du superflu. Or, rien ne rend compte de tout. Quand même « le système nerveux. » serait parfaitement connu, on ne connaîtrait encore que le système nerveux et pas l'homme. Si la force qui met les nerfs en mouvement vient, partie du cerveau, partie de la moelle, la moelle et le cerveau sont également nécessaires à la vie complète. Que serait la moelle sans le cerveau ? Que serait le cerveau sans la moelle ? Qu'est-ce que la combinaison du cerveau et de la moelle, et que serait la *combinaison* sans le *je ne sais quoi* ?

L'histoire des découvertes de la science est principalement l'histoire de ses déconvenues. Elle ne peut voir à peu près bien qu'une chose : la belle et mystérieuse immensité de l'ouvrage de Dieu ; et cette seule chose qu'elle peut voir, la science, en général, refuse de la voir ! Or, faute de voir cela, où elle apprendrait peut-être tout ce que l'homme peut savoir en ce monde, elle rencontre à chaque pas des sphynx railleurs, qui véritablement la bernent et la jettent dans des abîmes d'obscurité et de ridicule. Elle marche, elle s'enfonce, elle allume des flambeaux, elle rencontre des guides sûrs, elle va toucher le but : un agent nouveau se présente, il pourrait tout dire; il reste muet! La science le presse, point de réponse! Ou bien enfin il parle, et il parle avec évidence; mais que dit-il? Il dit qu'on a fait fausse route! On se retourne. Une porte est là. Ouvrons, le jour va luire! Après bien des efforts, la porte est ouverte : c'est une trappe, le système s'y engloutit.

« L'esprit se perd quand on songe aux complica« tions infinies que présente cette science si nouvelle « et si peu connue (la physiologie). Les contradictions « y abondent, et on y voit se multiplier ces phrases si « *fréquentes* et toujours singulières, où une théorie, « d'abord *vraie et triomphante*, est renversée par une « autre meilleure, qui explique plus de faits, et qui, « *à son tour, disparaît* pour faire place à la première « démontrée de nouveau. Les nouvelles raisons sont « excellentes; seulement elles sont *diamétralement op-« posées à celles qui avaient d'abord fait prévaloir la « théorie remise en honneur...* »

Ainsi, on explique tout, on découvre tout; mais quand on a tout expliqué, on ne sait rien; et quand on a tout découvert, on ne voit rien!

C'est un fait acquis que l'électricité se rencontre partout dans le corps humain comme dans la nature extérieure. Est-ce la même électricité? On ne le sait pas, et tous les résultats de tant d'ingénieuses expériences et de prodigieuses trouvailles aboutissent à ceci : « Rien ne saurait donc être précis dans cette « partie de la science, et il faut savoir beaucoup de « gré à ceux qui veulent bien s'y consacrer, car ils « ont grande chance de consacrer leur vie à collec- « tionner des faits dont les conclusions ne seront tirées « qu'après eux... » probablement pour ne rien conclure.

Et de quelle partie de la science n'en peut-on pas dire autant? Il y a quelques années, un illustre chimiste, parlant aux élèves du lycée Charlemagne, s'élevait à l'extase en leur décrivant le progrès et l'avenir des sciences. Il annonçait des richesses et des droits nouveaux créés par les inventions de chaque jour; il pressait ses auditeurs d'apprendre sans doute à connaître le devoir, à aimer la vertu et à maîtriser les passions, mais aussi d'envisager en face ces vaillantes « forces de la nature que notre siècle a découvertes, « et qui, domptées par le génie, révèlent au monde « étonné qu'un ordre nouveau vient de naître, et « qu'une civilisation plus large, plus libre, plus indé- « pendante et plus haute s'ouvre aux destinées de « l'humanité. »

Hélas! une chose est bien démontrée par ce paragraphe : c'est que la chimie, qui se préoccupe de découvrir les corps simples, n'enseigne pas à se défaire du style compliqué et ne rend pas modeste le vain esprit de l'homme! Cependant la science moderne ne grise pas tous les esprits, et parmi ceux-là même qui évitent de demander à Dieu la vraie mesure de l'homme, parmi les admirateurs sincères de la science, beaucoup résistent encore à juger de ses forces par ses prétentions, et de ses dimensions par ses enflures. M. Paul de Rémusat dégonfle posément l'emphase du grand chimiste :

« Il faut se résigner à l'incertitude et arriver à cette
« conclusion presque inévitable après une lecture des
« livres scientifiques : une grande admiration pour ce
« que l'on a déjà fait, un grand étonnement qu'il reste
« tant à faire…. Dans la physiologie surtout, la préci-
« sion et l'exactitude des observations et des expérien-
« ces sont plus grandes que la clarté des résultats….
« Notre génération ne connaîtra sans doute point
« l'explication véritable et claire des phénomènes de
« la vie et du système nerveux, mais il n'en résulte
« pas nécessairement que la physiologie ne soit pas
« une science avancée. Si elle n'a pu encore découvrir
« la cause des phénomènes qu'elle décrit, les *physiciens*
« connaissent-ils mieux la pesanteur, les *chimistes* la
« cohésion ou l'affinité, les *philosophes* la nature de
« Dieu et l'essence de l'âme ? »

On voit que M. de Rémusat ne se met pas en peine de nous faire plaisir. Aussi franc dans ce dernier mot qu'il l'est ailleurs, il fait assez entendre de quels philosophes il parle, et vers quelle philosophie il penche. Là-dessus, les catholiques pourraient lui dire ce qu'il saura et ce qu'il ne saura pas. Mais il n'est point enchaîné dans le doute, et il voit trop la nuit pour n'avoir point l'instinct du jour. Quand il aura plus longtemps palpé ces ténèbres, les trouvant toujours plus intenses, il tentera quelque fier effort pour s'en tirer. Disons lui seulement qu'il y a des philosophes qui connaissent la nature de Dieu et l'essence de l'âme. Ceux-là ne prétendent point avoir découvert ces merveilles, mais les ont apprises de Dieu lui-même. Car le créateur a daigné se révéler certainement à la créature, afin que l'homme sût de qui il est, ce qu'il est, quelle destinée l'attend, quelle voie il doit prendre pour recevoir enfin la lumière et contempler face à face la vérité.

Ego sum via et veritas et VITA.

Dieu est un pur esprit, éternel, qui n'a pas eu de commencement et qui n'aura pas de fin. Il est le créateur et le souverain maître de toutes choses, visibles et invisibles, et sa seule volonté, qui a tout créé, soutient tout. Il a aussi créé l'homme, dans lequel il a abrégé l'univers, et il lui a donné une âme, pour que la création toute entière, résumée dans l'homme, connût et aimât son Créateur. Les apôtres reçoivent la mission d'enseigner *toute créature*, parce qu'en effet l'universalité des choses créées est enseignée lorsque l'homme reçoit la connaissance de Dieu; et ce commandement du Christ, dont la parole est matériellement exacte en tout, correspond à l'enthousiasme du prophète qui invite même la nature inanimée à louer Dieu.

C'est cette divine création que la physiologie étudie dans l'homme et qu'elle ne comprend pas, parce que n'ayant point trouvé l'âme sous sa loupe et au bout de son scalpel, elle ignore véritablement l'homme et la merveille de la vie. Tous les organes de l'homme sont les serviteurs de l'intelligence, qui doit elle-même recevoir sa direction et sa lumière de l'âme, éclairée de Dieu pour servir Dieu. Mais l'intelligence est une servante souvent révoltée et perfide, qui trahit à la fois l'âme et le corps. Alors l'intelligence subit une diminution de lumière, et bientôt la nuit se fait. Dans cette nuit, l'ordre se renverse. La chair domine l'intelligence livrée à l'orgueil, l'âme vaincue et devenue infidèle perd le sentiment de son origine, de ses droits, de ses devoirs, de sa destinée. Soumise à la matière, elle n'en connaît plus la condition subordonnée, ni la loi : elle l'adore et elle l'ignore. C'est là qu'en est la *Science*. Elle a des yeux, et ne voit point. Elle verra quand elle saura ce que savent les petits enfants du catéchisme : que Dieu a créé l'homme pour le connaître, l'aimer, le servir, et par ce moyen acquérir la vie éternelle.

Après ce bilan de la science positive, moins pressée de philosopher que de savoir au juste où elle en est, il sera curieux d'écouter la science supérieure, la Philosophie proprement dite, qui s'appuie sur le progrès des études physiques pour détrôner Dieu et diviniser l'homme. Car en vain le savant du microscope et du scalpel avoue ses incertitudes et son impuissance : la Philosophie veut faire un dieu de cette créature qui ne se connaît pas elle-même, et qui voit le mystère de son être se cacher toujours dans des profondeurs plus obscures à mesure qu'elle s'acharne à le saisir. M. Scherer et M. Renan, docteurs en vogue de la philosophie « nouvelle, » nous mettront à même de donner à cette philosophie son vrai nom, qui est fort ancien ; et ce nom nous livrera le fond de la science, osons dire le fond du sac philosophique.

Faisons un peu d'histoire.

La vérité est une, elle repose sur des fondements immuables comme elle-même. Elle devra être vaincue dans le temps, en ce sens que la multitude des hommes pourront l'abjurer ; mais ceux qui l'abjureront ne pourront la détruire. La défaite que subira la vérité ne sera autre chose qu'un voile jeté pour un instant sur des splendeurs toujours visibles aux regards des élus et destinées à un éclat éternel. Seulement, parmi les misères de ce monde, l'esprit humain ne sait et ne saura jamais à la fois ni toute la vérité ni toutes les raisons qui établissent la vérité. Là, sans doute, est le rôle providentiel de l'hérésie : *Oportet hæreses esse!* Dans son effort perpétuel pour envelopper la vérité de ces ténèbres auxquelles il devra une heure de règne quasi absolu, l'esprit d'erreur contraint l'esprit de foi à implorer, à obtenir de Dieu les effusions de lumière qui éclairent davantage son œuvre infinie. L'histoire de l'erreur est l'histoire du développement de la vérité.

L'erreur a aussi son unité : dans ses formes multiples, elle est toujours la révolte de la raison et de la volonté de l'homme contre la raison et la volonté de Dieu.

Pour réprimer cette révolte, ondoyante et variée comme les replis du serpent, l'esprit de foi n'a jamais cessé d'étudier ses transformations sans nombre. Les ayant discernées, il les a attaquées et il les a vaincues. Souvent, comme aujourd'hui, l'esprit d'erreur s'est targué d'avoir enfin déroute son patient adversaire. Il a crié que les sectateurs du Christ ne savaient rien, n'étaient que des endormeurs de la pensée, et qu'il était la Pensée, lui. Les Gnostiques ont dit cela ; Plotin et Porphyre, Luther et Voltaire et mille autres l'ont dit ; mais la réponse et la victoire n'ont jamais manqué.

Comme la vérité a ses faits certains et ses principes éternels, l'erreur a ses principes mobiles et ses faits supposés. Le sophisme s'établit toujours sur des traditions historiquement fausses, sur une science qui ignore la nature, sur des notions que l'esprit accepte *à priori,* mais que la raison n'éclaire point. Tels sont les instruments de l'erreur dans tous les temps, et ceux qu'elle emploie encore. Elle les dit nouveaux ; tout au plus en a-t-elle remis à neuf quelques uns ! Ils ne feront pas un autre office, ils n'auront pas une autre destinée.

Toute l'histoire nous montre l'apologétique victorieuse.

Après quinze siècles, après avoir été vaincue, c'est-à-dire éclairée, malgré les dieux, malgré les sages, malgré les sophistes, malgré l'empire, et malgré les Barbares, tour à tour invoqués contre la vérité, lasse de tout frein, la raison de l'homme, par la voix de Luther, proclame son indépendance. Sans rejeter encore l'ordre surnaturel chrétien, elle nie l'Église infaillible et méprise les traditions : les apologistes des seizième et dix-septième siècles vengent l'autorité doctrinale et les traditions apostoliques; on voit s'élever cette grande école que résume Suarez, et l'hérésie, qui avait tant proposé d'étudier et de discuter, n'espère plus rien que de la force brutale. Contre la lumière, elle recourt à l'incendie. L'hérésie domina dans une partie de l'Europe, et elle affaiblit le sens moral des peuples même qui, selon l'expression de Joseph de Maistre, parvinrent à la vomir. A-t-elle vaincu, cependant ? Non. Elle a abjuré. Pour créer des ennemis au catholicisme, elle a cessé d'être chrétienne. En tant qu'hérésie, c'est elle qui est vaincue. Mais mourante, elle a enfanté un fils plus redoutable qu'elle, et ainsi elle suscite à l'apologétique de nouveaux combats.

La révolte contre l'Église devait aboutir à la révolte contre Jésus-Christ et contre l'idée de Dieu. Elle y est arrivée. Le génie de Fénelon et la raison de Leibnitz pressentirent ces hommes téméraires qui, *franchissant toutes les bornes, devaient apprendre à douter de tout.* Dans ses lettres au duc d'Orléans, Fénelon voulut sauver les vérités premières de la philosophie et les principes essentiels de toute démonstration évangélique. Il s'adressait à un complice de l'ennemi. Les princes entraient dans la conjuration antichrétienne

L'unité du monde étant brisée entre les nations et dans chaque nation, le dix-huitième siècle fut ce qu'il devait être. Ouvert par les sectaires, fermé par les bourreaux. Mais les bourreaux rencontrèrent les martyrs, et les martyrs léguèrent leur sang aux reconstructeurs.

Sur les ossements des martyrs, le combat a recommencé. L'esprit d'erreur poursuit son œuvre et veut réduire les ruines en poussière; l'esprit de foi poursuit son œuvre : il veut sauver ces ruines et reconstruire l'édifice sur le plan agrandi que tracent les efforts mêmes tentés pour le détruire.

La lutte sera la plus ardente qui se soit livrée pour les grands intérêts de l'Humanité. Telles en sont devenues les proportions que cette lutte, sans doute, serait décisive, si rien pouvait être décidé du monde et dans le monde autrement que par l'intervention personnelle du Fils de Dieu. L'humanité n'aura jamais dans ses mains toute sa destinée.

Les catholiques, fidèles à Dieu et à l'autorité infaillible de Dieu dans l'Église, affirment les droits et les devoirs de la vie surnaturelle, sans abdiquer en rien les légitimes prérogatives de la raison.

Le Dieu des catholiques est vivant; il est le principe de toute puissance, de tout droit, de tout devoir: la nature et ses lois, l'homme et sa liberté sont soumis à sa main créatrice et maîtresse; au-delà même de la nature et de la raison, il enseigne à l'âme une destinée plus excellente, et il contraint l'humanité d'entrer dans cet ordre nouveau de gloire. Il nous appelle, il veut qu'on obéisse. Accepter le don que Dieu fait devient pour l'homme un devoir.

Contre les Catholiques s'élèvent ensemble les Protestants et les Rationalistes. Tout en proclamant l'indépendance de la raison, les Protestants ont voulu cependant sauver l'ordre surnaturel chrétien; mais le Rationalisme a fait de cruels ravages dans les diverses communions de la prétendue Réforme! Les esprits les plus éclairés et les plus sincères n'y ont pas échappé; le Rationalisme a souvent détruit en eux jusqu'à la notion de l'ordre surnaturel.

M. Guizot voit la vie surnaturelle dans l'action providentielle de l'Être infini, Dieu, qui gouverne les choses et les hommes. Il croit même que, « quand Dieu « a créé l'homme pensant et libre, il ne lui a pas livré « la décision de ce qui serait ou ne serait pas la vérité. « — La paix permanente des esprits dans une foi uni« que n'est ni dans notre nature ni dans notre destinée.

« — Le genre humain est voué au travail et à la lutte
« dans la recherche de la vérité, non pas au repos dans
« le sein de la vérité. » Ces doctrines sont la négation
radicale de la foi et même de la certitude.

La philosophie pure fait un pas de plus : elle pousse
jusqu'à l'idée chrétienne de Dieu, et jusqu'à diviniser
l'Humanité.

Entre le Catholicisme et ses adversaires, la lutte a
pour objet, d'abord, la notion du surnaturel.

Les Protestants ont logiquement perdu cette notion.
En vain donc ils veulent être chrétiens, et leurs efforts
pour défendre le Christianisme, c'est-à-dire pour
maintenir quelque chose de l'ordre qu'il a fondé, sont
au moins inutiles.

Les philosophes purs sont de deux sortes et se divisent en deux classes.

Les *modérés* rompent avec le Christianisme, mais ne
se déclarent pas ennemis. Ils se disent simplement
séparés. Laissant de côté, sans vouloir y toucher, la
question de l'ordre surnaturel, omettant les dogmes,
et livrant la morale à la critique de la raison, ils nient
qu'il y ait devoir pour l'homme d'aller au-delà des
idées que la raison leur semble fournir sur Dieu, la
Nature et l'Humanité. La raison et la foi sont deux
routes parallèles, disent-ils, qui aboutissent également
au terme de la destinée humaine. Dieu gouverne
l'univers, mais la prière est inutile et le miracle une
impossibilité, car les lois de la nature ne changent pas.
Et les *philosophes séparés* saluent respectueusement

l'Église, à condition de ne lui point obéir. M. Havin se tient là ; cette théorie est juste à son niveau.

Plus logiques, les philosophes *humanitaires* nient à la fois, et la vie surnaturelle, qui est l'essence du Catholicisme, et le Dieu personnel de la philosophie *séparée*. Ils en font l'aveu sous une forme encore pudique, celle du doute ; mais ce doute ne déguise plus rien : « Quand l'homme, ayant déchiré le voile et pénétré « tous les mystères, contemplera face à face le Dieu « auquel il aspire, *ne se trouvera-t-il pas* que ce Dieu « *n'est autre chose que l'homme lui-même*, la conscience « et la raison de l'Humanité perfectionnée ? »

On a vu, par le compte rendu de M. Paul de Rémusat, jusqu'où l'homme « a déchiré le voile et pénétré les mystères. » Dans la même *Revue*, M. Scherer estime que c'est assez — à peu près — pour nier le Dieu vivant et personnel et déifier l'homme. On y arrive par un mécanisme qui se résume en trois variétés « capitales et triomphantes. » L'invention est de l'Allemand Hégel, qui l'avait prudemment embrouillée de beaucoup d'encre ; mais on a su la clarifier pour la commodité des Français. Voici donc *la pensée vivante et éternelle* du philosophe allemand qui a trouvé... qu'il n'y a plus rien.

Première vérité de Hégel : « Le *respect* et l'*intelligence des faits*... Nouveauté immense ! ce qui est a pour nous le droit d'être... La place de chaque chose constitue sa vérité. Nous nous préoccupons moins de ce qui doit être que de ce qui est. » L'on peut objecter que « la morale, qui est l'abstrait et l'absolu, trouve mal son compte à une indulgence qui est peut-être inséparable de la curiosité, » mais qu'importe ! Il est encore vrai que « les caractères s'affaissent pendant que les esprits s'entendent et s'assouplissent. » Mais qu'importe encore !

Seconde vérité de Hégel : « *Une assertion n'est pas plus vraie que l'assertion opposée,* et aboutit toujours à une contradiction pour s'élever ensuite à une conciliation supérieure... Cette *découverte* du caractère relatif des vérités est le fait capital de l'histoire de la pensée contemporaine... Au Moyen Age, l'édifice reposait sur la foi à l'Absolu... Il n'y avait alors ni doute dans les âmes, ni hésitation dans les actes, chacun savait à quoi s'en tenir. L'erreur était toute ici, la vérité était toute là. Aujourd'hui, *rien n'est plus pour nous ni vérité ni erreur.* Il faut inventer d'autres mots ; nous ne voyons plus partout que degré et nuance... *Nous admettons jusqu'à l'identité des contraires... La vertu moderne se résume dans la tolérance,* c'est-à-dire dans une disposition qui eût paru à nos ancêtres le comble de la faiblesse ou de la trahison. »

Enfin, troisième vérité : « La contradiction est le principe d'un mouvement, et ce mouvement n'est pas seulement l'évolution des choses, il en est le *fond.* C'est *dire que rien n'existe,* et que l'existence est *un simple devenu.* La chose, le fait n'ont qu'une réalité fugitive...

qui se produit pour être niée aussitôt qu'affirmée... Le *vrai n'est plus vrai en soi.* »

Voilà le progrès philosophique ! Voilà où le courant de la Raison et de la Science, dirigent les esprits qui ne sont pas retenus dans le vrai par l'ancre du dogme catholique.

Le panthéisme et le scepticisme, deux synonymes du *rien*, sont au fond des croyances philosophiques modernes. C'est ce que déclarent d'autres confessions qui caractérisent les erreurs les plus communes de nos jours touchant les bases de toute religion : Dieu, l'âme, le devoir, l'immortalité.

Les modérés de la Philosophie démontrent que Dieu est l'infini vivant et personnel ; mais inconséquents avec cette notion de l'Être infiniment puissant et parfait, ils ne veulent pas que Dieu puisse faire des miracles, parce qu'il est trop sage pour suspendre les lois invariables de la nature, qui a pourtant reçu la *loi* de lui obéir. Quant aux thaumaturges, prophètes et mystiques, on les *explique :* « C'étaient des gens qui vivaient dans un état de vision et d'extase voisin de la folie. » L'explication est sommaire, mais l'orgueil des philosophes n'en demande pas davantage pour se débarrasser de la grandeur de Dieu. Par un premier crime, au mépris de leur raison même, ils isolent la divinité dans un ciel étranger à l'univers et à l'homme ; par un second crime, ils interdisent à la divinité de franchir ce ciel sans lieu et de se manifester au monde. Point de thaumaturges ! point d'inspirés ! point de miracles ! Car les miracles révèlent Dieu, toujours présent, attentif et agissant. Au moyen des miracles, Dieu se fait connaître et se fait aimer. Les modérés de la Philosophie ne veulent pas de l'action particulière de Dieu dans la série des faits qui régissent les lois naturelles, parce qu'ils n'aiment pas Dieu. *Ce qui fait qu'on ne croit pas les vrais miracles,* disait Pascal, *c'est le défaut de charité.*

Mais il faut un progrès dans la philosophie. Elle aussi, elle entend la voix qui dit : *Marche ! marche !* Les modérés ont isolé Dieu de la création ; les humanitaires s'avancent à leur tour contre ce Dieu relégué, et le suppriment. L'Absolu, l'Infini, Dieu enfin, n'est plus qu'un mot qui exprime une abstraction. Il faut bien marcher et donner du nouveau !

« L'Infini, dit l'un d'eux, n'existe que quand il
« revêt une forme finie. Hors cette forme finie, Dieu
« n'existe pas. » Suivant un autre : « Dieu est
« l'idée du monde, et le monde est la réalité de
« Dieu. »

D'après ces théories, l'âme humaine n'est plus qu'une manifestation partielle de la vie universelle. On est plus ou moins homme, plus ou moins Dieu. Il y en a un qui ne voit point de raison pour que l'âme d'un sauvage soit immortelle.

Le Rationalisme humanitaire rejette d'ailleurs au rang des croyances légendaires et l'enfer et le ciel.

D'après le fin Renan, « l'ennui du ciel des scolas-
« tiques serait à peine comparable à celui des con-
« templateurs oisifs d'une vérité sans nuance, à
« laquelle chacun n'aurait pas le droit de donner le
« cachet de son individualité. » Quant à Satan « plus
malheureux que méchant, » il n'est que le symbole
du génie du mal, et c'est au cœur de l'homme qu'il
faut en chercher l'origine et la réalité.

Ce docte néglige de dire comment le génie du mal
n'est pas méchant, et pourquoi n'étant pas méchant
il est malheureux. C'est comme dans le corps humain :
il reste des mystères ! Les psychologues et les mytho-
logues ne sont pas plus heureux que les physiologistes ; le « système de l'âme » demeure indéchif-
frable comme le « système nerveux. » Et, à ce propos,
qui empêche la raison d'admettre que Dieu ait pu se
rendre aussi intéressant à contempler face à face au
sein de sa gloire, pour l'œil pénétrant de l'amour,
que le seul corps humain est intéressant à étudier
pour l'œil fatigué du physiologiste dans les ténèbres
où grandissent, se multiplient et échappent ses merveilles ? Redisons le mot de Pascal : Ce qui fait qu'on
ne veut pas comprendre le ciel catholique, « c'est le
défaut de charité. »

A travers les mystères qu'elle évite d'aborder, et
qu'elle éclairera quand elle sera de loisir, la Philosophie humanitaire nous conduit à cette conclusion :
Les lois invariables de la nature entraînent dans un
mouvement de vie tous les êtres, et la résultante der-

nière de toutes ces forces est dans l'Humanité, *terme de toutes évolutions et de tout progrès.*

Néanmoins, il ne faut pas rire ! Cela veut dire que la créature vit de sa vie propre. Au fond de ce verbiage, il y a la négation du droit, la négation du devoir, la négation de la responsabilité morale, et toute la société est ruinée par sa base. C'éat l'orgueil de Satan.

L'orgueil est puni par la folie. Nous voyons l'homme qui s'est fait Dieu tomber dans les aberrations de la métempsychose, rouler dans les superstitions du spiritisme ; mais ce n'est pas tout le mal. Les erreurs de l'orgueil n'ont pas cours seulement parmi les purs philosophes. Le roman, le théâtre, le journal viennent à la suite, battent monnaie avec ces lourds lingots fondus par la philosophie, et frappent au coin souverain de l'erreur la pensée qu'il faut jeter dans l'esprit du peuple. C'est là qu'on voit les applications pratiques des idées de Hégel sur la transposition des faits, sur la nuance, sur l'identité des contraires, etc. L'hégelien Henri Heine a écrit tous ses livres pour nous faire connaître l'hégelianisme dans l'usage de l'intelligence et de la vie.

Au point de vue social, l'autorité n'a plus de raison d'être, puisque Dieu est éliminé du gouvernement de l'Univers, puisque son nom n'exprime qu'une abstraction vaine, et n'est que la forme prête à disparaître d'un ordre d'idées disparues.

La famille est dissoute comme la société. Tout le système « moral » de Madame Sand se condense dans cette règle immorale : que l'amour sincère de la créature pour la créature expie les désordres passés, sanctifie la passion actuelle..... et ne lie point pour l'avenir.

―――――

Ces pitoyables doctrines sont affirmées *à priori*, sans examen des faits historiques ou scientifiques allégués comme preuves de la religion chrétienne.

« La question fondamentale, dit M. Renan, sur la-
« quelle doit rouler la question religieuse, c'est-à-dire
« la question du fait de la Révélation et du surnaturel,
« je ne la touche jamais ; non que cette question ne
« soit pas *résolue pour moi avec une entière certitude*,
« mais parce que la discussion d'une telle question
« *n'est pas scientifique*, ou pour mieux dire parce que
« la *science* la *suppose résolue.* »

Ce docteur n'est pas controversiste ! Mais quoiqu'il y ait là un aveu d'impuissance, il faut reconnaître son adresse. En effet, l'unique moyen par lequel on puisse espérer de gagner quelque chose contre Dieu, c'est de refuser de Le recevoir dans l'histoire autrement que comme homme ou une idée humaine.

M. Renan a observé avec audace cette pratique ingénieuse, et a parfaitement prouvé que toute sa méthode est simplement une impertinence. Il ne l'ignorait pas avant de l'expérimenter ; l'expérience faite, il n'y renoncera pas. Il sait tout ce que tolère un monde qui veut être trompé.

L'erreur forme le milieu doctrinal dans lequel s'agitent les esprits et respirent les âmes au temps présent. La société souffre de l'erreur; elle se voit dévorée par elle et atteinte jusque dans les sources de sa vie, et toutefois c'est au milieu de l'erreur qu'elle veut vivre; c'est à l'erreur qu'elle demande la direction, la lumière, le secours. Elle accepte tout de cette main qui n'a presque plus besoin de lui déguiser ses poisons. Le mal patent, l'absurde manifeste sont accueillis comme autrefois les illusions les plus délicatement ourdies pour tromper la sincérité et séduire l'orgueil. On croit le matérialiste qui se vante brutalement de ne pas voir l'âme dans le corps humain, on admire le pédant qui s'accroche à la faute d'un copiste ou d'un scoliaste pour ne pas voir Dieu dans les Évangiles, mais qui, par compensation, prétend découvrir la divinité en lui-même et en ses lecteurs : *Eritis sicut dii!* Toujours le vieil appel du serpent, et toujours les mêmes prodiges! Livrée aux plus menaçantes misères, entamée de toutes parts, et déjà en pleine dissolution, la société humaine répète avec une crédulité stupide la moqueuse parole de cet empereur qui se voyait dissoudre : « Je sens que je deviens Dieu ! »

Le libre examen a vérifié la parole de Royer Collard : « On ne divise pas l'homme, on ne fait pas au « scepticisme sa part ; dès qu'il a pénétré dans l'en-« tendement, il l'envahit tout entier. » Le scepticisme a emporté le protestantisme tout entier sur les terres de la philosophie séparée. La philosophie séparée prétendait retenir l'idée d'un Dieu infini en enfermant cet Infini dans un royaume d'indifférence d'où il ne veut plus et ne peut plus regarder sa créature, et vers lequel la créature à son tour ne peut plus ou ne veut plus monter : Il a fallu déloger de là, et le rationalisme alors prenant la conduite des âmes dévoyées, les a précipitées dans l'abîme où aboutissent tous les torrents de l'erreur humaine, l'abîme de la négation de Dieu, l'abîme du néant, qu'une dérision de Satan sait rendre encore plus absurde, en le proposant comme la déification de l'humanité...

L'Église catholique seule porte le drapeau de l'autorité surnaturelle de Dieu. Les saignées habilement pratiquées par le scepticisme dans tous les étangs qui contenaient encore quelques flots de source sacrée, les font rapidement dériver vers le grand abîme ; bientôt ils seront à sec. Dès à présent, on peut dire qu'il n'y a plus d'hérésies particulières ; c'est à choisir entre l'homme fait Dieu du Rationalisme et le Dieu fait homme du Catholicisme.

Qui vaincra ?

« L'orgueil de l'homme, dit Donoso Cortès, l'orgueil de l'homme vaincra la miséricorde épuisée ! »

Il n'est pas possible d'écarter absolument cette sombre conjecture; cependant d'autres grands esprits veulent espérer...

La miséricorde et la gloire de Jésus-Christ, disent-ils, permettront à sa seule parole de vaincre encore l'orgueil humain. Le Saint-Esprit soufflera, Dieu enverra des ambassadeurs extraordinaires, et le catholicisme surnaturalisera toutes les nations, malgré les aveuglements de la Science et les défis de la Philosophie.

La science, la science catholique délivrera le monde, poussé à sa perte par la science impie. La science catholique donnera le mot des problèmes qui affolent le genre humain, son flambeau dissoudra les fantômes qui peuplent nos ténèbres. Non-seulement elle continuera de mettre le fidèle à l'abri, *Justi autem liberabuntur scientiæ,* mais elle sauvera aussi l'étranger, l'ignorant, même le coupable. Lorsque la Rationalisme moderne aura été vaincu, toutes les forces nouvelles de la civilisation passeront au vainqueur. En paroles de lumière et de feu, portant la croix du Christ, elles crieront par toute la terre : *Vincit, regnat, imperat, liberat!*

II

LE SAGE DOUX.

Un sage très-doux, de la *Revue des Deux-Mondes*, nommé M. Janet, — doux nom! — personnage d'ailleurs important, appointé officiellement pour distribuer la sagesse, fait de charmants efforts en faveur de la Liberté de penser. Il voudrait délivrer cette aimable fille de ses accointances avec l'athéisme, qui induisent à mal parler d'elle; et même il ne serait pas fâché de lui donner, s'il pouvait, une certaine figure chrétienne. Je dis une figure! M. Janet ne tient pas à lui changer le caractère. Il trouverait même un peu malheureux qu'elle eût autre chose de chrétien que la figure; c'est-à-dire une partie de la figure, un profil par exemple. Car, toute la figure chrétienne, ce serait beaucoup! Quelquefois la figure engage plus qu'on ne croit; et la Liberté de penser, avec la figure toute et toujours chrétienne, serait-elle bien encore la liberté? Mais un profil, à la bonne heure! On a deux profils, pourquoi l'un des deux ne serait-il pas chrétien? La Liberté de penser montrerait ce profil aux gens qui sont méticuleux sur la morale. M. Janet se croit lui-même un peu de ceux-là; il signale des allures de la liberté qui l'importunent, qui lui feraient presque peur, qui pourraient l'empêcher de terrasser comme il faut les spiritualistes, les mystiques, les hargneux catholiques, ennemis jurés des expansions de l'esprit humain. Ces timorés crient beaucoup et ne sont pas sans quelque légitime crédit; le profil chrétien leur fermerait la bouche. Que si pourtant c'est trop demander, et que la liberté ne puisse absolument pas prendre ce profil, alors qu'elle porte au moins une petite croix, — une croix *à la Jeannette,* — sur sa gorge nue. Beaucoup de dames adoptent cet ornement; il leur sert de profession de foi qui ne les gêne en rien. Elles vont ici et là, elles font ceci et cela; mais, quoi que l'on puisse dire, puisqu'elles ont la croix au col, il y a toujours moyen de répondre qu'elles sont chrétiennes.

Ayant donné ce sage et doux conseil à la liberté, M. Janet se tourne du côté des moralistes et des catholiques, et, avec la même sagesse et la même douceur, il entreprend de les convaincre que la Liberté de penser rend à la morale et à la religion des services tout-à-fait éminents, tout-à-fait incomparables, tout-à-fait indispensables. Dans cette vue, il leur pousse honnêtement plusieurs séries d'arguments variés. Si ce n'est pas ce qu'il y a de plus nouveau, c'est du moins ce qu'il a voulu ramasser de meilleur. Écrivain ennuyeux au possible, mais homme de grande conscience, et toujours sage, et toujours doux! Enfin il arrive à la conclusion de toutes ses majeures, de toutes ses mineures, de toutes ses définitions et de tous ses dévidages : à savoir que le doute, soumettant tout à la critique, procure la seule preuve possible des vérités qu'il faut croire. Et lui-même, M. Janet, n'a pas suivi d'autre méthode pour se procurer le soulagement de croire à l'existence de Dieu, comme toute la rédaction de la *Revue des Deux-Mondes*.

Ils nous disent tous, et tous les jours, beaucoup de chansons que l'on sait; mais ils les disent si ennuyeusement, si tortueusement, si obscurément! On y est toujours pris; on croit toujours que des gens qui se donnent tant de peine vont accoucher d'autre chose.

M. Georges Seigneur sait les rendre amusants. Il les connaît très-bien. Il a de l'esprit, du savoir, une logique excellente; il écrit en français. Malheureusement, il est catholique, et les catholiques ne connaissent pas beaucoup son nom.

Les catholiques pourraient encourager davantage des combattants que l'intelligence de leurs adversaires s'applique surtout à étouffer. Je pense ici à M. Ernest Hello, esprit de l'ordre le plus élevé, écrivain d'un ordre supérieur. Les catholiques ne savent guère que M. Hello, traitant de l'invasion du Rationalisme hégélien, leur a donné les plus fortes et les plus lumineuses pages de philosophie catholique qui aient été publiées depuis fort longtemps. Le *visa* de l'Académie française manquant à son livre, ils l'ont laissé là.

Et nous aussi, nous sommes de notre temps!

Mais écoutons M. Georges Seigneur sur M. Janet. On ne saurait peser dans de plus fines balances ce fatras de prétendue philosophie:

« Selon M. Janet: « Une vérité dont on n'a pas « douté est une vérité problématique. »
« *Une vérité n'a passé à l'état définitif de vérité que* « *lorsqu'elle a traversé saine et sauve le feu de la dis-* « *cussion.* »
« D'où M. Janet tire cette conclusion:
« La liberté de penser est *donc* le droit commun de « toutes les écoles philosophiques: elles ne sont phi- « losophiques qu'à cette condition. C'est là, pour « nous, le premier principe, et, par rapport à cette « condition fondamentale, les dissidences ultérieures « n'ont *en quelque sorte* qu'une importance *secondaire.*»
« Croire en Dieu ou ne pas croire en Dieu, croire que l'âme est immortelle ou croire que l'homme meurt tout entier, cela, *en quelque sorte*, est *secondaire,* pourvu que l'on croie fermement, ou que Dieu n'est Dieu définitivement qu'après avoir traversé sain et sauf le feu de la discussion, ou que Dieu définitivement n'est pas Dieu qu'après avoir traversé sain et sauf, cette fois en qualité de non-Dieu, ledit feu de la discussion; pourvu que l'on croie fermement, ou que l'âme n'est immortelle définitivement, ou que l'âme définitivement n'existe pas qu'après avoir traversé, saine et sauve, sous une forme ou sous l'autre, sous la forme de l'immortalité, ou sous la forme de la non-existence, ledit feu de ladite discussion.

« L'essentiel est de traverser le feu de la discussion ! »

« Un « illustre écrivain anglais, » M. Grote, dont j'apprends le nom et l'illustration par M. Janet, a développé « très-subtilement » la thèse que voici :

« Pas de vérité absolue ;

« Attendu que, s'il y en avait une, il n'y aurait pas « de liberté de penser. »

« M. Paul Janet s'épouvante de cette logique.

« Le dilemme, dit-il, qui nous forcerait à choisir « entre la vérité et la liberté serait un cruel déchire- « ment pour les âmes généreuses. »

« Pour éviter ce dilemme déchirant, M. Janet nie à peu près, mais par mégarde, la vérité.

« Il estime que la vérité absolue existe, mais si loin de nous, que cela ne gêne pas la liberté de penser.

« La vérité, parmi les hommes, se forme successivement d'erreurs progressives, ou se recompose d'erreurs simultanées. C'est aussi simple que cela. La vérité se fait, se fabrique, *devient*. De là le droit de l'erreur, qui fournit sans le savoir les matériaux de la vérité.

« Au fond de cette monstrueuse conception, que M. Janet partage avec d'autres, et que tous tiennent de l'Allemagne, réside, renversée, la vérité que voici :

« L'erreur n'est pas. Elle n'a pas d'être, pas de substance.

« Ce qu'il y a de positif en elle, elle le tient de la vérité.

« Elle n'a en propre que sa limite qui la détermine en qualité d'erreur.

« Par exemple, l'athéisme tient de la vérité le nom de Dieu et son idée.

« Il n'a en propre que la négation.

« Il n'est donc pas vrai que la vérité se forme de la substance de l'erreur, qui n'a pas de substance. Mais il est vrai que l'erreur est une déformation de la vérité, et que la vérité se reforme en nous de toute la substance qu'elle redemande aux erreurs, rappelant à elle tout son être, et abandonnant l'erreur à son néant propre.

« La Vérité ne devient pas. Elle *est*. Mais en nous, mais dans l'humanité, elle *redevient*. L'unité primitive se reforme.

« Aider ce travail est l'honneur de la science. Elle convertit l'erreur en témoignage.

« Ce n'est pas à dire que l'erreur ait un droit quelconque. Elle n'a qu'une chose à faire, disparaître. Si la haute Science considère l'erreur avec une sorte d'indifférence, parce qu'elle voit en elle le service indirect qu'elle ne pourra s'épargner de rendre, et parce que déjà, par une anticipation souveraine, le regard pur et placide de la haute Science condamne l'erreur *abstraite* à disparaître, à s'évanouir, à se montrer conforme à son néant, ce n'est pas à dire, sachez-le bien, que dans la pratique, l'erreur concrète, incarnée dans l'individu ou dans un groupe social, puisse être pareillement traitée. L'erreur vivante demande une répression vivante.

« Elle corrompt la substance libre, la substance responsable.

« Elle crée des monstres.

« Enseignée ou pratiquée, elle constitue un crime.

« Il est très-singulier, dit naïvement M. Janet, que « l'on conteste l'examen comme droit, tandis qu'en « même temps on l'impose comme devoir. »

« Examinez, dit l'Église à l'indifférence. Examinez, dit-elle encore à l'incrédulité. Vous reconnaîtrez les titres de ma divinité, et vous obéirez raisonnablement. Mais vous obéirez. Et si vous désobéissez, ce sera déraisonnablement. Vous avez le devoir d'examiner et d'obéir. Vous n'avez pas le droit de désobéir. — Telle est la contradiction signalée par M. Janet.

« Eh! quoi, s'écrie-t-il encore, ces vérités éternelles « et inébranlables ne pourraient supporter l'examen « sans péril! »

« Les vérités ne périssent pas. Elles peuvent donc supporter l'examen sans périr. Mais la situation de l'homme et de la Société est plus délicate. Ils ne peuvent, sans périr, supporter l'examen tel que M. Janet le conçoit et le formule.

« Pour que l'examen soit vraiment libre, nous dé- « clare en effet M. Janet, il faut qu'il soit indifférent « *entre le pour et le contre,* aussi sincèrement disposé à « accepter le surnaturel, s'il se rencontre, qu'à s'en « passer, s'il ne se rencontre pas. »

« Pour que l'examen soit vraiment libre, dirai-je à mon tour, en développant la pensée du maître, il faut qu'il soit indifférent *entre le bien et le mal,* aussi sincèrement disposé à accepter la conscience, si elle se rencontre, qu'à s'en passer, si elle ne se rencontre pas. Comme l'a fort bien dit M. Janet: «Quelques-uns vou- « draient sauver la morale; mais c'est une contradic- « tion. »

« En conséquence :
« La liberté de penser, prise en soi, n'a DONC rien de contraire à la foi... »

J'ai emprunté cette page parce qu'elle est instructive à plus d'un titre. C'est un trait de Paris et de la civilisation, que M. Janet soit un philolophe officiel, et que l'écrivain qui le réfute si net demeure ignoré, même parmi ses frères.

III

L'IMMENSE M. QUINET.

Belle appréciation du penseur Quinet par le penseur Montégut, de la *Revue des Deux-Mondes*, lequel est bien convaincu qu'il entend le penseur Quinet et qu'il s'entend lui-même :

Pesez tout, s'il vous plaît :

« En écrivant *Merlin l'Enchanteur*, M. Quinet a poursuivi à la fois la réalisation de deux entreprises, une entreprise littéraire, une entreprise philosophique. Expliquons les l'une et l'autre. La plupart de nos lecteurs connaissent sans doute les œuvres poétiques de M. Quinet et savent combien lui sont chères ces formes symboliques dont il a fait la connaissance durant sa longue intimité avec la philosophie et la littérature allemandes. Il aime à s'entretenir *avec les sphynx sur l'éternité*, avec les *obélisques sur les secrets du désert*, avec les *hiéroglyphes* sur les *doctrines sacrées des premières civilisations*, avec les *étoiles sur la science des mages* de Perse et de Chaldée, avec la *statue mélodieuse de Memnon* sur les *mystères de la poésie*. Dans son nouveau livre, M. Quinet est resté fidèle aux anciennes tendances de son esprit ; il continue avec les idées ces conversations qui lui ont toujours été si chères. Ce qui est changé, c'est son langage. Jusqu'à présent, il avait toujours été un interlocuteur respectueux non moins qu'éloquent ; il se promenait à travers le monde de l'intelligence comme un lévite à travers un temple ;

les idées étaient pour lui augustes et sacrées. En les contemplant, il se sentait frémir d'un enthousiasme religieux, et, sous l'empire de ce sentiment, les hymnes abondaient *naturellement* sur ses lèvres. Sa voix s'élevait ample et sonore, comme pour remplir la voûte d'un temple ou d'une cathédrale; il semblait que son langage ne pût jamais être assez majestueux et assez sublime. Personne n'a eu de notre temps pour les idées le même genre de respect que M. Quinet; d'autres ont eu pour elles le respect froid et poli du courtisan devant son roi, ou la déférence d'un serviteur dévoué à son maître jusqu'à la mort; lui, il a eu pour elles un respect sacerdotal. On eût dit qu'il les considérait, ainsi que le fidèle considère son Dieu, comme d'une essence supérieure à l'intelligence humaine : *jamais il ne les abordait de trop près;* il se tenait debout et la tête droite en face d'elles, et cependant à distance, non par crainte superstitieuse, mais par déférence libre et volontaire. En sa compagnie, nous étions bien loin de ces profanateurs qui, considérant les idées comme leur propriété, ne craignent pas de porter la main sur elles, même au risque de les blesser et de les déshonorer, qui ne rougissent pas de les réduire en esclavage pour les besoins de leur intelligence, et de les traîner hors du sanctuaire pour en faire les captives de leur âme. On peut dire en toute vérité que si M. Quinet a levé les yeux vers les idées, *il n'a jamais porté la main sur elles*. A mesure qu'il avance dans la vie, M. Quinet semblerait disposé à devenir, non pas moins respectueux, mais plus familier. *Vous connaissez ces déterminations qui sont comme les coups d'état de l'âme* ennuyée du *statu quo* dans lequel elle vit, ces déterminations qu'on exécute avec un mélange de timidité et de décision, le visage empreint de résolution et le cœur palpitant d'anxiété. C'est un de ces coups d'état que M. Quinet vient d'accomplir *courageusement, avec une résolution qui lui fait honneur*. Cette résolution est bien nettement marquée *par l'étendue de l'ouvrage,* qui se compose de deux volumes, chacun de cinq cents pages. On n'écrit pas une œuvre aussi considérable sans un parti pris bien net et bien arrêté; c'est donc un véritable coup d'état que M. Quinet a voulu exécuter, et a exécuté contre lui-même, contre son génie et la nature des rapports qu'il avait entretenus jusqu'alors avec le monde de l'intelligence. Il a voulu savoir jusqu'où il pouvait aller dans la familiarité de ces souveraines et de ces déesses qu'il s'était jusqu'alors contenté d'adorer avec des frémissements d'éloquence; il a voulu savoir s'il pouvait pénétrer dans leur intimité sans les blesser; il a voulu savoir si..... »

Cela continue très-longtemps; et je l'atteste, l'explication de M. Montégut à la main : ce que M. Quinet « a voulu savoir, » ni moi, ni M. Montégut, ni M. Quinet ne l'avons jamais su.

IV

UN TRÈS-GRAND SAVANT.

Nous avons la correspondance du fameux, du célèbre, du colossal Alexandre de Humboldt, qui vécut près de cent ans en pleine gloire, favorisé des hommes, des rois, du ciel et du *Journal des Débats.* Cette correspondance nous le met dans la main.

Alexandre de Humboldt fut un très-grand savant;

— seulement il ne sut jamais pourquoi il était sur la terre.

Il avait beaucoup d'esprit ; — seulement il était Prussien et il ne savait pas s'empêcher d'avoir beaucoup d'esprit.

Il écrivait des lettres charmantes ; — seulement il était extrêmement homme de lettres, et il travaillait beaucoup ses lettres pour qu'elles fussent plus charmantes et qu'on pût les imprimer, et cela est arrivé.

Il avait le cœur hautain et fier ; — seulement il était chambellan du roi de Prusse, ce qui l'obligeait de courber constamment son échine et même son cœur, et même sa tête.

Il jouissait des hommages que lui rendaient les rois, les princes, les gens de lettres et les journaux ; — seulement il les trouvait bêtes, et le *Journal des Débats* même lui devenait quelquefois odieux, à cause de la collaboration de M. Philarète Chasles contre qui il avait une dent.

Il était doué d'assez de mérite pour estimer peu son métier de chambellan et pour être fatigué de la Cour ; — seulement il ne pouvait s'en passer.

Tout lui réussit ; — seulement il s'ennuya beaucoup et il mourut dégoûté de la vie et épouvanté de la mort.

On publie après sa mort, suivant son vœu, cette correspondance qu'il a écrite pour ressusciter un peu et se faire bien connaître. Elle le fait connaître en effet ; — seulement elle ne le ressuscite pas tout-à-fait si glorieux qu'il a vécu. Elle soulève des *mais*, elle inspire peu de sympathie pour l'homme, elle fait surgir beaucoup de points d'interrogation touchant le philosophe, et même quelques uns touchant le savant.

Tant qu'il n'a que quatre-vingts ans, malgré les chers ennuis de la gloire, et les signes plus impatientants de la décadence, cela va encore. Il se moque encore des princes, des amis, des savants ; il se vante encore de penser à la Ville, [un tantinet plus hardiment qu'il ne parle à la Cour ; il fait encore sa petite plaisanterie voltairienne et prussienne sur la vie éternelle :

« Un archi-chrétien me consulte pour savoir si je
« crois que les âmes des animaux inférieurs sont
« comprises dans la rédemption, si les punaises et les
« mouches iront aussi en paradis. Elles me menacent
« donc encore là-haut, et je retrouverai au ciel, chan-
« tant les louanges du Seigneur, les âmes de ces ani-
« maux avec lesquels j'ai fait connaissance sur les
« bords de l'Orénoque. »

C'est bien joli ! mais les années se précipitent, la vigueur s'en va décidément, la mémoire faiblit, et il n'y a plus rien : « Je voudrais bien n'être pas dans
« ma peau... Dans le désarroi de ma vie désolée, dans
« ce temps de *honte morale* (!) je suis incapable de rap-
« peler mes souvenirs... Le soir de ma vie est bien
« pénible et bien triste... »

Ainsi quatre-vingt-dix années d'existence, la plus

belle organisation pour savoir et pour voir, les plus beaux succès, les plus grands honneurs, et se coucher lentement tout entier dans la gloire comme le soleil dans la mer, — c'est un soir triste et une vie manquée !

Le rédacteur du *Figaro*, qui rend compte de la correspondance de Humboldt, termine par des réflexions dont l'expression est belle et le sentiment élevé :

« N'est-il pas remarquable que, dans la dernière phase de leur carrière, les grands esprits de ce siècle, défaillants, désillusionnés, mordus de doutes cruels, tombent dans le découragement, s'abiment en de suprêmes angoisses, confondent dans la même lamentation leurs propres destinées avec celles de leur temps, et poussent, avant de mourir, des cris de paons ou d'aigles blessés ? »

« Qui sait ? Peut-être est-il bon, pour la consolation des humbles, qu'une glorieuse vie ne soit pas dans son entier une vie heureuse, et ne puisse, avec autant de justesse qu'une vie tout simplement honnête, être comparée par le poëte au soir d'un beau jour. »

C'est très-bien ; *seulement* Humboldt n'a pas été privé de ce que l'on peut appeler « une vie tout simplement honnête, » attendu qu'il n'y a rien de plus honnête humainement et de plus simple que de passer quatre-vingts ans à étudier, et cinquante de ces années d'étude à remplir les fonctions de chambellan près d'un roi d'Allemagne. Humboldt a été ignorant, voilà son malheur. Il a ignoré la destinée et les devoirs de son âme. C'est de là qu'est venu l'assombrissement de ce soir que Dieu et la vie lui faisaient si beau, et ainsi se verra fatalement assombrie toute humble et honnête vie humaine qui sera menée avec le même oubli.

Le malheur n'est pas de vivre dans la gloire, il est de vivre dans l'ignorance de Dieu; et cette ignorance est un crime, parce qu'elle est un oubli.

V

LE CARNAVAL DE LA SCIENCE.

Alexandre de Humboldt s'amuse beaucoup du « carnaval de la science allemande. » Il en fait ce joli tableau :

« C'était une chimie spéculative dans laquelle on ne se mouillait pas les mains; exemple :

« Le diamant est un caillou arrivé à avoir conscience de lui-même. Le granit, c'est l'éther.

« Le côté de la lune qui regarde la terre est autrement arrondi que le côté opposé; la cause en est que la lune voudrait étendre vers notre planète ses bras amoureux, et que, ne le pouvant pas, elle contemple la terre en allongeant la mine.

« Les blocs de granit sur les rochers sont les tressaillements de la nature.

« Les forêts sont, comme on le sait, les cheveux de l'animal qui se nomme la terre; la partie renflée de l'équateur est le ventre de la nature.

« L'Amérique est une forme femelle, longue, élancée, aqueuse, et au 48e degré froide comme la glace.

Les degrés de latitude sont des années ; la femme est vieille à quarante-huit ans.

« L'Orient est l'oxygène, l'Occident est l'hydrogène ; il pleut quand les nuages de l'Orient se mêlent à ceux de l'Occident. »

« Enfin Humboldt vint » et mit ordre à ces saturnales. Il entreprit une discussion très-soignée du globe terrestre, et un inventaire exact des forces de la nature. C'est le fameux *Cosmos,* ouvrage bien écrit, du moins en allemand.

Par malheur, une certaine faiblesse de la vue prussienne, infirmité de naissance, ne lui ayant pas laissé lire le nom du Créateur organisateur de la nature, Humboldt crut que la nature s'était créée elle-même et organisée toute seule. — Et s'il connut cet ouvrier, alors il craignit de rencontrer plus savant que Humboldt, et ne l'interrogea point. — Peut-être aussi redouta-t-il de s'instruire plus que ne le permettait le roi de Prusse et le *Journal des Débats.*

Quoi qu'il en soit, la conséquence fut qu'un certain nombre de choses lui échappèrent. Notamment, il ne put mettre la main sur le principe moteur qui fait que l'Univers n'est pas comme son *Cosmos* à lui, un squelette distribué en une quantité de tiroirs, d'ailleurs ingénieusement étiquetés.

Et la question est aujourd'hui de savoir si ces fous d'autrefois, qui donnaient au caillou la conscience de lui-même et à la lune des peines de cœur, étaient plus fous que les expérimentateurs d'aujourd'hui, qui prétendent que la nature s'est créée un jour, parce que sans doute elle s'ennuyait de n'être pas, et s'est ensuite organisée sans autre but apparent que de ne pas rester oisive?

Cette question ne vaut pas la peine de la débattre, et en tous cas, ce n'est point moi qui m'en mêlerai. Je me suis toujours trouvé très-bien d'ignorer la physique et la chimie; j'en ai les idées plus claires, et je ne perds point de temps à changer de systèmes. Humboldt confessait (dans l'intimité) qu'il ignorait où les hirondelles passent l'hiver : j'en sais donc sur ce point autant que lui. Que d'autres points où nos lumières sont égales! mais que d'autres points où je suis plus éclairé que l'Institut! Quand on saura où vont se chauffer les hirondelles, je ne tarderai pas d'en être informé, et je n'y tiendrai guère. Quand la chimie et la physique seront fixées, j'aurai toutes leurs conclusions pour quelques sous, et elles ne m'apprendront rien, si elles sont bonnes, que je ne sache déjà, puisque je sais que Dieu a créé le monde.

Mais, en attendant le détail, je crois, pour dire mon sentiment, que parmi les « savants » qui ne voient pas Dieu, les moins butors, les moins privés de l'instinct scientifique et les moins éloignés de la vérité sont ceux qui prodiguent l'âme, plutôt que ceux qui la nient; ceux qui donnent une âme au caillou et à la lune, plutôt que ceux qui refusent une âme à l'homme; ceux enfin qui expliquent la cohésion du monde par l'amour, plutôt que ceux qui n'y voient qu'un système de contrepoids et de ficelles. Car encore que Dieu ait tout créé avec nombre, poids et mesure, Dieu est amour et non pas mécanique.

Quelles idées supérieures parfois au fond de ce extravagances dont se moque le savant « positif! » Eh oui! Dieu a donné aux astres, ses créatures, des bras amoureux par lesquels ils s'enlacent fraternellement pour former ce chœur immense de danses et de chants sacrés qui nous fait apparaître ses merveilles. Dieu a jeté une âme commune parmi tant de pièces d'un même ouvrage : cette âme des mondes est sa volonté qui, à travers les espaces incalculables, règle le mouvement particulier de chacun, leur imprime le même mouvement général, les lie à une même action ; et la poésie qui parle de leur mutuel amour n'est que l'expression élevée de la science, puisque, en effet, Dieu les créa pour s'assister dans une perpétuelle et invincible harmonie.

VI

LE NOUVEL ORDRE DU MONDE.

Un grand chimiste, même sénateur, exhortant certains écoliers, leur parla en ces termes, l'année que Galvaudin fut créé chevalier de la Légion d'honneur :

« Dans ce mouvement merveilleux qui anime la so-

« ciété nouvelle, ce ne sont pas les plus pressés qui
« atteignent le but (?) *ce sont les plus forts.*

« *Car* jamais la pensée humaine n'eut un champ
« plus libre, une carrière plus étendue, une puissance
« plus irrésistible. Les armes savantes décident du sort
« des batailles.....»

Ces armes savantes qui viennent là tout de suite
après la pensée et comme l'expression de la puissance
la plus irrésistible, me renversent un peu en me montrant quel est décidément le but et quels sont décidément les *plus forts.*

Journaliste supprimé, je dois avouer que j'ai vu le
temps où ma pensée avait le champ plus libre qu'aujourd'hui. Mais considérant que Galvaudin rédige les
journaux officieux et brille dans la Légion d'honneur,
je me disais : C'est Galvaudin qui est la « pensée humaine » : or, qui peut, en effet, résister au fort Galvaudin ?

Cependant, si Galvaudin est plus fort que moi, les
armes savantes sont plus fortes que Galvaudin; et cela
ne laisse pas de changer le rang de la pensée dans la
hiérarchie des choses modernes !

Galvaudin m'écrase parce que je crois en Dieu, le
savant écrase Galvaudin qui croit encore à la pensée,
et ce savant lui-même, qui fait les armes savantes, est
écrasé par l'ignorant à qui il les remet. Je n'aperçois
pas que la pensée ni même la science, cette grosse
science qui crée les produits chimiques, soient placées au sommet de tout. Les possesseurs des armes

savantes, voilà les *forts,* et après eux, leurs flatteurs.

Mais le grand chimiste ne voit que des fleurs; il tourne au poëte :

« Les armes savantes décident du sort des batailles. Nos vaisseaux, animés par des machines puissantes et dociles, bravent les vents et les flots. L'industrie ne connait plus d'obstacles; le commerce ne connaît plus de distances, et trouve notre globe trop petit pour son ambition. L'agriculture abandonne ses procédés antiques; elle rend sa dignité à l'homme; elle en épargne les sueurs en lui donnant des esclaves de fer que la vapeur anime. Le microscope et la chimie ouvrent aux médecins une connaissance plus étendue et plus sûre de la nature et du jeu de nos organes.

« Ah! oui, il faut connaître l'homme et ses devoirs, il faut apprendre à aimer la vertu et à maîtriser ses passions, mais il faut aussi envisager en face ces vaillantes forces de la nature que notre siècle a découvertes, et qui, domptées par le génie, révèlent au monde étonné qu'un ordre nouveau vient de naître : *Novus rerum nascitur ordo,* et qu'une civilisation plus large, plus libre, plus indépendante et plus haute s'ouvre aux destinées de l'humanité. »

Quelle ébullition, et que ce grand chimiste est content de sa chimie! Mais autant Français que chimiste, il passe de la glorification de la chimie à la glorification de la France, reine du monde nouveau, — puisqu'elle ne négligera pas la chimie :

« Travaillez, jeunes élèves, car votre place est marquée dans ce vaste entraînement! travaillez, maîtres dévoués, car vos leçons recèlent les germes d'où sortiront les épanouissements de cet avenir de force, de grandeur, d'éclat et de lumière que l'union des lettres et des sciences prépare à la patrie!

« Ah! pourquoi ne pouvez-vous pas aller au loin interroger les peuples qui la contemplent, cette patrie bien-aimée? Pour le point de vue, les distances produisent l'effet du temps; ils vous parleraient le langage de l'histoire, et vous diraient quelle est et quelle restera dans le monde la place de cette France nouvelle à laquelle vous appartenez.

« Héroïque dans les combats, désintéressée dans les alliances, toujours prête à la défense de l'opprimé, fidèle à sa parole, esclave de la justice, prodigue de ses lumières, elle est redoutée de ses envieux, respectée de ses rivaux, presque partout aimée d'une sympathique affection, et jamais elle n'a mieux développé sa puissance, son génie et son ardente activité....... *Travaillons! travaillons!* Le mot d'ordre de la France, qui n'aime les lâches ni sur les champs de bataille, ni dans les travaux de la paix, le vôtre doit être toujours: *Travaillons! laboureus!* »

Depuis sept ou huit ans que ce discours a été prononcé, on a fait dans le monde un certain usage des « armes savantes. » Elles venaient de coucher par terre quelques centaines de mille hommes en Crimée, sans rendre la Turquie plus solide et sans endommager beaucoup la Russie ; elles avaient endommagé l'Autriche à Solférino, sans confectionner entièrement l'Italie. En Amérique, elles ont mis le Sud sous le joug du Nord, moyennant une dépense de deux millions de chrétiens jeunes et bien en chair dont les ossements sont en train de produire tout autre chose que des balles de coton. Elles ont facilité le voyage de Pékin, lequel nous a valu le musée chinois, qui n'est point le plus curieux du monde. Elles ont procuré la destruction de plusieurs villes sur divers points du globe, de façon à montrer la bénignité des anciens tremblements de terre. Enfin, elles ont démoli l'Autriche et élevé la Prusse, et au total, par leur concours, une dizaine de nations sont mortes, présageant le destin de tout peuple qui ne se montrera pas « le plus fort » d'ici à très-peu de temps.

J'ai demandé aux manufacturiers : — Est-ce que l'industrie ne connaît plus d'obstacles? Ils ont répondu : — Si fait! Il y a le jeu des armes savantes, la brutalité des ouvriers, l'encombrement des produits, les déloyautés de la concurrence.

J'ai demandé aux commerçants : — Ne connaissez-vous plus de distances? Ils ont répondu : — La distance entre l'ancienne probité et les mœurs actuelles a pris des proportions inouïes et invincibles.

J'ai demandé aux agriculteurs : — Votre dignité d'homme vous est donc enfin rendue? Êtes-vous contents de vos « esclaves de fer que la vapeur anime? » Ils ont répondu : — Nous n'aurions jamais deviné qu'un chrétien perdît de sa dignité pour conduire sa charrue à l'ancienne mode; et encore aujourd'hui nous croyons que le valet de ferme qui observe les commandements de Dieu et de l'Église est un homme plus digne que le sénateur qui ne les observe pas. Du reste les campagnes se dépeuplent pour remplir les villes de cabaretiers, de laquais et de filles à tout faire. Le luxe gagne beaucoup, l'ivrognerie beaucoup, l'immoralité beaucoup, et l'impiété, et l'envie et la misère davantage encore. Quant aux « esclaves de fer, » leur fumée n'a pas la fécondité de la sueur chrétienne ; cette sueur contenait un principe de vie que la chimie n'a point connu. Et aux jours des grandes angoisses et du grand jeu des armes savantes, les esclaves de fer ne vaudront pas ces bras qui jadis défendaient, parcelle à parcelle, le sol sacré.

J'ai demandé aux médecins : — A présent que vous avez la chimie et le microscope, vous moquez-vous de la mort? — Ils ont répondu : — Nous ne nous moquons bien que de la vie; mais le choléra, la diplomatie et les armes savantes sont plus moqueurs que nous.

J'ai dit aux soldats : — Vous avez des armes savantes, vous êtes sûrs de la victoire ! Ils ont répondu : — Pas du tout! Les autres peuvent avoir des armes aussi savantes ou plus savantes, et personne n'est sûr de rien. D'ailleurs, le siècle est charmant, les casernes sont vastes et aérées, l'on se rend à la bataille en voiture, sans cahots et sans ampoules, et l'ordinaire de campagne tend à se bonifier : deux plats de viande, un de légumes, du vin, huit cigares par homme, le café et ses accessoires! Mieux vaut, à ce prix, conquérir la terre que la cultiver.

De plus méditatifs ont ajouté : — Le monde, comme dit le chimiste, devient petit pour l'ambition du commerce ; il le devient aussi pour l'ambition du soldat. Bientôt le monde pourra tenir dans la main d'un seul homme. Savez-vous que ce seul homme aura de beaux commandements à donner ! Il ne nous reste qu'un vœu à faire : c'est que « l'homme » ne soit pas Prussien.

Suivant le conseil de l'illustre chimiste, j'ai porté mes regards par delà nos frontières, et j'ai interrogé les peuples : — Parlez-moi comme parlera l'histoire, parlez-moi de cette France nouvelle, ma patrie et celle du fort Galvaudin. Je sais qu'elle est héroïque dans les combats, désintéressée dans les alliances, toujours prête à la défense de l'opprimé, fidèle à sa parole, esclave de la justice, redoutée, respectée, aimée. Tous les caporaux et Limayrac l'avaient dit avant le grand chimiste, Limayrac et tous les caporaux le répètent tous les jours ; mais ce sont de ces choses qui plaisent encore plus en langue étrangère...

O surprise ! Le Russe affectait de ne pas entendre ; l'Anglais disait que le Prussien venait de gagner une belle partie, et que l'Italie était belle fille ; le Prussien retroussait superbement sa moustache très-épaisse, regardant l'Alsace par-dessus la Bavière à genoux ; et l'Italien lui-même, tordant avec insolence sa barbiche, jetait sur Nice des yeux roulants capables d'effrayer Monaco.

Déconcerté par cet accueil des forts, je me tournai vers les faibles, vers les opprimés, vers ceux qui ont crié justice et demandé protection ; vers le Liban, vers la Pologne, vers Rome... Mais ils étaient morts.

———

Je conclus que peut-être le grand chimiste a vu sous des couleurs trop riantes le *novus ordo rerum* qu'il annonçait aux collégiens de Paris il y a sept ou huit ans, l'année que Galvaudin fut créé chevalier de la Légion-d'Honneur.

Novus rerum nascitur ordo ! Ainsi chantait Virgile, divinement averti que le Christ allait paraître à l'horizon de l'humanité. Mais vous avez beau dire, chimiste, et vous aurez beau faire : le Christ se retire, et ce qui revient à sa place ne donnera pas sujet de chanter.

VII

LES ÉCONOMISTES.

Il existe une grande et importante Société d'Économie politique qui publie un journal pour l'avancement de la science. On voit dans ce journal que la Société est divisée en trois partis formant trois écoles, le passé, le présent, l'avenir. Ils sont peu d'accord et ne laissent pas de se gouverner assez gaillardement.

La question qui s'agite entre eux jusqu'aux dernières chaleurs, est celle-ci :

Qu'est-ce que l'Économie politique ?

L'économiste ancien, le vieux d'il y a vingt ans, répond : L'Économie politique a des principes : elle est une *science*.

Le postérieur, l'économiste régnant, homme de transition, dit : L'Économie politique repose certainement sur des principes ou plutôt sur un principe, celui du progrès. Or, ce principe ruine à jamais la solidité de tous les autres; il empêche donc que l'Économie politique puisse être une science : elle est une *étude*.

Le novateur, l'économiste de l'avenir, aimerait mieux mourir que renoncer au progrès. Mais il est narquois et la démolition l'amuse. Il se sert du « principe » du progrès pour démolir l'Économie politique. Voici comme il raisonne :

Le principe du progrès empêche que l'Économie soit une science et la réduit à n'être perpétuellement qu'une étude ; or, l'étude des faits amène à constater leur contradiction et à les faire tomber les uns sur les autres ; donc l'Économie politique est en résumé et en réalité.., une *blague!*

C'est là ce qui fait pousser de beaux cris dans la docte réunion. Mais, au fond, les « principes » ne tiennent pas contre l'étude, et l'étude n'aboutit à rien.

Il me paraît que les économistes sont les mêmes

gens qui faisaient autrefois des bouts-rimés, des madrigaux et des charades dans le *Mercure*. L'Économie exige les mêmes aptitudes et les mêmes lumières, mais elle est moins innocente.

Leur fameuse société, telle qu'elle se peint dans un journal, est une fraction de l'immense cour du roi Pétaud. Ils se répètent sans fin et sans souci, se contredisent sans se comprendre et même sans s'écouter, s'invectivent au mépris de toute littérature. Monsieur Chose dit à Monsieur Un Tel : Vous faites des *truismes!* Monsieur Un Tel répond à Monsieur Chose : Votre blague n'est pleine que d'âneries ! Et ils sont tous assez contents de la façon dont ils mènent la polémique.

Cependant ceux qui ont un peu d'esprit finissent par se faire mettre dehors. Ces outres sont en fort cuir, et ne craignent pas le coup de poing, mais elles ont observé que le moindre coup d'épingle les dégonfle.

Entre les économistes sérieux, il y a encore le grand combat sur les deux principes de Malthus : Sont-ils vrais; ne le sont-ils pas ?

Est-il vrai que les substances ou la richesse croît en proportion arithmétique, tandis que la population croît en proportion géométrique ?

Les purs disent oui ; d'autres, en grand nombre, disent oui pour l'un, non pour l'autre, mais il y a beaucoup de confusion parmi eux, car ceux-ci disent oui au premier, non au second, et ceux-là oui au second, non au premier ; d'autres disent oui et non ; d'autres un peu oui, un peu non ; d'autres non partout.

La conclusion de Malthus sur ses « principes, » c'est qu'il faut limiter la population. Or le seul homme que l'Économie politique ait produit en dehors des catholiques, dont ces niais contestent la compétence, le seul qui leur ait imposé généralement le respect est Rossi. Il commence son cours en disant qu'il faut exclure les axiomes qui condamnent la morale. Par là tout Malthus est renversé.

Mais qu'est-ce que cela fait aux malthusiens purs, et à la plupart des autres ? Ils demandent ce que c'est que la morale. La morale est-elle une *science*? est-elle une *étude*? est-elle une *blague*?

Il faut voir comment, au nom de l'intérêt public, le chef des malthusiens purs tranche la question par le fait, et où il arrive !

Les sous-préfets et les hobereaux de la classe moyenne, avocats, notaires, gens retirés, lisent beaucoup ces sottises et en sont fort imbibés.

VIII

LE DROIT D'AÎNESSE.

Le premier-né est particulièrement le fils de la force, le fils de l'amour, le fruit de la bénédiction, l'enfant voulu et attendu. Il porte le premier les espérances de la famille. Lorsque les autres viennent, il les connaît le premier, il est leur premier appui, leur première joie. Rien qui soit plus dans la nature que le droit du fils aîné.

M. Coquelet abhorre le droit d'aînesse. Il le trouve contraire à la sainte égalité, contraire à la famille, contraire à l'humanité. — Quoi ! l'un de mes fils aurait des priviléges ! Quoi ! l'un de mes fils serait riche et les autres pauvres ! Ne sont-ils pas tous mes enfants, n'ont-ils pas une égale part de mon cœur ? — Et qui vous défend d'aimer également vos enfants, Coquelet ? — Puisqu'ils ont égale part dans mon cœur, qu'ils aient donc une égale part dans mes biens !

Ainsi déclame Coquelet, avec beaucoup d'attendrissements.

Coquelet est humanitaire, dévoué au salut commun, prêt à souffrir et à mourir pour les peuples. Mais il ne comprend pas que la société puisse, dans l'intérêt commun, lui imposer un réglement quelconque qui

gênerait sur un point quelconque un mouvement de
« son cœur. »

Si Coquelet raisonnait jusqu'au bout, il s'en voudrait mortellement, lorsqu'il a déjà un enfant, d'en produire un second, et plus encore lorsqu'il a deux enfants, de s'en donner un troisième. Et s'il en a quatre ou cinq, c'est un crime dont il ne peut s'absoudre et dont en général les premiers-nés ne l'absolvent pas, car chaque frère qui survient ôte quelque chose de la part des autres pour n'avoir lui-même qu'une part minime. Puisque Coquelet ne se croit pas le droit d'ôter à tous pour donner davantage à un seul, — moins dans l'intérêt de ce seul, que dans l'intérêt de la société qui requiert cet inégal partage — comment se permet-il d'ôter aux existants, à deux ou trois, pour éparpiller entre plusieurs et les réduire tous à presque rien ?

Avant de vous exposer à devenir père d'un troisième, d'un quatrième, d'un cinquième enfant, avez-vous pris, Coquelet, toutes les mesures pour former et conditionner celui qui viendra bien exactement comme ceux qui sont venus ? Vous êtes-vous arrangé de manière que ce nouveau ne soit ni plus ni moins doué de force, de beauté, d'intelligence, et que le caprice insolent de la nature, morguant cette belle égalité où votre raison aspire, n'aille pas créer des priviléges parmi vos chers enfants ?

Téméraire, homme injuste, père dénaturé ! Tu t'exposes à procréer un fils qui aura un pouce de plus que ses frères, qui sera plus adroit, qui fera une plus belle fortune! Tu vas mettre au monde une fille d'esprit et de jarret qui pourra devenir première écuyère au Cirque-Impérial, tandis que sa sœur, d'une âme timide, d'une intelligence paresseuse, d'une figure commune peut-être, ne sera bonne qu'à enfouir dans un couvent!...

J'ignore si Coquelet se laisse atteindre par ces scrupules; mais je vois qu'il agit tout comme.

Dans l'appréhension sans doute d'avoir des enfants inégalement partagés du côté des dons naturels, ou d'avoir trop d'enfants pour les pouvoir établir tous aussi haut que lui, il va au plus sûr, il borne la fécondité de Madame Coquelet. Il vient un fils, il vient une fille; il n'a que ce qu'il faut de bien pour que Monsieur son fils puisse acheter une charge et Mademoiselle sa fille un mari, c'est assez, restons-en là.

Et il n'en vient plus. Ceux qui auraient pu survenir demeurent. Non que Coquelet les condamne à la mort, il est trop régulier et trop humain pour commettre un pareil crime! Il les condamne simplement à la privation de la vie.

C'est ainsi que Coquelet, sans abaisser sa fierté devant les lois de Dieu et sans transgresser les lois humaines, se procure les avantages du droit d'aînesse et sait pourtant en écarter « l'abus et l'horreur. »

IX.

PETITE DÉCONVENUE DE LA SCIENCE.

Il y a un docteur Le Bon qui ne me semble pas du tout méchant homme. Le docteur Le Bon a des idées à lui, c'est-à-dire à d'autres, qui ne s'accordent nullement avec l'enseignement chrétien. Il croit que le monde existe depuis des millions d'années et s'est fait tout seul. Je dis qu'il le croit, parce que je vois qu'il le dit. Quant à ses raisons de le croire, je les ignore, et lui aussi probablement. Mais il est comme cela. Il a lu Renan, il a eu des maîtres, force est bien de s'en rapporter à quelqu'un. Quelqu'un sans doute aussi lui a soufflé qu'il faut aimer les hommes, et il s'en est rapporté à ce quelqu'un-là, malgré certaines expériences qui conseillent le contraire et qui sont bien aussi solides que les expériences par lesquelles il est établi que le monde s'est fait tout seul en plusieurs millions d'années.

C'est pourquoi le docteur Le Bon incline à la philanthropie, douce pente des belles âmes. — Qu'est-ce que c'est qu'une belle âme, docteur Le Bon, et même qu'est-ce que c'est qu'une âme? et pourquoi voyons-nous (*voyons* est une façon de parler) des âmes qui sont belles, et des âmes qui ne sont point belles?...

Le docteur incline à la philanthropie, il dit toutes sortes de choses honnêtes en faveur de l'humanité ; il lui suggère cent clystères qu'elle pourrait prendre pour se rendre heureuse ; il remplit ses feuillets de patenôtres très-dévotes adressées au dieu Progrès. *Ça ira, ça ira !* Il multiplie cet acte de foi, mais il nourrit bien en lui certains petits doutes. Car ce dieu Progrès est un dieu lent et taquin, qui ne laisse pas de berner ses fidèles.

———

Le dieu Progrès, dieu du docteur Le Bon, — force est bien d'avoir un bout de dieu ! — joue parfois au pauvre monde des tours déconcertants. Il a des inventions qui menacent de ne pas réussir du tout. En France, par exemple, — en France où ce diable de dieu possède tant d'autels entourés de tant de prêtres occupés sans relâche de procurer le bien de chacun et la puissance générale, — la population ne progresse pas ; nous n'acquérons pas le nombre, ni peut-être la puissance ! On fait pourtant ce qu'il faut. La France réalise un progrès par jour, un progrès par heure... Mais c'est la Prusse qui fabrique des hommes et qui gagne du terrain.

Le progrès de l'amusement, le progrès de la locomotion, mille autres progrès qui s'engrènent et qui tiennent à mille autres, ont amené des choses étranges. Ces jours derniers, le docteur Le Bon, d'après un autre docteur, écrivait ceci, en lettres italiques :

« *Je doute qu'en Chine, où l'on tue tout tranquillement les petits enfants qui sont en trop grand nombre, le massacre des enfants nouveaux-nés puisse jamais être aussi complet que l'est, dans certaines communes de notre France civilisée, le massacre des enfants-trouvés ou celui des nourrissons.* »

Un autre docteur avait dénoncé le mal en 1846, le trouvant dès lors si criant qu'il jugeait « impossible qu'on tardât encore d'y porter remède. » Mais il a fallu vaquer sans doute à d'autres soins, et le docteur Le Bon calcule que, « depuis cette époque, *trois cent mille nourrissons ont succombé aux environs de Paris seulement.* » Il ajoute : « Plus de victimes que n'en font la guerre, le choléra et tous les fléaux réunis. »

Voilà un progrès !

Notez que la cause de cette mortalité était parfaitement connue, il y a plus de vingt ans. Ce sont les nourrices qui font cela, et un peu les pères et mères qui trouvent de la commodité à prendre ces sortes de nourrices. La plupart du temps, parents et nourrices s'inquiètent peu que le nourrisson meure. Quelquefois on s'en arrange.

C'EST FAIT EXPRÈS !

Il existe dans Paris quantité de bureaux de nourrices, où l'on reçoit indistinctement toutes les nourrices qui se présentent. Ces bureaux les fournissent aux parents qui en demandent, et les parents les prennent de bonne foi comme les bureaux. Les bureaux trouvent d'ailleurs sans difficulté des médecins qui certifient que le lait

est bon.— « J'ai vu, disait à l'Académie M. Chevalier,
« une femme qui avait à elle seule sept nourrissons
« et n'avait ni lait ni vache !! » Mais elle avait son
certificat.

Il y a d'autres détails :
Les nourrices sont ramenées de Paris dans des
charrettes où elles s'entassent avec les nourrissons,
« et les braves femmes ne se font aucun scrupule
« d'échanger leurs élèves. » Le docteur Le Bon
égaye ce trait d'une petite observation malicieuse :
« — Comme il ressemble à son père ! dit la maman
« confiante, lorsque, par un hasard heureux, elle
« revoit le marmot qu'elle croit être le sien. »
C'est d'une gaîté folle !
Autre bon tour de nourrice :
Privé de soins, abandonné à tous les hasards, mal
nourri ou point du tout nourri, l'enfant meurt. La
nourrice envoie aux parents des bulletins de santé, et
continue de recevoir leur argent.

« Un grand nombre de nourrices vont prendre sans
cesse des enfants à Paris, et n'en *ramènent jamais*. Le
docteur Brochard cite deux communes du département
d'Eure-et-Loir où les nourrissons meurent tous. Il
paraît même, toujours d'après ce médecin, qu'il y a
des nourrices dont la réputation est tellement établie,
qu'elles sont très-recherchées de certaines maisons de la
capitale.

« Le docteur Brochard engageait un maire, membre du conseil d'arrondissement, à s'opposer à l'exploitation immorale des nourrissons, dont les cadavres, suivant sa propre expression, pavaient son cimetière. — *Je sais bien*, répondit l'administrateur, *que ces enfants sont voués à la mort;* mais que voulez-vous, C'EST LE BIEN-ÊTRE DE MA COMMUNE ! »

Un autre fonctionnaire, d'un ordre élevé, accueillait les doléances du même médecin par ces paroles : — « Il y aura toujours assez d'enfants ! »

Remarquez-vous, docteur Le Bon, la quantité de personnages civilisés qui vivent plus ou moins de ces pauvres petits cadavres ? Les gens tenant bureaux de nourrices, — les médecins diplômés et patentés qui certifient le lait des nourrices, — les meneurs de nourrices, — Mesdames et Mesdemoiselles les nourrices et leurs parents, — le village dont elles font la richesse, — un peu M. le maire qui laisse tuer les nourrissons pour entretenir la popularité qui le portera au conseil d'arrondissement d'où l'on a déjà perspective sur la croix d'honneur, — un peu aussi les parents qui font des frais de nourrice en vue de s'épargner des frais d'école...

Et le fonctionnaire « d'un ordre élevé, » qui disait : *Il y aura toujours assez d'enfants !* n'obéissait-il pas à des pensées de surélévation ? J'ai été sous-chef (très-indigne) d'un bureau du ministère de l'Intérieur, et quoique peu attentif, j'observais que l'Administration, en ce temps-là, penchait fort à s'alléger du poids importun des enfants-publics, non quant à la production, mais quant à la dépense. On prenait des mesures très-ingénieuses pour rendre l'abord du *Tour* plus difficile, pour mettre l'élevage à meilleur marché : et je vous réponds, docteur, qu'il ne manquait pas d'administrateurs qui donnaient au diable les idées de saint Vincent de Paul; et qu'il a été écrit des circulaires aux préfets plus supprimantes que le décret du roi Hérode; et que le fonctionnaire d'un ordre élevé sous lequel se serait réalisée une diminution persévérante dans le nombre des enfants trouvés *à entretenir*, aurait eu de fortes chances d'être promu à un ordre encore plus élevé.

Je trouve là un peu d'anthropophagie.

Je trouve que ces bureaux de nourrices, si favorables à la dépopulation de la France, sont un autre fusil à aiguille dont le dieu Progrès a fait présent à la Prusse.

A mon avis, M. Duruy, l'inventif ministre de l'Instruction publique, tire trop de preuves en faveur du temps présent d'un certain passage de La Bruyère, souvent cité, où le paysan français du dix-septième siècle est peint comme un sauvage.

Mettons que le paysan de Louis XIV, lecteur de la *Vie des Saints*, était sauvage; mettons que le paysan d'aujourd'hui, lecteur du *Siècle*, n'est pas sauvage : Il y a toujours cette petite anthropophagie avec permission de M. le Maire et consentement tacite des fonctionnaires « d'un ordre élevé. » La Bruyère n'a point noté ce trait dans le paysan sauvage du dix-septième siècle; il le devrait noter dans le paysan civilisé du dix-neuvième.

Sans compter que ces sauvages, ces brutes du dix-septième siècle peuplaient comme des Prussiens. — Et il est heureux, d'une certaine façon, que l'industrie des nourrices se soit si fort développée, car autrement le paysan, avant peu, consentirait tout au plus à avoir un seul petit.

Mais cette industrie est si florissante qu'on la fait exercer même par les jeunes filles. Dans un rayon de trente lieues autour de Paris, les parents commencent à les élever pour cela. J'ai lu ce *mot,* rapporté joyeusement par un journal. Un bon villageois montrait sa fille de quinze ans, propre, robuste et avenante : « Dans un an ou deux, quelle jolie nourrice ça *nous* fera ! » Bien entendu qu'il ne s'agissait nullement de marier la fille, puisqu'alors il n'y aurait plus eu de profit pour les parents.

Ce ne sera pas sauvage, si M. le ministre le veut.

———

Une réflexion me traverse l'esprit : — Docteur Le Bon, docteur Le Bon ! vous qui êtes un homme d'étude, vous savez que le genre humain est doué d'une sorte de goût à tuer les enfants. Ce phénomène s'observe sous toutes les latitudes, dans toutes les civilisations et dans toutes les barbaries. Pour une raison, pour une autre, pour conserver la vigueur de l'espèce, pour honorer les dieux, pour engraisser les manitous, pour remplacer le droit d'aînesse, pour épargner les frais et les fatigues de l'éducation, à Athènes, à Sparte, à Carthage, à Rome, à Pékin, à Otahiti, à Londres, à Paris et dans les environs, on tue les enfants, ou on les empêche de naître. Il n'y a guère que le christianisme qui combatte efficacement cette singulière coutume, et là où le christianisme baisse, la coutume vaincue par lui reprend son meurtrier empire..... Alors, comment le monde a-t-il fait pour durer des millions d'années ? et quand il n'y aura plus de Christianisme, comment le progrès fera-t-il pour conserver des hommes ?

Mais, quoique visiblement chiffonné par ces tours agaçants du dieu Progrès, le docteur Le Bon tient bon. Il aborde gaillardement la question du remède.

« Comment remédier à ce *triste* état de choses ? »

C'est lui qui dit triste ! En plein dix-neuvième siècle, en plein journal à deux sous !!! Or, le remède ne se trouve pas dans toutes les pharmacies.

« L'éducation physique des enfants est plus négligée que celle des animaux domestiques... Faut-il, comme le voulait un philosophe célèbre, engager les mères à nourrir elles-mêmes leurs enfants ? Toutes ne le peuvent. L'éducation vicieuse (il dit *vicieuse !*) qu'on donne aux femmes, les fatigues d'une vie soumise à toutes les exigences de la mode le leur défendent. »

Voilà donc la mode plus puissante que le devoir et même que le sentiment maternel. O Progrès ! Mais le docteur Le Bon tient bon. Il poursuit :

« Faut-il élever les enfants au biberon ? Cette méthode, adoptée par les administrations hospitalières pour les enfants assistés et trouvés, fournit les *plus tristes* résultats. »

Triste, plus triste, toujours triste !

M. Brochard voudrait supprimer les bureaux particuliers et établir « une direction administrative des nourrices, comme il existe une administration des tabacs. » Mais le docteur Le Bon repousse encore ce procédé, et le trouve ennuyeux et humiliant :

« Nous est-il impossible de faire un pas sans avoir recours aux administrations ? Tâchons donc d'*imiter les autres peuples*, et apprenons à nous conduire nous-mêmes. »

Incontinent après ce fier appel à l'imitation des autres peuples, le docteur Le Bon, plein d'une généreuse confiance, fait connaître son propre remède :

« Que des sociétés dues à l'initiative privée se forment pour surveiller les nourrices et les récompensent lorsqu'elles le méritent. *Faisons pour les enfants ce que nous faisons pour les chevaux!* »

Voilà !

Le bon docteur ne veut pas terminer sans faire une tentative sur le cœur des mères : il leur adresse ces paroles touchantes, quoique d'une tournure négligée :

« Rappelons-nous surtout, et jamais une mère ne devrait l'ignorer ou l'oublier, que c'est dans les premiers temps de la vie que se forme la santé ou la constitution de l'enfant qui, un jour, sera homme, et maudira peut-être alors ceux qui ont fait de lui un être chétif et faible. »

Très-bien, docteur ! j'essuie une larme, mais je fais une observation.

Le Progrès nous mène au régime absolu des administrations, qui est tout simplement le communisme. Quand les exigences de la mode sont plus fortes que le sentiment maternel, on tombe nécessairement sous la conduite des bureaux, comme on tombe nécessairement sous la direction de la police, quand le vin est plus fort que la raison : c'est pourquoi le plan du docteur Brochard a plus de chances d'être adopté que le vôtre, — si l'on adopte un plan.

Mais que nous fassions pour les enfants ce que l'on fait pour les tabacs, ou ce que l'on fait pour les chevaux, le remède Brochard et le remède Le Bon me semblent bien (sauf respect) n'être, l'un comme l'autre, que le remède des médecins de Molière :

Clysterium donare,
Ensuita purgare,
Postea SEIGNARE !
Et tout cela ne forme pas un tempérament.

Voyez-vous, docteur Le Bon, à faire tant que de « tâcher d'imiter les autres peuples, » je vous demande mille fois pardon, mais vous me persuadez que le plus simple et le plus sûr serait encore d'imiter les peuples qui ont cru en Jésus-Christ.

Ces peuples ont su et ont cru que l'enfant est non-seulement digne d'amour, mais digne de respect; qu'il est l'espoir de la patrie, l'espoir de l'Église, l'espoir même du ciel; que lorsqu'il a besoin de lait et de pain, il ne faut pas lui donner des pierres; que Dieu redemandera son sang quand même la loi humaine n'exigerait pas qu'on lui en rendît compte, ou serait trompée ou voudrait l'être; que si celui-là qui scandalise un enfant serait plus heureux d'être jeté dans la mer, une pierre au cou, à plus forte raison sera plus terriblement puni celui qui le tue et celui qui le laisse tuer...

Et cette croyance seule, docteur Le Bon, saura mettre assez d'amour dans le cœur des mères, et assez de lait dans le sein des nourrices.

LIVRE VI

QUELQUES TÉMOINS

I

DEUX VUES DE PARIS.

Ce qui suit vient du *Nain Jaune*, journal littéraire, dirigé par divers Valaques de passage à Paris, d'ailleurs Parisiens parfaits, et qui ne se font pas faute de donner leur avis sur toutes choses. Je ne change rien, je me contente d'abréger un peu. Les grâces de l'écrivain, Valaque ou autre, sont enseignantes comme le sujet même qu'il a traité.

LE POT AU FEU DE CLAMART.

« Il ne s'agit pas ici de Clamart près Meudon, joli petit bois où se cueillent pas mal de fraises, mais du sombre Clamart de la rue des Gobelins.

« Le cimetière de Clamart est au Panthéon ce que la Roche Tarpéienne était au Capitole.

« Clamart fut le cimetière officiel des suppliciés.

« Clamart n'est plus maintenant que le sanctuaire de la dissection. C'est là que la mort est scrutée au profit de la vie.

« La mort y est vraiment vivante, car elle y est utile.

« On y tranche autrui avec bonheur, on y rogne son prochain avec délices, on y découpe feu son semblable avec frénésie.

« Aucun corps ne s'est jamais couché dans cette terre au grand complet ; à tous il manque quelque chose.

« Ceux-ci, c'est la société qui en a commencé la dissection, au grand cours clinique de la place de Grève ; — il ne leur manque que la tête.

« Ceux-là sont de tous côtés percés à jour, ou bien n'ont plus ni bras, ni jambes, — expériences !

« Ceux-là, comme le banquier de Bilboquet, *manquent de tout*. Les carabins zélés ou collectionneurs se les sont payés en détail.

« A d'autres, il ne manque que les os, et ceci nous ramène tout naturellement à notre fameuse marmite.

« A gauche, en entrant par la grande porte, vous l'apercevrez au milieu des arbres, seule et isolée comme une marmite peu honnête et honteuse.

« Cette machine est encore une invention de l'époque. C'est une machine à fabriquer les squelettes à la minute.

« On sait parfaitement que cela ne vaut pas à beaucoup près l'ancien procédé.

« Les os, laissant dans l'eau bouillante une de leurs parties essentielles, perdent en solidité.

« Il y a bien de quoi !

« La teinte en est dénaturée.

« Mais cela va plus vite.

« Quand je vous disais qu'on ne fait plus rien de bon, même les squelettes.

« Où allons-nous, mon Dieu ?

« Entrez donc un soir à Clamart, vous y jouirez d'un curieux spectacle, pourvu toutefois que ce soit le jour ou plutôt la nuit du pot-au-feu.

« Dans le petit cercle qu'illumine cette étincelle de l'enfer, on distingue autour d'une table quelques étudiants prosecteurs surveillant froidement, la pipe à la bouche, cette sépulcrale opération.

« Les cadavres ont été placés debout dans la marmite ; il y en a quatre, deux d'hommes et deux de femmes.

— « Partie carrée ! s'est écrié un loustic. C'est peut-être indécent ce que nous faisons là.

« L'eau va bientôt bouillir, elle chante déjà.

« Lorsque, un roman à la main, les pieds sur les chenets, vous avez écouté le gazouillement d'une bouilloire dans le foyer, il ne vous est jamais venu à l'idée que ce murmure de l'eau qui chauffe pût devenir effrayant, lugubre, satanique, qu'on pût le prendre pour un dernier soupir, une plainte d'âme, un ricanement sardonique de trépassés.

« Et quand l'ébullition a fait soulever le couvercle de votre coquenard ou de votre pot-au-feu, vous n'avez jamais, que je sache, tressailli, tremblé, pâli.

« Il est vrai que vous n'avez jamais vu, parmi des vagues écumantes de bouillon, quatre têtes humaines se dresser lentement, supportant, cariatides menaçantes, le couvercle d'une marmite.

« Vous n'avez jamais vu quatre cadavres sortir de

l'eau bouillante jusqu'au creux de l'estomac, montrer un instant des torses dont la chair s'en va par lambeaux, des faciès qui ne sont plus des visages et ne sont pas encore tout-à-fait des crânes.

« Vous n'avez jamais vu cette ronde diabolique, informe, s'agiter quelques instants dans une danse frénétique, qu'accompagnent et règlent les fluctuations bruyantes d'une eau infecte, et retomber bientôt dans l'immobilité et le silence.

« PREMIER CARABIN. — Allons, voilà bien six heures que cela bout. Nous n'avons plus ni punch ni tabac. Nous en sommes au moins à notre trentième cent de piquet. Le jour va bientôt paraître. La nuit se la caratapatte, comme on dit dans le monde... Assez cuit ! servons chaud.

« DEUXIÈME CARABIN. — Ah ! je ne vous ai pas dit. Tantôt, au moment où l'ébullition a fait lever le couvercle, il m'a bien semblé reconnaître mon exportier !

« PREMIER CARABIN. — Tous les quatre sont bien sur la grande dalle ?

« TROISIÈME CARABIN. — Oui, mais il me manque le tibia d'une de ces dames.

« DEUXIÈME CARABIN. — Tu le retrouveras quand la chaudière sera vide. Ouvre le robinet !

« Pauvre chiffonnier ! ravageur indigent ! habitant de ce misérable quartier, qui que tu sois, qui as fait mettre à l'hôpital ton père, ta sœur ou quelqu'un des tiens, détourne-toi de ce ruisseau.

« Cette eau qui coule tiède et fétide est peut-être de ta famille ! »

O peuple du Christ ! ô petits qu'il avait faits les premiers ! O cimetières des campagnes chrétiennes, où les tombes, couvertes d'herbes fleuries, se pressaient à l'ombre du clocher! Sur ces tombes longtemps arrosées de pleurs, les vivants ne cessaient de répandre leur prière, et la terre sacrée n'était touchée que des genoux!

Voyons ailleurs cette civilisation qui vient de se montrer à Clamart. Voyons la silencieuse, attentive, même recueillie. C'est encore le petit journal que nous allons entendre; mais, cette fois, un maître prend la parole avec un juste sentiment de ce qu'il voit et de ce qu'il dit.

La scène est un lieu vaste et magnifique, inondé de lumière, de fleurs et d'or. Sur un terrain acheté plus cher que si la poussière en était de diamants, on l'a bâti de pierres choisies, et l'architecture en aurait fait un chef-d'œuvre pour peu qu'il fût possible de créer des chefs-d'œuvre avec des millions. La peinture et la sculpture y ont prodigué non pas leur génie, mais leurs peines; on l'a tendu de riches étoffes; la foule n'y entre que parée; enfin c'est l'Opéra. Quand le carabin a bien vendu son squelette, il se nettoie, se fait beau, se parfume et vient ici. Il s'assied en silence, chapeau bas, plein d'émotion. Le spectacle commence. Je laisse parler M. Jouvin, écrivain de rare mérite, juge délicat des choses de l'esprit, fait pour écrire de beaux livres, et que le petit journal condamne à voir et à juger à peu près tous les jours des choses telles que ce qu'il va conter.

Il s'agit de *Néméa ou l'Amour vengé, ballet en deux actes*.

« Sur quel point du globe les auteurs de *Néméa* ont-ils placé l'action de leur ballet? Grave question qui doit rester en suspens! L'arc, les flèches et la statue animée de l'Amour nous transportent dans les régions mythologiques; mais, d'un autre côté, les bottines à éperons des danseuses et la coiffure militaire des danseurs nous ramènent en pleine Germanie, terre classique de la légende. J'ai recours au livret, et je lis :

« Dans ce pays, c'est l'Amour qui autrefois était « adoré. En vain le temps a renversé son temple et « fait disparaître son culte, *tous ceux qui s'aiment sont* « *restés fidèles au dieu proscrit.* »

« Je le crois sans peine, et j'ajouterai même qu'il me parait assez difficile que ceux qui ne s'aiment point soient fidèles au culte de l'Amour. Au reste, nous voilà complétement éclairés sur la religion des naturels du pays, et c'est déjà un point essentiel. Nous savons encore que le beau Kiralfi vient d'épouser la jeune Hermiola, que paysans et paysannes du voisinage dansent à cette noce, « y boivent le vin de la mariée, » et que la plus jolie fille du pays, Néméa, ne se soucie ni de danser ni de boire. Elle arrive lorsque s'éloignent le son des instruments et le bruit des éperons, et laisse tomber sur la statue de l'Amour « un regard tout chargé de plaintes et de reproches. »

« Il me semble pourtant que si la villageoise sentimentale, au lieu d'aimer un simple paysan, comme ses compagnes, s'est éprise de son seigneur et maître, le comte de Molder, la statue n'en peut mais.

« Quel est donc ce comte de Molder qui, sans le

savoir, a inspiré à l'héroïne du ballet une si furieuse envie de devenir comtesse? Je vous le donne pour un seigneur fort désagréable en sortant de table, — et il ne fait que cela dans la pièce. Lorsqu'il a bien bu, bien mangé et bien joué, le comte fait des tours de force. Il renverse des statues d'un coup de poing, avec la même facilité qu'un ivrogne briserait son verre après boire...

« Rentre Néméa, » pour parler la langue chorégraphique des auteurs (ils sont trois). La jeune fille arrive toujours lorsque les autres personnages s'en vont. Le fracas d'une statue renversée de son piédestal, les éclats de la foudre, le bruit de l'orage, « rien ne peut lui faire deviner ce qui vient de se passer. » Il faut alors que l'infortunée, condamnée par son art à mimer sa douleur, ait perdue l'ouïe avec la parole; et, grâce à la nuit qui tombe, elle perd aussi la vue, puisque, dans son trouble, elle prend l'Amour en chair et en os pour la statue de l'Amour. C'est à monsieur de Cupidon en personne, qui a pris la place du marbre jeté par terre, que Néméa fait l'aveu de sa passion pour le comte. « Celui que tu aimes et qui ne t'aime pas, m'a fait une terrible offense, dit l'Amour; il t'aimera et je serai vengé. » Le Dieu, pour célébrer l'affront qu'il a reçu, donne à Néméa, dans son salon de verdure, un bal de nuit auquel assistent une foule de divinités de la Mythologie. Après qu'on a suffisamment ballé, le protecteur et la protégée se dirigent, bras dessus bras dessous, vers le château du comte.

« Le comte est à table, toujours mangeant, toujours buvant, et toujours jurant contre l'Amour, et — ce que je m'explique moins,—boutonné jusqu'au menton et botté jusqu'aux genoux. Il a fait durer le dîner jusqu'au souper, et l'aurore le surprend prolongeant le souper jusqu'au déjeuner. Le livret nous apprend que, sur la figure de ce goinfre, « il est facile de lire la trace d'un immense ennui. » En français, on dirait *suivre* et non pas *lire* une trace ; mais n'oublions point que la phrase voyage en Allemagne. Pendant que le comte s'ennuie sur la scène et que les spectateurs me font l'effet de ne pas s'amuser beaucoup plus dans la salle, arrive l'Amour déguisé en impresario. Il offre de donner à la noble compagnie le divertissement d'un ballet. — « A vous rendre fou d'amour, » dit l'Amour avec intention. — « J'en doute... » répond Molder.

« Parole imprudente ! Les amis du comte se montrent beaucoup moins dédaigneux. Moko, l'un d'eux, se fait surtout remarquer « par sa pétulance et sa gaieté. » Il n'y a pas de mal à être gai et pétulant ; mais ce qu'on ne saurait absoudre chez ce garnement de Moko, ce sont les sentiments que lui prête le livret.

« Il ne serait pas fâché, *le mécréant*, d'avoir des « femmes près de lui, *non pour brûler à leurs pieds d'une* « *flamme éthérée et discrète,* mais pour les aimer d'un amour tout-à-fait terrestre et passager. »

« Enfin le divertissement commence, et le comte Molder y assiste en premier sujet de la danse inoccupé, dont le rôle consiste à regarder se trémousser la première danseuse et à l'épouser au dénoûment. Mais comment les auteurs ont-ils entendu justifier le soustitre de l'ouvrage ? Je vais vous l'apprendre. Après que Néméa a exécuté ses cabrioles les plus originales, et que le comte a fait sa digestion, « ivre d'amour *et de colère,* » il prend la danseuse dans ses bras, en s'écriant : « Tu es à moi ! » Elle échappe à cette étreinte, et l'impresario, qui ne veut pas qu'on enlève à sa barbe sa première danseuse, se place entre elle et Molder. Le comte tire son poignard, qui s'émousse sur la poitrine de l'immortel. La situation est extrêmement tendue. L'Amour va se venger. « Il fait un signe. A ce signe, « le mur s'entr'ouvre, et le dieu montre à son insulteur « son temple relevé et sa statue replacée sur son pié- « destal. Tout le monde se prosterne. Le comte tombe « aux pieds de l'Amour et demande grâce. Néméa « joint ses prières *aux siennes*. L'Amour sourit et par- « donne..... »

Le pauvre Jouvin est si habitué à voir et à raconter ces épouvantables inepties, qu'il n'y met aucune colère. Il termine en nous apprenant tranquillement que celle-ci a déjà charmé trois capitales. Elle est née à Moscou, elle a brillé à Saint-Pétersbourg, la voilà maintenant à Paris, d'où elle passera sans doute à Turin, à Milan et à Naples. Deux empereurs l'auront vue, un roi l'applaudira ; rien ne manquerait à sa gloire si Garibaldi daignait l'honorer d'un sourire.

II

LA JOURNÉE D'UN VOYOU.

C'est le titre d'une pochade vive et bien faite, signée d'un boulevardier éminent, M. Delvau. Celui-ci, assurément, est né peintre de Paris, et peut-être quelque chose de plus. Jusqu'à présent, je n'ai pas aperçu qu'il aimât particulièrement le mal, ni qu'il fût sans études. Dieu sait ce que cela durera. Pour le moment je le cite comme moraliste, et si je m'écoutais, je dirais que je le préfère à Vauvenargues. Il a certainement bien plus de couleur. Toutefois ce n'est pas le temps de mépriser le dessin. Maintenant regardons le *voyou*.

« C'est le gamin de Paris, l'enfant de la voie publique, le produit de la boue et du caillou, le fumier sur lequel pousse l'héroïsme (?), l'hôpital ambulant de toutes les plaies morales de l'humanité. Laid comme Quasimodo, cruel comme Domitien, spirituel comme Voltaire, cynique comme Diogène, brave comme Jean-Bart, athée comme Lalande, — un monstre.

« On le nourrit de coups dans la bauge paternelle, — quelquefois aussi d'épluchures. — Il est venu au monde sans que l'on voulût de lui, ni son père, un chiffonnier, ni sa mère, une *traînée* de la rue Mouffetard ; on ne l'a pas tué, parce que cette brutalité-là n'est pas autorisée, mais on a tout fait pour le laisser crever. S'il a crû, c'est comme un champignon vénéneux, dans l'humidité et dans l'obscurité. On ne lui a appris aucun métier, et il en connaît cinquante qui n'appartiennent à aucune des classifications officielles, et dont aucun ne mène ni au million, ni au bonheur, ni à la réputation, — à Clairvaux quelquefois, souvent même.

« Son père — quand il en a un à lui — le fait *décaniller* de bon matin, sans s'inquiéter des moyens qu'il emploiera pour déjeuner ou pour dîner. Pourquoi s'en inquiéterait-il, ce père, puisque son fils ne s'en inquiète pas ? D'ailleurs, c'est bon pour les riches de s'occuper des trois repas traditionnels de la journée ; les gueux ne mangent qu'une fois, — comme les chiens, — et les tas d'ordures sont la manne quotidienne que fait tomber des fenêtres, pour eux, dans le grand désert parisien, la Providence, toujours bonne mère.

« Le voilà donc lâché dans les rues, son domaine. A tous les habits qui passent à sa portée, il crie : Ohé ! ohé ! Ne vous fâchez pas, il vous en cuirait : au lieu d'un voyou vous en auriez dix à vos trousses, et, à moins d'une intervention miraculeuse, vous deviendriez, pendant une heure, la proie de tous les polissons du quartier. Le voyou ne pouvant être bouledogue se fait roquet, et il aboie après tous les passants — sans les mordre...

« On juge aujourd'hui un procès célèbre : il entre au Palais-de-Justice et se faufile dans l'enceinte de la Cour d'assises. Si l'accusé est pâle, il prétend que c'est un capon qui *cane* d'avance devant Charlot; s'il a le visage rouge, il dit que c'est un ivrogne, et dans aucun de ces cas il ne s'intéresse à lui. Pour qu'on le touche, il faut qu'on lui ressemble en plus vieux, il faut qu'on soit sinistrement gouailleur et qu'on joue avec sa tête comme avec une balle; alors il manifeste tout haut son admiration par un : « C'est un *zigue!* » A force d'aller à la Cour d'assises et à la police correctionnelle, il devient ferré sur le Code à en remontrer à un procureur impérial. Une manière comme une autre de faire son droit !

« Du Palais-de-Justice il va au Palais-Royal ou au boulevard, sans que ses guenilles nidoreuses rougissent le moins du monde de coudoyer le velours et la soie. Rougir? Allons donc! Ses guenilles sont à lui — comme sa grasse, — et peut-être, Madame, cette soie et ce velours sont-ils à votre marchande à la toilette. Ne vous avisez pas de vous plaindre de ce contact malpropre, ou sinon vous entendrez une voix enrouée, fille de celle de Jean Hiroux, vous poursuivre sur le trottoir d'un « Ohé! la maquillée? Ohé! » Ou bien, si, pour éviter cette hottée d'injures, vous montez précipitamment dans une voiture qui passe, en disant au cocher : « Au bois! » l'impitoyable voyou ajoutera, à la grande joie des badauds qui aiment à voir humilier les femmes auxquelles ils ne peuvent aspirer « Au bois? Au bois de lit, punaise!... » O châtiment ironique du vice, fouetté ainsi par le vice !

« Et le voyou n'a pas encore dix ans! Jugez de ce qu'il sera à vingt! Il n'a pas encore dix ans, et il en sait sur la vie plus que vous et moi : c'est un *roublard*, cet enfant qui ne croit à rien ni à personne, ni à Dieu, ni au diable, et qui crache sur sa mère parce qu'il a vu son père cracher sur elle! La patrie? des navets! L'honneur? de l'anis! La gloire? du vent! La famille? du flan! L'amour? des nèfles!

« Hélas! l'enfance, cette chose si sainte, — sainte comme la vieillesse, cette autre enfance, — voilà ce qu'elle devient à Paris!

« Le voyou est fumeur. Il aime ça, la pipe, parce que ça le fait cracher souvent, et qu'en crachant il peut salir les paletots et les robes qui marchent devant lui. Bon petit homme!

« Sept heures sonnent. Le voyou flâne toujours, les mains dans ses poches sans fond, l'air goguenard, regardant insolemment les passants, tirant la langue aux bourgeois, louchant devant les sergents de ville. Les *queues* se forment aux abords des théâtres. Oh! le théâtre! il l'adore! Il se dirige vers l'Ambigu-Comique. L'argent lui manque pour entrer : patience! voilà de beaux petits messieurs qui descendent de voiture avec de belles petites dames : il y a des portières à ouvrir et des pourboires à recevoir.

— « Cela va commencer mon ambassadeur!... — Appuyez-vous sur moi, madame la duchesse!... » En disant cela, le voyou tend les deux mains afin de toucher davantage, et si le petit monsieur lui donne un décime, la petite dame ne lui donne qu'un sou : « Va donc! eh! voyou! » — « Voyou? Tiens! c'est ma sœur! O c'te balle! bonjour, madame!... »

« C'est en effet sa sœur qu'il a rencontrée là, graine de fille, comme il est lui-même graine d'autre chose; — sa sœur, qui a déserté hier le domicile paternel comme il le désertera demain, elle, parce que son père voulait qu'elle y restât, lui, parce que son père voudra qu'il en sorte.

« Il en sortira, c'est convenu; et le meilleur moyen d'en sortir, c'est de n'y plus rentrer.

« Minuit. Il y a peut-être des gens qui ne sont pas

encore couchés : le voyou, lui, dort déjà comme un bienheureux, — soit dans un four à plâtre, soit dans un tuyau à gaz, soit dans une maison en construction, soit sous le pont d'Arcole, soit sur une branche d'arbre. Demain, avant l'aube, il s'envolera à tire-d'aile du côté de la Roquette, où il a appris dans la soirée qu'on doit guillotiner quelqu'un. Tâche de mourir avec grâce, bandit : ton fils sera là pour t'applaudir ou te siffler?... »

Que vous semble du dernier trait, pris sur nature comme les autres ?

Ces pages qui exhalent une si forte odeur de Paris, m'ont rappelé qu'un jour à Rome, je lisais un portrait du peuple romain, tracé par Madame Dudevant, Parisienne consommée. Naturellement elle accuse le gouvernement clérical de corrompre ses sujets, et elle se moque ardemment de cette canaille romaine, qui va au Colisée entendre des religieux fanatiques dont la voix outrage ces belles ruines en y prêchant leur ridicule chemin de la croix.

Et tout à l'heure encore j'avais sous les yeux ce fameux croquis de La Bruyère qu'on se passe de mains en mains, à ma connaissance, depuis une vingtaine d'années dans la presse libérale. La Bruyère, en homme de lettres, peint le paysan de l'ancien régime comme une bête, non-seulement noire et affreuse et misérable, mais quasi-sauvage et qui possède à peine les rudiments du langage humain. Là-dessus on atteste les bienfaits de la Révolution, et il n'en faut pas d'autre preuve. Un ministre l'employait encore à cet usage il y a quelques jours. Je crois que La Bruyère n'avait pas beaucoup vu les paysans de son époque, lorsqu'ils assistaient à la messe le dimanche ; et je crois que le ministre n'a pas beaucoup vu les paysans de notre époque dans les champs ou dans les cabarets, le dimanche aussi.

Mais le voyou de l'an 1866, seizième de Napoléon III Empereur, ni la civilisation française, ni la civilisation parisienne ne montraient rien à La Bruyère qui pût lui donner l'idée de ce monstre, que M. Duruy peut contempler tous les jours... et duquel le dix-neuvième siècle ne triomphera pas.

III

AUTOUR DE L'ÉCHAFAUD.

Il n'y a pas longtemps qu'un homme des classes savantes fut guillotiné pour quelque tour de son art. Cet homme se comporta mal ; il montra peu de philosophie après en avoir étalé trop. On le vit tout affaibli, de mauvaise mine, plié en deux, la tête penchée, sans voix. Il se fit soutenir, ce qui est du plus mauvais genre. Les journaux qui s'étaient nourris de son crime, de son procès, de sa prison, de son supplice, le payèrent en « réclames. » Ils ravaudèrent un peu sa fin piteuse et lui firent des derniers moments présentables. Ils y mirent du « calme ; » ils avouèrent une marche un peu lente, mais « sans pâleur. » Malheureusement ils ne furent pas unanimes, et il y avait eu trop de témoins. Ces témoins s'étaient retirés peu satisfaits, se demandant à quoi servent l'éducation et les principes.

Parmi les journaux qui ont retouché la sortie du criminel, on nomme le *Moniteur*, journal officiel de l'empire français. Hélas ! à qui se fier ?

———

Les exécutions à mort sont très-recherchées des Parisiens, et la place de ce chapitre serait au livre des *Divertissements*. L'on voit alors paraître les « rôdeurs de guillotine. » Un petit journal esquisse cette espèce essentiellement parisienne :

« Au théâtre de la Roquette, les places les plus avantageuses, au rebours des places de spectacle, sont occupées par le fretin des spectateurs. Des femmes et des hommes, sortis on ne sait d'où, figures inquiétantes, voix sinistres, vêtements sordides.

« Ils passent là, quand il le faut, cinq ou six nuits, afin de ne rien perdre du drame.

« Quelques uns viennent étudier l'art *de se retirer convenablement*.

« Leurs propos sont cyniques, je n'en citerai qu'un petit nombre :

« — Il ne doit pas être à la noce !

« — Fallait pas qu'y aille !

« — Un pari : — Je parie qu'il n'y montera pas comme le cordonnier.

« — Le cordonnier ? Avec ça qu'il a été propre le cordonnier ?

« — Paries-tu ?

« — Je parie.

« — Ah ! ça ! mais il se fait attendre. Le cordon, s'il vous plaît ! »

« Ce public-là stationne depuis dix heures du soir aux environs de la machine rouge.

« De minuit à deux heures, il se grossit des gens du quartier qui viennent retenir leurs places et qui savent qu'elles sont rares.

« A trois heures, de ci, de là, quelques voitures se montrent timidement.

« A quatre heures, des jeunes gens et des jeunes femmes en toilette criarde arrivent en foule.

« Ils et elles ont soupé, je ne sais où, parlent haut, ricanent, chantent, posent comme au Cirque ou au Casino.

« Jadis, Mademoiselle Rigolboche ne manquait jamais une exécution.

« La foule augmente.

« Quand paraît le condamné, un frisson la parcourt tout entière. Tout ce qu'il y a de bête fauve dans l'homme se réveille... On se pousse brutalement, on s'écraserait pour mieux voir.

« Les yeux s'allument ; puis à cette luxure de sang, succède une torpeur profonde.

« Les uns s'en vont, pâles, affaissés ; les autres, les habitués, satisfaits ou faisant la moue, en disant : Allons, il est bien mort.

« Ou : Ça n'est pas ça ! — Je regrette le cordonnier. »

« J'ai entendu là-bas ce mot sinistre :

« Eh bien ! quoi... c'est un mauvais cheval ! Il a perdu d'une longueur de tête. »

Entre autres petits commerces qui se font dans le cours du spectacle, il y a la vente de la *complainte*.

La complainte est l'équivalent de la parodie des pièces à grand succès. Seulement ici les parodistes n'attendent pas que la pièce ait été représentée. Ils s'y prennent à l'avance, comme les auteurs d'almanachs, et précèdent de plusieurs jours le bourreau.

Si le condamné était libre d'esprit, il aurait tout le temps d'apprendre par cœur ce chant absolument digne de ceux qui le composent, et il pourrait le chanter avec les gens de bien qui viennent le voir mourir.

IV

LE PETIT MONITEUR.

Le *Moniteur du soir*, appelé dans le public *Petit Moniteur*, est le journal à un sou du Gouvernement. On a employé beaucoup de moyens pour le faire prendre et il a pris. C'est le seul journal qui puisse vendre de la politique pour un sou ; avec la politique il vend de la littérature comme un autre, et il fait encore du rabais sur le sou. Il y a des abonnements de faveur pour les instituteurs et les curés de campagne. Par ces moyens, le *Petit Moniteur* a conquis plus de lecteurs que M. Havin.

Je ne peux pas prétendre que j'aie contribué à sa fortune ; je ne l'ai lu qu'une fois en ma vie, mais je suis bien tombé ! Le numéro contenait un feuilleton de M. About. Car le *Petit Moniteur* ne néglige rien et ne recule pas devant la dépense pour former l'esprit et le cœur des Français pauvres; et M. About, toujours prêt à répandre la lumière, ne dédaigne pas plus le petit *Moniteur* que le grand.

Ce feuilleton de haute source, de quelque côté qu'on y regarde, ce feuilleton que l'on peut dire officiel, était une tranche de roman. Après l'avoir lu pour savoir ce que le *Moniteur* donne à lire au peuple de la ville et des campagnes, aux instituteurs populaires qui ont un si grand rôle dans la société, et enfin aux desservants des paroisses rurales favorisés d'une remise sur le prix d'abonnement, j'ai trouvé qu'il méritait bien d'être gardé.

Jugez en, lecteur.

IIIᵉ PARTIE, CHAPITRE II (suite).

LA CHUTE.

« La douleur vraie d'Éliane et surtout sa résolution de fuir au bout du monde prouvèrent à Gontran qu'elle avait le cœur assez neuf. Il eut beaucoup de peine à la réconcilier avec sa conscience et à la pousser dans l'ornière où tant d'autres malheureuses cheminent paisiblement. Force lui fut de recourir à des arguments tout autres et de prêcher un système de réhabilitation immédiate peu conforme aux habitudes et aux idées d'un païen comme lui. La marquise ne voulait à aucun prix rentrer coupable chez elle et présenter à son mari un front déshonoré. Gontran, qui la trouvait agréable et intéressante, mais qui se souciait peu de l'avoir éternellement sur les bras, se mit en quatre pour lui prouver qu'elle était la plus innocente des femmes. Mais elle crut aussi peu à ses paroles qu'à ses démonstrations. On se connaît en innocence, après trente-six ans d'une vie irréprochable. Alors le mécréant emprunta les armes de la foi, fit entendre avec beaucoup d'esprit que Dieu pouvait en un instant purifier toutes les souillures, et qu'on ne devait rien aux hommes dès qu'on avait fait sa paix avec le ciel.

« Une femme nourrie des principes de l'honneur moderne n'aurait pas donné dans ce piége. Mais la marquise n'était pas tout-à-fait de son temps. Elle n'était pas même de son pays, son âme avait été pétrie au mysticisme de la princesse; elle avait vu pendant plusieurs années les passions les plus contradictoires régner de compagnie et faire bon ménage dans le cœur de Madame San Lugar. Elle saisit avidement l'occasion de remonter au niveau des anges, sauf à retomber le lendemain. Son seul scrupule, ou pour mieux dire sa crainte, fut de déchoir dans l'estime du Père Ange, qui était à la fois un directeur et un ami. Jamais elle ne pourrait prendre sur elle de se montrer coupable aux yeux d'un homme qui la citait en exemple à tout Paris. Gontran fit voir alors combien il était homme de ressources. Il lui conseilla un biais qui mettait la conscience en règle sans ruiner le crédit de la pénitente dans l'estime du directeur attitré. »

Qu'en dites-vous, Monsieur le Curé?

V

LES INFORTUNES DU THÉÂTRE.

Le prochain destin du Théâtre leur arrache des larmes. Il meurt ! disent-ils. Je crois, moi, que c'est sa faute et la leur. Ils prétendent, eux, que ce sont les pièces à machines qui le tuent. Je veux bien qu'ils aient raison ; mais leurs raisonnements me persuadent que je n'ai point tort.

— Rien ne manquerait, disent-ils, si l'on avait de bonnes pièces qui fussent jouées par de bons acteurs ; — seulement les auteurs ne savent plus faire de bonnes pièces, et le public ne sait plus former de bons acteurs.

Les auteurs ne font plus de bonnes pièces parce qu'ils ne sont pas assurés d'en faire beaucoup d'argent. « Comment veut-on qu'ils méditent, veillent, se con-
« damnent au travail et à la gêne quand *il suffit de*
« *déshabiller autant que possible* la première Mademoi-
« selle venue pour toucher *cent mille francs* de droits
« d'auteur ? »

L'argument est à la taille du dix-neuvième siècle. Il eût étonné Corneille, Racine et même Molière, et même Dancourt. Ils eussent répondu : — Comment veut-on qu'un poète songe à l'argent, songe même à dîner quand il a une bonne pièce en tête? Serait-il poète celui qui pourrait descendre du ciel pour ramasser cent mille francs dans la crotte?

Cependant l'on cite des auteurs qui, de nos jours, ont touché cent mille francs de droits sans déshabiller aucune Mademoiselle. Leurs chefs-d'œuvre, on ne les cite pas.

Ces auteurs ne sont encore que des machinistes. Ils ont un gros métier appris sur le boulevard. Ils savent embrouiller et débrouiller des aventures et connaissent certaines ficelles à faire rire ou pleurer, qu'ils finissent par savoir à peu près tirer à propos. Ils deviennent cuisiniers, ils ne sont pas nés rôtisseurs.

Ils ne déshabillent pas les demoiselles, mais ils s'habillent eux-mêmes lâchement et cyniquement de tous les lieux communs, de toutes les guenilles, de tout le paillon qui peuvent plaire au public. Ils lui servent les farces et les crimes qu'il préfère, ils lui parlent sa langue basse et abêtie qu'ils avilissent et abêtissent encore; et les cent mille francs sont gagnés. Mais la pièce ne vaut rien, et l'auteur, devenu riche, ne songera qu'à devenir plus riche et ne fera jamais rien qui vaille, — et le public ennuyé va aux féeries, en soupirant après les combats de chiens.

L'Aristarque bien intentionné que me suggère ces observations, déclame contre les « malheureuses filles » qui secondent les monteurs de féeries. Il prouve que le théâtre périt par les femmes. Il périt donc par où il a péché. L'Aristarque établit que ces femmes sont

très-bêtes ; mais, dit-il, pourvu qu'elles aient des costumes frais et une cheville bien tournée, elles réussissent toujours. « C'est ainsi que chaque féerie augmente
« le nombre de ces insensées qui, ayant mis le pied
« sur un théâtre, se croient le droit d'y rester. En
« vain l'on essaierait de leur persuader qu'elles n'ont
« aucune des dispositions voulues..., le public s'est
« rendu leur complice. » Ainsi finissent ordinairement les débauchés, sous le joug d'une concubine bête.

Je ne saurais dissimuler que cet aboutissement me parait assez juste et assez plaisant. L'Aristarque, lui, est fort sérieux et prend mal la chose. Il prévoit les plus tristes jours. — On viendra, dit-il, à supprimer le dialogue ; vous verrez qu'on y viendra ! Nos principales scènes seront transformées en dioramas ; — on y introduira des danseurs, des prestidigitateurs et des jongleurs. — « Alors on pourra écrire sur chacune de
« ces boutiques : Ici sont enterrés l'art, le travail, la
« tradition et la gloire ! »

Et la GLOIRE ! Nous sommes exposés à perdre la gloire, en plein siècle de M. Havin !!!

Un autre moraliste, qui a fait un livre revêtu de l'*imprimatur* et de l'approbation de la petite presse, signale un autre péril de l'art. Ce péril vient encore des femmes : c'est le mariage des actrices.

« Si les actrices savaient combien le mariage leur

fait perdre de prestige, elles ne s'y exposeraient pas si souvent ; mais elles se figurent que le mariage les transforme et leur fait une position sociale.

« Le mariage n'a qu'un bon côté pour elles : il sauvegarde leurs appointements. Dans l'état de célibat, la grossesse étant considérée comme une infraction aux règlements, les appointements sont suspendus. C'est cette misérable question d'argent qui engendre aujourd'hui tant d'unions légitimes. »

Cela est tiré du *Dictionnaire des Coulisses*, qui « restera classique, » si l'on en croit le docteur qui a donné l'approbation. Et il est certain que ce passage dit beaucoup en peu de mots.

VI

PARENTHÈSE SUR BÉRANGER.

M. Champfleury, capitaine des Réalistes, écrit en ses commentaires, parmi beaucoup d'autres maximes d'importance, celle-ci :

« Il est difficile de prononcer le nom de Béranger
« sans en dire quelques mots. »

La correction grammaticale voudrait : « Sans en dire quelques SYLLABES ; » mais alors la pensée serait moins profonde. Car il s'agit, la suite le prouve, de la personne même de Béranger, et non pas seulement de son nom. Il faut donc entendre que l'on ne peut nommer Béranger sans s'arrêter un peu, sans dire quelques mots de *lui*. Pourquoi le grand réaliste parle-t-il comme si Béranger n'était qu'une *chose* ? Est-ce finesse d'esprit ou incapacité de langue ? Je l'ignore. L'homme est fin, mais la *fée Ironie* ne l'a doué que d'un français très-gros.

Malgré ce gros français, le capitaine des Réalistes n'est pas rien. Il mérite certainement qu'on l'écoute lorsqu'il ne dit que quelques mots. Il parle sérieusement de son Réalisme, quoiqu'en langue de fantaisie, et il a inventé le peintre Courbet, lequel a fait un ferme propos de ne jamais embellir la nature et n'a jamais enfreint son serment. N'étant point Champfleuriste, je ne suis pas non plus Courbettin ; ce peintre de laideur me semble le contraire d'un artiste ; mais je n'en admire que plus le succès de l'invention. A mon avis, c'est une des fortes mouches que l'on ait su faire gober aux Athéniens, et la police ne leur tenait pas la bouche ouverte comme pour Giboyer.

Oh ! que je ne dédaigne point M. Champfleury ! Il a fait un livre intitulé *Monsieur Tringle*, et un autre intitulé les *Bourgeois de Molinchart*, qui sont des ouvrages bien plus carthaginois que *Madame Bovary*. Et la *Mascarade de la vie parisienne !* On en mourrait. M. Champfleury passe pour n'être pas décoré. Il n'y a cependant rien dans ses livres qui sente aucune espèce de religion, sauf la religion de l'Art... de Courbet. Là, par exemple, il pontifie avec beaucoup de gravité, et même il ne se montre pas ennemi d'un peu de quelque petite pompe. Il a une manière posée et quasi solennelle de déplier le torchon. Sondez cet axiome sur Béranger! Rien dans tout le docteur Véron n'est plus majestueux. Le docteur Véron, grand réaliste aussi, et qui jamais non plus n'a embelli la nature !

Or, puisqu'il est certain qu'on ne peut prononcer le nom de Béranger « sans *en* dire quelques mots, » écoutons les quelques mots de M. Champfleury. Ils sont d'ailleurs intéressants.

M. Champfleury nous révèle que Béranger n'admirait guère ses contemporains, tant littéraires que poliques. Je n'en suis pas démesurément étonné ; et si l'on venait d'ailleurs m'apprendre que la plupart de ces illustres en tout genre, surtout les poètes, qui ont salé Béranger de tant de louanges publiques, qu'il leur a rendues, nourrissaient néanmoins pour lui les secrets mépris qu'il avait pour eux, je dirais que je le savais déjà.

Le pontife Champfleury lui-même est froid envers l'amant de Lisette. Je le soupçonne de vouloir le dessaler un peu. Il croit n'avoir pas l'air d'y toucher, mais la *fée Ironie* ne lui a donné qu'un gros français.

Béranger, dit-il, « s'amusait surtout du manége de « ces écureuils qu'*on appelle des hommes* et qui tour- « nent dans la cage politique... Au coin de son feu,

« entouré de quelques vieux amis, *se sentant impropre* « *aux affaires publiques,* le poète se *moquait finement* « *avec celui qui entrait, de celui qui venait de sortir...* « Il avait un fonds de scepticisme et de raillerie *qui* « *n'épargnait personne...* » Personne que lui-même ! Sur son propre compte, il était plus croyant et ne se disait point de sottises : « *J'ai voulu devenir le premier* « *dans la chanson,* est une phrase que je lui ai entendu « répéter souvent. » D'où le sagace Champfleury conclut que « le poète n'échappait pas aux glorioles « dont se nourrissent tant d'hommes qui dépensent « leur vie au service d'une idée. » On sent la pointe ! Même le prudent réaliste craint d'en avoir trop dit, et se hâte de rajuster la couronne qu'il vient de chiffonner. Il jure que Béranger était la meilleure pièce que l'on pût voir et le plus grand sage : « Il faut étudier « de près ces natures baptisées par la fée Ironie (divi- « nité réaliste.?)... Se moquant des hommes, ils aiment « les hommes. La petitesse des sentiments leur fait « pitié, et ils en rient de peur d'en pleurer, toujours « prêts cependant à venir en aide au malheur. » Le réaliste connaît la théorie des vertus douces à pratiquer et qui se paient, comme on dit, sur la bête.

Avec tout cela, il a une dent contre le bonhomme qui avait « voulu devenir le premier dans la chanson » et qui a dépensé (économiquement) sa vie au service de cette idée. Ce qui suit n'est pas sans amertume :

« En 1849 Béranger se faisait vieux et, croyant se

« dépouiller de certaines illusions, *en arrivait* à une
« sorte de négation des œuvres modernes. Suivant le
« chansonnier, la littérature s'arrêtait au dix-huitième
« siècle. » Le jeune Champfleury n'entendait pas cela
sans quelque douleur. « Était-ce une idée *réconfor-*
« *tante* pour un pauvre garçon qui a besoin de tant d'il-
« lusions dans la vie littéraire ? »

Ce vieux Béranger avait d'autres idées scandaleuses :
Il conseillait de s'assurer le pot-au-feu. « Mais, re-
« prend M. Champfleury, comment s'assurer le pot-au-
« feu ? Où se trouve l'emploi qui n'enlève ni faculté
« d'observer, ni indépendance ? Béranger *le* prêchait
« à tous ses amis (??), avouant toutefois qu'il n'avait
« aucun crédit, pour l'avoir dépensé depuis longtemps,
« et ce bienveillant donneur de conseils, pour toute
« conclusion, *en arrivait* à ouvrir sa bourse à certaines
« âmes fières qu'il mettait en fuite. » Bref, « en vou-
« lant encourager les jeunes gens, Béranger, sans s'en
« douter, jouait le rôle d'un *décourageateur* (!!) »

Mais M. Champfleury, comme on le voit en ses commentaires, ne se laissa pas — décourageater.

Il continua de poursuivre la belle chimère du Réalisme, et il la poursuit encore, avec l'espoir de l'enla-
cer dans ses bras chimériquement nerveux.

Fit-il bien? Béranger avait-il tort? Je n'en sais rien,
je n'en veux rien savoir. Je ne sais même pas pourquoi
je viens de passer une demi-heure à tirer la robe au-
gurale de M. Champfleury, qui est, après tout, un
homme adonné aux idées et un pontife très-innocent.

Quelle raison avais-je de rire de son style? — Il faut que j'aie eu peur d'en pleurer.

Fermons la parenthèse.

VII

LE COMBLE DE LA GLOIRE.

Le comble de la gloire, à Paris, c'est l'état où M. Renan était parvenu au commencement de l'an 1866, lorsque l'on attendait son livre sur les Apôtres. Il figurait en éventail à l'étalage des photographes, et les journaux le biographiaient perpétuellement, sans rien omettre de sa personne ni de son pot.

Quand les journaux flairent que le public veut savoir comment un homme a le nez fait et comment il dîne, cet homme est au comble de la gloire. Il peut se dire que personne, — à l'exception des condamnés à mort, — n'est en aussi belle passe de popularité.

Durant plus d'une année, M. Renan a occupé cette situation enviable, mais surtout lorsque son libraire annonçait pour tout à l'heure le fameux livre sur les Apôtres. Depuis que le livre a paru, c'est différent. Les marchands de photographies ont replié l'éventail, les biographes ont enrayé.

J'espère pourtant que je n'ennuierai pas en reproduisant quelques traits d'une de ces biographies intimes, qui m'a paru être le chef-d'œuvre du genre et quelque chose de tout-à-fait propre à donner une idée du comble de la gloire.

L'auteur est bien renseigné : « J'ai accompagné M. Renan, logeant dans sa maison, mangeant à sa table ; je professe la plus vive admiration pour son talent, j'éprouve la plus vive admiration pour sa personne. » Écoutons ce bon témoin, et secondons ses efforts pour laisser aux races futures la vraie figure du grand homme qu'il a aimé.

Il nous apprend d'abord que M. Renan, « né en Bretagne est resté Breton ; » c'est-à-dire qu'il a tous les traits distinctifs de sa race, « surtout l'entêtement » :

« Cet entêtement des Bretons est proverbial. Quand ils adoptent une idée ou une opinion, c'est avec rage. Ils s'y attachent *comme un chien de garde aux jambes d'un filou ;* rien ne peut les en faire démordre. Leur persévérance et leur force de volonté se retrouvent en M. Renan. »

M. Renan est mauvais cavalier, et c'est ce qui prouve la force de son caractère :

« En Syrie je le voyais partir, monté sur une mule très-vive, pour visiter quelque ruine grecque ou romaine. La bête s'en allait au grand trot, à travers les rochers et les fondrières, par les chemins perdus et les chemins frayés, — tout d'un trait. Lui, cependant, qui ne connaît guère l'équitation, roulait à droite et à gauche sur la selle, pilait, — comme on dit, — *du poivre,* frappait un peu à tort et à travers, tantôt la croupe et tantôt les oreilles ; — mais il ne tirait point sur la bride et ne s'arrêtait jamais qu'arrivé. »

Encore qu'il ait dit de si jolies choses sur la terre d'Adonis, M. Renan ne semble pas en être issu : il a le nez ordinairement rouge, et de temps en temps fleuri :

« M. Renan est petit, un peu gros, un peu court, et rien dans sa personne, sinon les yeux et la bouche, n'annonce l'exquise distinction de son style. Il a les cheveux longs, collés aux tempes ; ses joues et son nez sont ordinairement rouges : cela, je crois, à cause de petits boutons qui y font irruption de temps en temps. »

De la mise de M. Renan et de ce que vous diriez, le voyant passer :

« Sa mise est simple toujours. M. Renan porte ordinairement une redingote un peu longue, un gilet fermé, une cravate noire, un pantalon de couleur sombre, — et de gros souliers. En le voyant passer dans la rue sans le connaître, vous vous diriez : « Voilà un homme ordinaire, qui doit être, en outre, un excellent homme. » Et vous ne vous tromperiez que de moitié. »

Le logement de M. Renan est une nouvelle preuve de l'énergie de son âme :

« Si la tenue, le physique, les allures de quelqu'un

nous peuvent renseigner sur ses mœurs, à plus forte raison la maison qu'il habite et le quartier où elle est située. M. Renan demeure au faubourg Saint-Germain, dans une rue peu fréquentée, presque continuellement vide. On pourrait presque dire de la rue Vanneau, tant elle est triste et morne, ce que M. Renan lui-même a dit du désert : cette rue est monothéiste. Son appartement se trouve au troisième étage d'une bâtisse assez proprette, mais de simple apparence. Tout à l'entour sont de beaux hôtels, dont les propriétaires ont probablement brûlé la *Vie de Jésus*, comme c'était la mode il y a deux ans. M. Renan est allé se mettre juste au milieu du bûcher qu'on a fait de ses œuvres. »

Une rue monothéiste ! En Belgique, on dit : *monothôme*. Combien monothéiste est mieux !

Vie et bonnes mœurs de M. Renan :

« M. Renan a une vie très-régulière. Il se couche de bonne heure habituellement, se lève tôt, — ne fume pas, — et je crois qu'on ne l'a jamais vu au spectacle. Le travail l'absorbe et lui prend tout son temps ; aussi ne se promène-t-il guère, et seulement quand il va à l'Institut, les jours de séance, ou chez son éditeur, M. Lévy, ou encore quelquefois dans le monde. L'égalité de son humeur ne se dément jamais. Il est affable, gai et souriant. »

M. Renan mange bien :

« M. Renan n'est cependant point un homme qui se nourrisse de l'air du temps. Il pense beaucoup, vit beaucoup et mange beaucoup. Peu lui importe, d'ailleurs, ce qu'on lui sert ; il n'a que des besoins qu'il satisfait comme il peut, ou plutôt comme on veut. S'il n'avait pas eu le bonheur d'avoir toujours près de lui quelqu'un pour veiller sur sa santé, il est bien probable que cette façon d'agir lui eût joué quelque vilain tour. Il poussait à ce point la négligence, me racontait un jour M. Lévy, qu'on était obligé de courir après lui, dans la rue, pour refaire son nœud de cravate ou nouer les cordons de ses souliers. »

M. Renan n'ignore point ce qu'il vaut :

« Le dédain que lui inspire ce qu'on appelle vulgairement esprit pratique, éclate dans chacune de ses actions et dans chacune de ses paroles. Il se sent séparé de l'homme d'affaires, de l'homme utile, en un mot, de l'homme d'action, par toute la distance qui existe entre l'idée pure et le fait matériel.

« La conscience de cette supériorité — d'ailleurs évidente — se traduit au dehors par une ironie presque constante, non point insultante et hautaine, mais fine, perçante et corrosive. »

La conversation de M. Renan est charmante; seulement Bridoison ne saurait pas bien dire ce qu'il en pense :

« Il est peu de personnes qui causent plus agréablement, avec plus d'abondance et en meilleur style que M. Renan, et il en est peu, aussi, avec lesquels il soit plus difficile de causer. Sa pensée ne vous apparaît jamais tout entière et elle semble laisser toujours, comme derière un voile, quelque vague sous-entendu. Il parle doucement, assez lentement, miellleusement, avec un accent qui rappelle, à s'y méprendre, cet organe à part que je me permettrai d'appeler *clérical*.

Sa phrase est pleine de réticences, et bien souvent, quand il a l'air de traiter un sujet le plus sérieusement du monde, le sourire qui plisse légèrement ses lèvres vous avertit qu'il pourrait bien se moquer de vous.

« On ne sait trop alors comment on doit prendre ce qu'il a dit, ni si l'on doit le croire, ni si l'on doit rire. Sa voix ne varie jamais, ne descend point aux notes graves, n'atteint point les notes aiguës, mais reste dans un demi-ton un peu égal, quoique sans monotonie. Rarement, en causant, il rencontre de ces cliquetis d'expressions qu'on appelle aujourd'hui des *mots*. Toujours cependant il est incisif, malicieux, railleur, et je ne connais guère d'homme qui dépense autant d'esprit dans sa journée. Cet esprit seulement, au lieu d'éclater en fusée de temps en temps, se répand, comme une tache d'huile, sur toute la conversation. »

Si M. Renan ne fait pas la toilette de sa personne, il fait du moins avec application celle de ses phrases. Il conçoit bien ce qu'il veut dire; mais les mots n'arrivent pas aisément :

« Il efface, revient, retranche, remplace des mots, retouche des phrases, les arrondit, recommence des pages entières. Je le vis aussi, toujours, corriger les *épreuves*, de façon à faire perdre la tête aux imprimeurs. Il ajoute au moins autant qu'il retranche, et les mots, toujours, lui semblent ne rendre qu'imparfaitement toutes les délicatesses de sa pensée.

« Il aime à considérer les questions sous toutes leurs faces et sous tous leurs aspects, et il ne les quitte, si je puis m'exprimer ainsi, que lorsqu'il est parvenu à tourner tout autour. Il en voit également les côtés opposés, et il veut aussi les montrer au lecteur........ Il hésite, voit le pour, voit le contre, et flotte quelque temps irrésolu du contre au pour. La vérité — il l'a dit.

dans ses livres—lui paraît être toujours dans les nuances ; la sagesse consiste à louvoyer entre deux courants contraires. »

Ne nous en plaignons pas ! — Car :

« Peut-être est-ce là ce qui lui fait trouver tant et de si heureuses expressions. Il est, pour ainsi parler, obligé de fouiller la langue dans tous ses recoins pour y découvrir le mot qui s'applique juste à sa pensée, et de cette recherche incessante naissent mille finesses de langage, mille tours de phrases ingénieux ou frappants qui donnent à tous ses ouvrages ce charme profond, cette saveur particulière, cette fluidité, et je dirais presque ce vaporeux qui font que, bon gré mal gré, quand on les a une fois ouverts, on est obligé d'aller jusqu'au bout. »

M. Renan est peut-être l'honneur de Saint-Sulpice (ceci semble tiré) :

« Il parle l'anglais et l'allemand ; il possède comme sa langue maternelle, le grec, le latin et enfin l'hébreu — bien que plusieurs personnes l'aient nié. Au moins dois-je croire qu'il le comprend, l'ayant vu souvent en traduire. Je ne puis m'empêcher de remarquer, à ce propos, que ses adversaires ont bien mauvaise grâce à lui contester toute autorité en cette matière. Ce sont eux qui, autrefois, au séminaire, l'ont élevé et enseigné. S'il explique la Bible de travers aujourd'hui, cela prouve tout simplement que ses maîtres l'entendaient eux-mêmes assez mal. Ils devraient — ne fût-ce que par amour-propre — se féliciter en voyant la supériorité de leur élève sur les élèves de l'Université. Les livres de M. Renan font, ce me semble, le plus grand honneur à Saint-Sulpice. »

M. Renan se tient bien dans les églises :

« On se tromperait étrangement aussi, je crois, si l'on supposait M. Renan athée, comme quelques-uns l'ont dit. L'attitude respectueuse que je lui ai vu prendre dans les églises où il entrait m'a toujours fait penser qu'il n'avait point rompu entièrement avec les idées chrétiennes. Il m'a paru, d'ailleurs, que ses livres respiraient un sentiment trop vif de l'idéal, pour qu'on pût le regarder comme un matérialiste ou un incrédule. A chaque ligne, ce me semble, y perce la foi à un être supérieur et immatériel, esprit pur et dégagé de toutes choses. Je ne suis pas très-sûr, par exemple, que M. Renan se soit fait ou veuille se faire de cet être une idée bien exacte. Il se plaît, au contraire, à la conserver un peu confuse, et elle est pour lui comme une suprême et dernière nuance. »

Supériorité de M. Renan sur ses adversaires et divertissement qu'il en tire :

« J'ai eu souvent l'occasion d'entendre M. Renan s'expliquer sur ses adversaires, et il est impossible de le faire avec une plus profonde indifférence, une plus grande politesse et un plus hautain mépris. Ce n'est point qu'il nie leurs qualités ou fasse fi de leur talent, mais il pousse le dédain jusqu'à les louer de leur style — quand ils en ont — ou à rire de leurs plaisanteries — quand elles sont drôles. Je ne dis rien de leurs injures, qui ne lui arrachent même pas un mouvement d'épaules. L'orage qui gronde sans cesse sur sa tête l'égaye au dernier point, et je crois que lorsqu'il veut se délasser un peu de ses travaux et prendre quelque divertissement, il s'amuse à lire ce qu'on a écrit contre lui. »

Avec l'esprit qu'il a, je voudrais savoir si M. Renan s'amuse autant de ses apologistes que de ses adversaires? Pour moi, j'avoue que j'ai vraiment pris plaisir à lire ce procès-verbal de ses diverses beautés, et j'en multiplierais de bon cœur les copies. Faites bien attention que je n'y conteste rien, mais rien du tout! Tout au plus, si je me permettais à mon tour une appréciation du génie de M. Renan, tout au plus pourrais-je trouver plus de rapport que le biographe n'en aperçoit entre les fleurs de son style et les fleurs de son visage.

Mais

Savez-vous une idée affreuse qui me vient?

Ces complaisances pour le génie et pour la visage, ces intimités, ces *il me semble* si nombreux, ces recherches acharnées de la nuance, tout dans ce petit travail dénonce un peu plus que l'ardeur du disciple, et l'on ne m'ôtera pas de l'esprit que la main du maître y a passé.

Ah! bel indifférent, vous donc aussi, avant de poser devant l'objectif, vous vous donnez un coup de peigne, et vous ne laissez courir que des photographies retouchées!

Et voilà ce que c'est que le comble de la gloire!.. Mais au premier livre qui reste chez le libraire, il y a tout de suite beaucoup de déchet.

LIVRE VII

COQUELET ET COMPAGNIE

I

LE RÊVE DU LOUP.

Le loup de La Fontaine, écoutant les sages propos du chien au col pelé,

> Se forge une félicité
> Qui le fait pleurer de tendresse.

Je fais parfois ce rêve du loup.

Je ne dirai pas que j'éprouve un noir chagrin de me voir en guerre contre ceux-ci et ceux-là, et que leur colère me fasse maudire le jour où la plume est venue se placer dans ma main sous cette forme qui les désoblige tant. Cependant un autre outil et un autre travail ne me déplairaient point. Dans le fond de l'âme, j'aimerais à louer, pour le seul charme de la chose. Je m'y suis essayé quelquefois; chaque fois j'y ai pris plaisir. Rendre une justice douce, encourager des efforts honnêtes et heureux, admirer, quand l'occasion se rencontre; ô aimable vocation! Peu de gens s'y adonnent; c'est de quoi je suis étonné. Je ne parle pas de louer toujours, en homme payé pour cela; il doit y avoir du dégoût, et si ceux qui le font n'en ressentent pas, ils en inspirent; mais louer de coutume, avec un grain de sel pour l'assaisonnement et l'utilité.....

Oui; et je prendrai cette jolie devise que j'ai lue dans un joli livre du P. Bouhours, excellent modèle en ce genre : une abeille et ces mots : *Sponte favos, œgrè spicula*, le miel de gré, le dard à regret. Je détournerai mes yeux des œuvres tristes et bêtes, des gros livres brutaux, des petits livres pervers; j'éviterai le chemin des aspics pour n'être plus saisi de cette soudaine horreur qui me porte à leur mettre le pied sur la tête; et de leur côté les aspics m'éviteront, et je vivrai en bonne paix avec ces souples et prudentes créatures, et l'on ne m'appellera plus Tartufe, et l'on dira que j'ai du talent et de la probité.

Et les aspics eux-mêmes et les crapauds eux-mêmes, dit Shakespeare, finiront par siffler cette chanson. Je n'aurais pourtant à faire qu'une petite lâcheté.... Mais je n'aime pas assez la gloire.

J'ai dans mes armoires, peut-être dans mes paniers, certains volumes, certaines lettres qui me permettraient de semer et de faire lever promptement une graine de louanges en des lieux où l'on serait étonné de me voir cueillir pareille moisson. L'on croit que c'est un négoce laborieux : au contraire! cela va tout seul. *Donnant, donnant,* marché conclu. Je loue ce monsieur qui attaque ma foi, mes supérieurs, mes amis, tout ce que je révère et tout ce que j'aime: c'est une traite à vue et qui sera payée scrupuleusement; ce monsieur me louera. Nous procéderons très-adroitement; nous nous louerons l'un l'autre sans scandale, réservant nos opinions, les combattant même, mais célébrant réciproquement nos mérites personnels et particuliers, moi sa ballade, lui mon sonnet, et la candeur égale de nos âmes.

Quel mal y a-t-il à cela? Je le tiens pour un cuistre ignorant, c'est vrai! et de plus, je suis sûr, comme de vivre, qu'il se trompe à dessein, et que son ignorance, très-réelle sur certains points, et sur d'autres absolument volontaire; j'en ai la preuve multipliée; j'ai la preuve que c'est avec résolution et d'une volonté constante qu'il attaque et calomnie la vérité. Mais, ai-je besoin de le dire, et ne puis-je laisser croire que je le trouve plein savoir et de conviction, surtout lorsqu'il m'en doit rendre à peu près autant?

Hélas! que j'entrerais bien dans ces raisons! Que je serais doux, tranquille, heureux, respecté, membre de la Société des gens de lettres, porté pour la croix le 15 août prochain, si je n'avais cette infirmité de sentir mes cheveux se dresser au seul aspect de la bête d'encre et de vouloir, sans délibération, lui broyer la dent, de peur qu'elle ne morde l'enfant ou le pauvre qui va passer pieds nus!

Et, me proposant de l'éviter, je m'exerce encore, sans même y penser, à un certain sifflement qui l'attire.

II

COQUELET ET COMPAGNIE.

Coquelet n'est pas Prudhomme; il tient un rang supérieur, il a reçu une éducation plus soignée. C'est Coquelet qui est par excellence l'enfant de la haute Université, c'est à lui qu'elle décerne presque tous ses prix d'honneur. Prudhomme admire Coquelet, et Coquelet le dédaigne. Prudhomme fait le petit commerce; Coquelet est homme de lettres, poëte, artiste, avocat, employé supérieur, homme politique. Dans la garde nationale, Prudhomme ne dépasse jamais le grade de capitaine; Coquelet fait colonel.

Néanmoins, il existe entre eux des alliances et des affinités. Plus d'un Coquelet s'est remplumé en épousant une Prudhomme. Les Prudhomme réussissent très-bien dans l'épicerie, la droguerie, la brosserie et la miroiterie. On y trouve de bonnes dots, de quoi les Coquelet sont friands par dessus tout. Jamais un Coquelet, même poëte, ne s'est marié par amour. Les Prudhomme, au contraire, cèdent au sentiment, et plus d'un Prudhomme aussi a épousé, par amour et par gloire, une Coquelette pauvre. Presque tous en en ont souffert, car les Coquelettes sont rêveuses.

Edgar, l'épique, est Prudhomme par sa mère, propre tante du vrai et pur Coquelet, prix d'honneur du grand concours de 182..., avocat distingué, député, membre de l'Institut.

La tribu est immense et haute partout. On ne trouve presque point de petit Coquelet. Ils siégent dans les Assemblées, dans les tribunaux, ils ont beaucoup d'académiciens de cinquième catégorie, ils rédigent presqu'exclusivement la *Revue des Deux-Mondes*. Il y en a de fort religieux, et ce sont presque les seuls catholiques à qui les dignités civiles ne soient point fermées. Les dignités ecclésiastiques ne leur sont point fermées non plus.

Deux Coquelet, si éloignés qu'ils soient par l'éducation, par la vocation, par la situation, se reconnaissent entre mille, au premier mot, et quelque sympathie se manifeste toujours entre eux. Même un Coquelet ecclésiastique se sent une pente pour un Coquelet franc-maçon, et ne s'arrête sur la pente que par la vertu de foi qui bride la nature. Ainsi s'explique l'extrême diversité de la *Revue des Deux-Mondes*, et pourquoi cette extrême diversité n'est pas sans une certaine figure d'unité. Le type Coquelet fait l'harmonie.

III

M. BULOZ.

M. Buloz n'est pas un homme ordinaire. Il possède éminemment, l'on pourrait dire jusqu'au génie, le caractère distinctif des Coquelet, qui est de tâter l'opinion d'une certaine foule, de la connaître, de s'y asservir et de l'imposer. Il l'impose par le moyen du tact non moins sûr et non moins exercé qui lui soumet les faiblesses communes des gens de lettres.

Je doute que l'on puisse trouver dans l'histoire d'aucune littérature un Mécène ni un censeur, soit particulier, soit prince, soit magistrat, qui ait exercé une pareille influence sur les Lettres de son temps. Consultant le pouls intellectuel de Coquelet, M. Buloz inspire, dirige, corrige, rature, modifie les matadors de l'esprit contemporain; et les plus fiers ne sont ou n'ont été longtemps que les truchements de sa pensée. Or, M. Buloz n'a pas de pensée! Et voilà quarante ans tout à l'heure que cela dure! Et ce que n'a réalisé aucun Mécène, il y gagne assez d'argent!

On donne à la *Revue* douze ou quinze mille abonnés. Ces douze ou quinze mille abonnés, répandus par tous pays, composent le sommet de la civilisation humaine. En Crimée, on trouvait des numéros de la

Revue dans le bivouac des officiers russes; elle n'était pas exclue des bivouacs français, elle y comptait même des rédacteurs. A Paris, elle trône dans tous les cafés, dans tous les cabinets de lecture, et elle entre dans toutes les grandes maisons. Je me souviens d'avoir un jour suivi le porteur qui desservait une des rues les plus riches du faubourg Saint-Germain : à peine passa-t-il devant un hôtel sans y déposer un exemplaire ou deux, et c'est de même dans le faubourg Saint-Honoré.

Joseph de Maistre écrivait qu'il pourrait annoncer bien des choses s'il avait la liste des jeunes gens de famille en France qui se destinaient au sacerdoce. J'expliquerais beaucoup de choses et j'en annoncerais beaucoup si j'avais la liste des abonnés de M. Buloz, et j'espère que M. Buloz ne manquera pas de la donner à la suite de ses mémoires, qu'il ne manquera pas d'écrire. Les Mémoires de Buloz, avec cet appendice, seront bien autrement instructifs que les Mémoires de Talleyrand.

Jamais, je le répète, il ne fut semblable et si important patriarche des idées.

Par lui, les idées de Coquelet règnent sur les mondes.

Et Coquelet et M. Buloz sont tels que j'ai dit, et ils n'ont pas d'idées !...

LV

UN FILS DES DIEUX.

Deux jeunes gens du dernier goût vinrent s'attabler auprès de moi. L'un des deux étalait toutes les marques d'un petit sot et même d'un petit drôle; mais, par la belle Hélène, comme on sentait et comme il sentait qu'il avait toute licence ! Je le soupçonnai fils des dieux ; il nomma son père et je sus que j'avais bien deviné. Me reportant à quelques années en arrière, j'admirai comme c'est bientôt fait de grimper à l'Olympe, et de se détériorer au soleil qui brille et brûle dans ces hauteurs. Ce père, que l'on venait de nommer, je l'ai connu bon bourgeois, et rien n'empêche qu'il soit encore fort bon homme ; et voilà qu'il a déjà le cuisant déplaisir de posséder un tel fils ! Avant qu'il plût à la fortune d'acheter si cher sa grosse voix de palais, il n'était pas un aigle, et il n'ignorait pas qu'il avait donné le jour à un oison ; mais tout en vaquant à ses triviales besognes, il pouvait espérer d'élever encore assez honnêtement ce chiche héritier, de lui mettre un bon état dans les mains, de bonnes grosses idées dans la cervelle, de bons gros sentiments dans le cœur, de le rendre prudent, modeste, économe, peut-être délicat, et capable au moins de conserver, sinon d'accroître, le petit bien qu'on lui laisserait. Adieu ces beaux rêves ! Le garçon est devenu M. Un Tel *fils*. Il le sait et ne veut pas apprendre autre chose, et ne doute de rien, et croit que le monde est à lui. Où qu'on le place, quoi qu'on le fasse, à quelque fortune qu'on le lace, il sera sot, il recevra des nasardes, et les rats, et les usuriers, et les huissiers le mangeront. Cela est écrit, je l'ai lu, n'en doutez pas.

Pendant que je faisais ces réflexions, l'ami de M. Un Tel fils remarquait le ruban d'assez jolie couleur que cet infant portait à sa boutonnière. — Quel est ce ruban? demanda-t-il, je le trouve gentil. — Ça? répondit Clitandre, je ne sais pas. — Tu ne sais pas? — Mon valet de chambre me met ça suivant son goût.... Il change tous les matins.

V

LE BLEU-BULOZ.

M. Victor Cherbuliez « écrit bien. » Il est de Genève, et du nombre des écrivains français que M. Buloz a tirés de ce climat. Il a fait : *Un Cheval de Phidias*, ouvrage que la *Revue des Deux-Mondes* adore et qui le mérite, si j'en crois le rédacteur de la couverture.

« On sent circuler dans toutes ces pages comme un souffle de grâce attique, et il est difficile de parler de l'art et de traiter les questions d'esthétique avec un mélange plus heureux d'érudition, de goût et d'esprit. La frise que le divin ciseau de Phidias a sculptée aux quatre faces du Parthénon ne pouvait trouver un admirateur plus sincère, un commentateur plus sagace, un interprète mieux inspiré. »

Diantre! *mes petits sont mignons!* Il y avait justement sous cette couverture un roman nouveau du commentateur de Phidias. J'ai voulu voir, et c'est ainsi que j'ai appris l'histoire de *Paule Méré*.

Je n'en suis vraiment pas fâché. Ce roman peut tenir lieu de beaucoup d'autres. Il m'a donné le niveau de la littérature d'imagination en l'an 1864, trente-quatrième de Buloz. La composition est d'ailleurs très-curieuse en son genre. On y voit la réverbération de l'imperceptible dans l'infiniment petit, et la manière dont l'apparence d'un corps se forme avec des molécules de rien. Moyennant un peu d'étude, l'on y pourrait surprendre les principaux mystères de cet art de combinaison et de patience par lequel une savante mécanique réussit à faire des hommes qui remuent, qui marchent, qui mangent et digèrent, qui parlent, qui écrivent, enfin à qui rien ne manque, que la vie.

Paule est une fille de génie. Elle a tous les talents, toutes les vertus, toutes les beautés, elle jouit de toutes les libertés. Elle est aimée d'un jeune Suisse de génie qui est un délicieux poëte, un charmant rêveur, un délicat penseur, qui est libre, fourré de 80,000 fr. de rente, et universellement jugé capable d'écrire un beau livre sur le Liban. Cependant le garçon est verbeux.

Ces deux êtres supérieurs se rencontrent, se tutoient, s'admirent, s'honorent, s'adorent, veulent s'épouser. Pourquoi ne s'épousent-ils pas ?

Il a « du vague à l'âme. » Les vigueurs de l'esprit moderne n'ont pu encore sortir de là, et cette charpie de 1830 fournit toujours des trames de roman.

Pourquoi ce beau Suisse, qui médite un livre sur le Liban, a-t-il du vague à l'âme ? Je le pourrais dire, mais assurément l'auteur lui-même n'en sais rien, d'après les explications et descriptions qu'il a données jusqu'aux deux tiers de son ouvrage, où j'ai perdu tout besoin de savoir comment cela finirait.

La fable est des plus vulgaires, avec toutes les préparations et toutes les tournures d'un auteur qui veut faire du délicat. Tous les personnages ont lu la *Revue des Deux-Mondes* et font leur principale affaire d'être des chevaux de Phidias. Les péripéties ne naissent nullement du contraste des caractères et des justes mouvements du cœur. Otez un accident, il n'y a plus de drame.

L'accident qui empêche ces amoureux sans préjugés de se marier tout de suite, et qui fait douter s'ils se marieront, est fourni par un préjugé, d'ailleurs très-légitime, de la mère du jeune homme. Si cette mère renfrognée et peu chérie n'existait pas, ou si son fils lui refusait un délai qu'elle demande, point d'aventure. En dépit du vague à l'âme, il faudrait se marier dans les trois semaines. Le crime de l'amant est la faiblesse qui l'engage à garder les convenances envers sa mère.

Paule est fille d'une danseuse ; la mère du froid et vertueux amant est une Génevoise entichée. Elle croit aisément quelques mauvais propos répandus sur sa bru future, après une escapade où celle-ci a été poussée par la dureté puritaine de ses grands parents paternels, pleins de sottes préventions contre la vertu des dames de ballet. Ces cancans tiennent en échec nos belles et fortes âmes ; tout est pris dans cette toile d'araignée.

Il n'y aurait rien de plus innocent (pour l'époque) et de plus chétif. Mais ce qui caractérise l'œuvre, c'est l'absurde et anti-social esprit de révolte que l'auteur y a répandu.

Trois sages traversent l'action, trois sages dignes de toute admiration et de toute estime. Le premier est un ministre anglican qui s'est sécularisé parce qu'il a cessé de croire à la divinité de Jésus-Christ ; et ce ministre est un « saint. » Il a tout le génie, toute l'ardeur d'un apôtre. Il travaille à ranimer les âmes sceptiques.... en jouant du flageolet. Mais quel flageolet ! Ce flageolet est cheval de Phidias. On sent circuler dans ce flageolet *comme un souffle de grâce attique*.

Les deux autres sages sont un aubergiste et un restaurateur. On aurait pu des deux n'en faire qu'un, mais alors il ne pourrait pas si aisément répandre et allonger sa tirade. L'aubergiste est grand philosophe, d'une simplicité élevée; le restaurateur a beaucoup voyagé et il cite Homère. L'aubergiste est cheval de Phidias et le restaurateur aussi.

Un quatrième cheval de Phidias, très-important, est le soulier de la danseuse, mère de Paule. Ce soulier traîne sur tous les meubles, fait son personnage dans toutes les péripéties. En voyage, Paule, remplie de respect pour sa mère, qu'elle n'a vue qu'une fois, porte son soulier sur son cœur. Le soulier de ma mère!

Aux curieux de ces coups d'imagination, je recommande le récit que fait Paule Méré de son unique rencontre avec sa mère, où elle hérita de ce fameux soulier. C'est dans une chambre d'auberge. La danseuse voulant donner à sa fille une idée de l'art qui fait sa gloire, se met en costume et danse un pas. Ce pas exprime toute la poésie de l'amour maternel, et mille choses encore. A peine le flageolet de Thompson, l'ex-ministre du saint Évangile, en saurait-il dire autant: Il y a des vues sur la moralisation des masses par les corps de ballet. La jeune fille reste frappée d'admiration et de vénération. Depuis ce jour, elle ne s'est plus séparée du soulier de sa mère. Avec ce talisman elle est assurée de suivre tous les essors du génie sans écarter du sentier de la vertu. Et tout cela sérieux comme un pouding de M. de Mazade!

Je crois que l'esthétique de M. Cherbuliez consiste en ceci. Il fait les mêmes vertueux, les mêmes penseurs que les autres, mais il leur donne des conditions basses ou grotesques pour les distinguer et qu'ils brillent d'autant plus. La vraie vertu ecclésiastique et la vraie raison chrétienne sont le partage d'un défroqué qui joue du flageolet; la vraie élévation d'âme, la sagesse douce et bonne, le sens de la grande poésie, le dévouement, l'héroïsme du cœur, la grande vertu, les grandes amours, sont distribués entre un hôtelier, un maitre-queux, une demoiselle sans famille, une danseuse de théâtre : Voilà l'originalité. Elle date des plus vieilles préfaces de M. Hugo et des plus hardies inventions de M. Scribe. Il y a un lieu commun de vaudeville dont les petits journaux se moquent depuis des années. Ils appellent cela « la croix de ma mère. » C'est le signe qui fait reconnaitre les enfants perdus, le mémorial de vertu qui empêche les héroïnes de choper. M. Cherbuliez ramasse cette chose devenue ridicule; par un effort d'imaginative il en fait ce charmant, ce touchant, ce prodigieux soulier de ma mère... O nuits sans sommeil de l'artiste, vous êtes dures quelquefois, mais que vous savez être fécondes!

En même temps, les bons bourgeois, les pères de famille et MM. les pasteurs de Genève sont représentés comme des sots, des méchants et des gredins. La règle est absolue : toute situation régulière, toute fonction honorable sont personnifiées sous des traits dignes de mépris et même d'exécration.

Ce paradoxe grossier fatigue partout la raison sans l'amuser jamais, sans même la surprendre un instant. Il est convenu que l'on va voir le monde à l'envers, et que cet envers est l'endroit. Ce sont toujours les fous qui voient juste, les fainéants qui savent ouvrer, les irréguliers qui marchent droit, les bannis et les maudits qui méritent la palme. Jamais d'autre tour !

Le fond de cette perpétuelle mascarade, la passion sourde et têtue qui condamne tant d'écrivains à n'employer jamais que ce *truc,* et tant de lecteurs à s'en ennuyer toujours, la plupart des écrivains et des lecteurs ni ne se l'avouent ni peut-être ne la connaissent. C'est l'impossibilité de peindre la vertu normale sans lui donner aussitôt des traits chrétiens. Pour ne pas risquer de rendre au christianisme cet hommage, et mettant l'Évangile à l'envers comme le reste, ils créent une société composée de Pharisiens, qui se disent justes, et de publicains qui ne veulent pas le devenir. Faire semblant de n'être pas hypocrites, c'est la grande vertu.

Quel réquisitoire on dresserait contre la bourgeoisie avec les seuls portraits que nous en donne sans cesse la *Revue des Deux-Mondes,* l'œuvre essentiellement bourgeoise ! Et quelle comédie plus vraie et plus amère que le *Bourgeois Gentilhomme,* on ferait sous ce titre : Le *Bourgeois Penseur, ou Coquelet bourreau de luimême!*

Quant à la manière d'écrire de M. Cherbuliez, elle est pleine de simagrées et mille fois par delà tout le jargon des *Précieuses* ; j'entends les *Précieuses* de Molière ; car à Dieu ne plaise que je paraisse honorer peu l'illustre Arthénice et toutes ces gracieuses et nobles femmes qui contribuèrent si puissamment pour polir la langue et les mœurs. La *Revue des Deux-Mondes* est une école de précieux qui fourniraient bien plus justement à la satire. M. Cherbuliez s'y distingue par des grâces compilées auxquelles il ajoute un accent de Genève qui n'y sert pas de petit ornement. Il ne néglige rien de tout ce qui peut assommer l'ami lecteur. Je voudrais qu'il y eût séance à l'hôtel Rambouillet, j'y voudrais voir autour de la marquise et de ses amies, M. de Vaugelas, M. Despréaux et Molière, et que l'on fît comparoir les morceaux suivants, tirés des premières pages. Tout l'ouvrage est dans cette teinte particulière aux romanciers de la *Revue* et que, pour cette raison, j'appelle le *bleu-Buloz*.

Traits et profondeurs de sentiments :

« Je me perdis dans mes pensées... Plus d'un sapin m'a regardé d'un air familier, plus d'un vieux mur m'a souri au passage. Un ruisseau tombant d'une roche grise a grossi sa voix pour m'appeler, un merle d'eau me suivit pendant quelques minutes, volant de buisson en buisson, il ne chantait que pour moi. L'*Angelus* commença de sonner au village. Du haut de ce clocher, mes jeunes années m'interrogeaient, et mon cœur éperdu ne sachant que répondre, les écoutait en silence... »

On entend le flageolet de l'ex-ministre du saint Évangile :

« Les sons émus du flageolet arrivent jusqu'à moi. *Que me veut ce flageolet?* Il me semble qu'il me dit quelque chose que je n'entends pas bien? »

M. Fromentin, maître teinturier en bleu-Buloz, s'est confessé d'avoir écouté en Algérie un rossignol qui jouait longuement de ce flageolet-là. O Buloz! que nous veut ce flageolet ?

Accent suisse, avec rime :

« Je vous le dis en vérité, ce sont de bien bonnes gens que nos montagnards du Jura, et parmi eux, s'il faut choisir, je donne sans balancer la palme aux Grandvalliers. Chez ces hommes robustes et laborieux, rouliers, fromagers, lunettiers, horlogers, il y a des traditions d'honneur et de loyauté. »

Vague à l'âme, redoublement d'accent suisse :

« Que vos gronderies sont douces, que vos conseils sont *sages!* Quand vous me reprochez de traverser le monde comme un oiseau de pass*age* qui ne songe pas à *nicher*, quand vous me représentez qu'à *trente ans* il est bien *temps d'*enraciner sa vie, quand... quand... quand... Ah! croyez-moi, personne ne déplore autant que moi-même l'inutilité de mes jours, le vague de mes pensées, la *vanité de mon être* (!) mais le remède? Où trouver le remède? »

Ah ! jeune Suisse malheureux, tâchez de vous procurer l'adresse de *Pipe-en-Bois :* C'est lui qui a le remède.

Mais du descriptif, qui saura vous en guérir ?

« Ce qui caractérise le Jura, ce sont ses vallées longitudinales, parallèles à l'axe de la chaîne et bordées de chaînons continus, légèrement onduleux, partout semblables à eux-mêmes... Ma pensée accompagne dans leur fuite les ondulations de ces lignes bleuâtres ; elles s'éloignent, elles courent, *mais il n'est pas à craindre qu'elles s'égarent ;* elles ont l'air de savoir si bien où elles vont! Ne *pourraient-elles pas m'apprendre où je suis?* OUI, tel qu'il est, le *Jura parle à mon cœur...* Je préfère, à *notre vieil Ida* lui-même avec ses lauriers et sa couronne de nuées *violettes,* ces paysages un peu durs, qui tout au plus à certaines heures du jour s'embellissent d'une grâce passagère, *emblème des sourires fugitifs de ma destinée* (!!!)

« Bois sombres, vers pâturages, CRÊTS escarpés et anguleux où se plaisent les plantes que réjouissent le soleil et les autans, *combes marneuses* que chérit la gentiane du printemps, falaises *brunâtres ou crayeuses,* cirques rocheux, CLUSES étroites encaissées entre des murailles *grises,* sommets abrupts qu'*habitent le sylphe cavalier et l'esprit des pierrettes,* NANTS où se précipite une eau bouillon*nante,* ruisseaux clairs qui à trois pas de leur source disparaissent dans des gouffres, lacs transparents aux grèves nues, bordées de sapins, pentes pierreuses où rampe la vipère rouge, tourbières où dorment des mousses *jaunâtres* et des arbustes rabougris, marécages décorés de prêles et de scirpes, monts et vallées, ravines et prairies, champs stériles, labeur patient de l'homme ET DES BOEUFS pour vaincre le refus de la terre, maisonnettes blanches éparses sur les hauteurs, humbles logis couverts en *bardeaux dont* l'habitant travaille le fer et le bois pour suppléer à l'indigence d'un sol avare, troupeaux errants, silences profonds, croassement de la corneille, ciel à demi-voilé des longues après-midi, vapeurs grisâtres, traînant au flanc des montagnes, clairières que le vent du soir emplit de son ennui, royauté sereine de la lune à l'heure de mystère où elle s'empare des vieilles forêts étonnées, — j'ai tout vu, tout admiré, tout respiré, tout senti. »

Des *crêts*, des *cluses*, des *nants*, et du jaunâtre et du noirâtre, et du bruneâtre, et du douceâtre et des ondulations de montagne qui ont *l'air de savoir si bien où elles vont*, et le reste ! En bonne foi, que disent de plus drôle le marquis de Mascrrille et Mademoiselle Gorgibus ?

VI

PLAINTES DU LOCATAIRE.

« — Cette ruche à locataires, me dit André, n'est pas l'unique bien de M. Baudet. Outre quelque petite chose encore sur le pavé de Paris, il possède en Auvergne un château dont il va prendre le nom. Quel château ! une étoile à sept branches, et chaque branche est un beau bois, un beau pâturage, une belle ferme. Baudet vit là-dedans comme scarabée dans une rose. Au bout de l'an, tous comptes réglés, il lui reste cinquante mille francs, qu'il place à six et demi tout au plus, car il est honnête homme. Mais, hélas! il joue serré.

« Lorsque je vins pour examiner cette mansarde, la fenêtre ouverte laissait voir la lumière, le soleil, l'odeur des jardins. Je vis des arbres! j'entendis des merles! J'habitais alors une falaise de plâtre qui, par vingt crevasses béantes, me vomissait des cris d'enfants et des sonneries de piano. Je ne sus pas déguiser mon ravissement. Baudet me demanda tout de suite un loyer fort cher. En ce moment le vent arrivait jusqu'à nous, chargé d'un parfum d'acacias. Je consentis au prix de Baudet. — Mais, dis-je, voilà des papiers déchirés et des portes qui ne ferment pas. On me mettra bien des papiers neufs? — Eh! eh! répondit monseigneur, c'est de la dépense. On se laisse entraîner, on n'a jamais fini. Avec un papier neuf, il faut un parquet rafraîchi. Faites un bail, vous aurez le papier.

« Un bail!...... J'allais fuir. Mais un grand nuage qui cachait le soleil laissa passer cent rayons de lumière humide. Ruysdaël ne fait pas mieux. Je m'écriai. — Peuh! reprit Baudet, et la fraîcheur du matin, et les clairs de lune, et les orages, et le silence, et le soleil couchant, lorsqu'il s'éteint là-bas, dorant les frises de ces palais!...

« Baudet rédigea le bail, je le signai, sur l'assurance que Baudet, se sentant du goût pour ma personne ferait les choses en propriétaire généreux.

« On m'avait coulé une partie des charges, tout était clair et bien défini, je m'exécutai. Mais les dépenses de M. Baudet restaient dans le vague. Là où le propriétaire en bonne justice devait du bois, il mettait de la colle; ailleurs il ne mettait rien. — Faites-donc ceci, disais-je. — Le bail n'en parle pas, répondait-on. — Mais vous voyez que l'appartement n'est pas habitable! — Je ne vois pas cela du tout. D'ailleurs vous pouvez changer ce qui vous déplaît. — Mais je n'avais pas prévu... — Il fallait prévoir. — Mais je me ruine. — Et moi donc? L'autre jour encore, j'ai vendu des rentes.

« J'étais pris et je fis des dettes, moi pauvre diable, pour pouvoir habiter la maison de ce millionnaire qui ne dédaignait pas de me voler quelques centaines de francs.

« Je lui ai dit : — Monsieur Baudet, vous n'êtes pas juste et vous n'êtes pas sage. Vous êtes propriétaire, c'est vrai, mais vous avez tout de même besoin d'amis, et vos locataires ne seront pas vos amis. Il souffle de mauvais vents dans le monde, des vents capables d'abattre des maisons, et ce sont les locataires seuls qui peuvent conjurer l'effet de ces mauvais vents-là. Vous n'ignorez pas, Baudet, qu'il y a plus de locataires que de propriétaires. Or si les locataires, au lieu de fermer les contrevents, ouvrent les fenêtres, le vent emplira le logis, brisera les vitres et peut-être fera voler les toitures et crouler les murailles, et il y aura plus de sinistres que les Compagnies d'assurances n'en pourront couvrir !

« Baudet sourit finement et reprit : — J'ai été locataire et j'ai dit tout cela; mais depuis j'ai bien changé de langage, et je n'en veux plus du tout aux propriétaires qui m'ont tant fait enrager.

« Ils m'ont appris le métier... Du reste, je ne fais rien contre la loi, et ceux de mes locataires qui ont voulu plaider n'ont jamais eu raison... car je sais libeller en bail !

« Quant aux locataires qui ne sont pas destinés à devenir propriétaires un jour et par conséquent à changer d'avis comme moi, ce qu'ils peuvent dire ne mérite et n'obtient aucune considération. »

VII

APOLLON FILS.

L'idée en vient-elle aux fils, leur est-elle suggérée par les pères, je ne sais; mais enfin la littérature a si clairement tourné à l'industrie, que l'on y voit tous jours le fils prendre le *fonds* du père. On avait *Apollon et compagnie;* nous lisons maintenant sur quantités d'enseignes : *Apollon et fils, Apollon fils et compagnie.* Il y a même des demoiselles Apollon.

Du reste, les signes de vocation apparaissent peu; généralement ces successeurs ne sont pas héritiers. Je ne les en plains ni ne les loue. Héritier, pour la plupart, serait un mince avantage; c'est un mince dommage de n'hériter pas. Cependant la vérité est que le cachet de la décadence, ici comme ailleurs, se laisse voir terriblement. Moins d'imagination, moins de langue, et, qui le croirait, la morale elle-même à quelques degrés plus bas! Galvaudin II n'a point la belle tenue de son auteur; Lapouille fils aura besoin de s'élever beaucoup pour atteindre où son père est parvenu.

Je doute vraiment que ces dynasties littéraires puissent être solides. Selon toute apparence, malgré la gloire des ancêtres, rien n'empêchera

Que la noblesse coure en poste à l'Hôtel-Dieu.

J'en suis bien fâché, mais quel remède? Il y en aurait un, peut-être. Je le trouve indiqué dans certain beau quatrain de Pibrac... *que je m'en vais vous dire:*

Si tu es né enfant d'un sage père,
Que ne suis-tu son chemin jà battu?
Et, s'il n'est tel, que ne t'efforces-tu
En bien faisant couvrir son vitupère?

Quelle bonne grosse ferraille! Les sonnets de Tibulle Mouton et la plupart de ceux de ses maîtres sont loin de valoir ce quatrain, ni pour la matière ni pour la main-d'œuvre!

Parmi nos fils de lettres, il en est un que je regarde

avec plus de chagrin et à qui je conseille tout particulièrement de bien méditer la leçon de Pibrac.

Né du plus sage père, de l'un de ces écrivains très-rares dont l'œuvre atteste qu'ils possédèrent à la fois la pureté de l'esprit et la droiture du cœur, il n'avait aucun vitupère à couvrir, mais au contraire la plus enviable gloire à soutenir. Il n'en a pas pris le chemin.

Le nom de son père, ce nom qui nous est vénérable, qui lui devrait être sacré, ce fils le fait entrer dans des lieux littéraires où le fier et digne vieillard n'eût jamais voulu mettre le pied, et même, à moins de quelque contrainte du devoir, n'eût jamais daigné jeter les yeux.

Parmi nos journaux à images, vrais consanguins des cafés-chantants et des spectacles-féeries, il en est un qui fait le personnage du fils Crébillon, moins quelque esprit et une certaine grâce naturelle qu'il avait. On y est impie est galant, on y pirouette, on y a les allures de la Régence et ses odeurs, mais fort rancies. Cela sent le vieil iris, la vieille tubéreuse, le vieux musc, toutes les vieilles senteurs des vieilles perruques de Fronsac, avec un arôme de patchouli et de cigarette, fumet des grâces d'à-présent. Des opinions politiques percent dans ce bouquet : ce sont celles qui valurent à l'auteur de *Faublas* un siége de législateur. Pour que rien n'y manquent, il y a la note sentimentale : on adore les *bébés*, et ce boudoir-école est aussi une boutique de sucre d'orge. J'ai parlé de Crébillon, je lui ai fait tort. Le tendre Louvet, le « sensible » commis-libraire du quai des Augustins, proche le marché aux Volailles, est bien plus le type de ces élégants peintres des mœurs élégantes. Également connaisseurs de la société distinguée, ils ont même grâce à la décrire, et ils font aussi un petit commerce : ils sont modistes; ils dessinent, proposent et *lancent* des costumes pour les femmes de théâtre et pour les femmes de condition qui se travestissent. Ils sont le canal par où le grand monde et le demi-monde coulent l'un dans l'autre et tendent réciproquement et rapidement à cette heureuse confusion qui sera tout le monde.

C'est là, c'est dans cette rigole que le fils en question trempe le nom fier et pur de son père.

C'est là qu'avec toutes les grâces d'un parfait chevalier-*régence* et toutes les profondeurs philosophiques de M. About, la bouche en cœur, la poche pleine de *suque d'orze zaune pou Bébé*, il brûles des pastilles du sérail sur l'autel de la mère des amours.

Il me semble voir le vieil écrivain redressant sa haute taille et donnant à son calme visage une expression de douleur irritée; il me semble l'entendre, disant à son fils, comme le père du *Menteur*, dans Corneille :

— Êtes-vous gentilhomme?

VIII

LA MARQUIS DE VILLEMER.

Quand la marquis de Villemer revint de l'émigration, il trouva ses paysans aux limites de la paroisse. Ils dételèrent sa voiture, et le traînèrent sous des arcs de triomphe jusqu'à son seuil, resté intact grâce à leur fidélité. La Révolution n'avait pas même brisé ses armoiries. Le peuple, cependant, aimait son nom plus que sa personne, assez chétive et douteuse. Il fut médiocre, on espéra mieux de son fils, et l'on continua de chérir le sang de Villemer. On disait : *Bon sang ne peut mentir.*

Ce fils, élevé par de mauvais cuistres, devint un penseur qui se piqua de marcher avec « son temps, » et même de le devancer. Il hanta les réformateurs, les gens de lettres, les savants, rêva de faire un livre, et finalement vendit une partie de sa terre, qui l'ennuyait, pour soutenir un journal qui ennuya le public. Trois années de persévérance lui fournirent les prétextes suffisant pour vendre encore son château. Non qu'il fût devenu pauvre; mais il était poète en même temps que penseur, et il ne se sentait vivre que dans les joyeuses régions du midi. Il disait : de la lumière !

de la lumière! Or, ce vieux berceau de sa race, où tout son abaissement ne le préservait pas du remords, se trouvait situé dans les vents et dans les brumes de la Manche. Les trobadours et les penseurs groupés autour de son écuelle ne s'y plaisaient pas; les regards que le peuple jetait sur eux et sur lui lorsqu'ils traversaient, le dimanche, la place du village, troublaient sa poésie et sa pensée. Il sentait bien qu'on lui reprochait à bon droit de n'entrer jamais dans l'église, où les tombes de ses ancêtres avaient été courageusement préservées par la piété publique, et d'insulter tout le pays, en y amenant « du méchant monde. »

Il vendit donc le reste de sa terre aux dépéceurs, et son château pour être démoli. Il vendit le château sans le déménager; il y laissa ses portraits de famille, sauf deux ou trois qui étaient d'un bon peintre. En un mot, ce descendant de vingt aïeux illustres se fit bâtard afin d'être plus digne de la démocratie.

Une seule chose se trouva au-dessus de ses convictions et de son courage démocratiques : Ce fut de reprendre le nom même de sa famille et de s'appeler Le Tors, comme le héros des croisades qui avait bâti la première tour de Villemer. Il garda son blason, qu'il venait de gratter, et le titre de marquis, et le nom de Villemer, qu'il venait de vendre. Il gardait la gloriole, ayant lâché la gloire. Une certaine vieille, sa marraine dans l'église démocratique, lui persuada sans peine que cela ferait bien sur une couverture jaune : *Avénement légitime de la démocratie,* par *le marquis de Villemer.*

Quant à moi, j'avoue que ce héros me semble tout simplement un déserteur. J'ai pour lui environ le degré d'estime que m'inspire l'abbé Chose, auteur du *Maudit*, si véritablement le malheureux est prêtre.

Mais il y a des traits pires, car enfin ce sot Villemer n'est pas sans quelque sorte d'excuse, puisqu'il croit nourrir des idées. Il en est qui vendent leur terre pour placer leur argent dans les entreprises qui rapportent ou qui promettent davantage, les cafés-chantants, par exemple; et la grande exposition universelle. De tels faits, tous les jours plus nombreux, expliquent pourquoi la société croule. C'est maintenant que la noblesse succombe, emportant le reste de l'ordre ancien. Le gentilhomme n'avait pas ses grands biens pour tripoter en carrosse les boues de Paris et enrichir les industries frivoles ou malhonnêtes. Il devait être le tuteur, le patron, l'économe et l'ami des pauvres gens qui produisent, à force de sueurs, les richesses nécessaires. Du moment qu'il abandonne la fonction, il abdique la situation; ou il déserte, ou il se fait chasser.

Je ne peux prendre mon parti de ces décadences de la noblesse. C'était une institution si belle, le pauvre petit peuple en avait si grand besoin! Il me semble que ce grand seigneur qui a vendu à la bande noire sa terre, son château, ses papiers de famille, m'a trahi personnellement.

Je sens en moi une singulière pente, singulière du moins en ce temps. J'ai l'esprit de roture comme je voudrais que les gentilshommes eussent l'esprit de noblesse. Si je pouvais rétablir la noblesse, je le ferais tout de suite, et je ne m'en mettrais pas. Je voudrais travailler pour mon compte à rétablir la roture.

En vérité, j'ai joué un rôle de dupe, si je n'y regarde qu'avec l'œil de la raison humaine. J'ai défendu le capital sans avoir eu jamais un sou d'économies, la propriété sans posséder un pouce de terrain, l'aristocratie, et j'ai à peine pu rencontrer deux aristocrates, la royauté, dans un siècle qui n'a pas vu et ne verra pas un roi. J'ai défendu tout cela par amour du peuple et de la liberté, et je suis en possession d'une réputation d'ennemi du peuple et de la liberté qui me fera « lanterner » à la première bonne occasion. Cependant ma pensée est droite et logique; mais j'ai trop cru au devoir, et j'en ai trop parlé.

C'est la seule chose qui me console, quand je considère, hélas! tout ce que je n'ai pas fait.

IX

UN HÉROS.

L'odeur d'aujourd'hui vient de delà les Pyrénées; elle émane du général Prim, Espagnol. C'est une odeur de sédition. Elle est fort accueillie, elle amuse, elle plait.

Le général Prim est un général de guerre civile, comme la plupart des généraux de cette pauvre Espagne. Il a été fait comte de Reuss et ensuite marquis d'autre chose par la Reine, amnistié par la Reine, élevé par la Reine au grade de capitaine général, créé sénateur par la Reine. Il a soulevé quelques troupes dans le but de détrôner la Reine et de donner la couronne d'Espagne au roi de Portugal, auteur d'une gravure exposée sans succès au dernier Salon. Prim a été le héros de la semaine.

Le héros de la semaine à Paris, pas en Espagne. En Espagne, il a fait un peu *nada*. Le ministre O'Donnell, qui gouverne présentement l'Espagne et qui est arrivé à ce poste par des chemins de même nature, fait donner la chasse à son concurrent Prim; et l'épopée Prim est une suite de décampements. Du moins, c'est ainsi que le télégraphe la raconte. Il y a bien des gens qui ne se fient à aucun télégramme politique; cet instrument du progrès ne semble pas avoir été inventé pour mettre la vérité dans la main de tout le monde. Mais enfin, si Prim ne recule pas, il n'avance pas, et sa suite ne grossit pas. En outre, il paraît courir peu de dangers. Le métier de renverseur, dans les monarchies légitimes ou à peu près de l'Europe, est aujourd'hui des moins périlleux qu'il y ait au monde; en Espagne, il n'est qu'agréable. O'Donnell, le héros de la fidélité, a mis aux trousses de Prim, le héros de la liberté, un général qu'il paraît avoir chargé de ne le point prendre, et qui vraisemblablement s'acquittera bien de sa mission. J'aime l'Espagne, mais il faut pourtant convenir que l'Espagnol se rapproche du Napolitain.

Donc nul moyen, à ce qu'il semble, d'admirer beaucoup le général Prim : il fait une vilaine chose, il la fait mal, il la fait sans péril ; c'est à siffler comme le corbeau qui se prend dans la toison du mouton. Être corbeau relativement au seigneur O'Donnell !... Mais le fumet de défection est si piquant et si agréable qu'il emporte tout : il balance la dernière chanson de Thérésa, les lions du Cirque et le bal de Mademoiselle Pigeonnier.

Les chroniqueurs savent mille beaux traits du général Prim, qu'ils content pour le faire valoir. Il est élégant, il est brave, il fume d'incomparables cigares, il s'est fait cent amis sur le boulevard, il a brillé dans cent combats ; bref, il n'y a rien de si chevaleresque — pour le temps.

Le général n'était que petit officier, et il venait de perdre quarante mille francs au jeu ; quarante mille francs qu'il n'avait pas. Il demande crédit pour huit jours et vient à Paris dans l'espoir de trouver des amis qui lui trouvent quarante mille francs. Plus d'amis ! Il achète des pistolets, les fait charger et se rend tranquillement au bois de Boulogne, fumant ses incomparables cigares. Il rencontre un Italien de sa connaissance. — « Et où allez-vous ? — Je vais me brûler la cervelle. — Et pourquoi ? — Pour payer mes dettes. — Pouvez-vous attendre un peu ? — Je peux attendre un jour. » Le lendemain il reçoit ses quarante mille francs. L'Italien les avait gagnés à la Bourse, Prim, qui ne fait pas à ses créanciers d'écarté les mêmes serments qu'à sa Reine et à son pays, dégage sa parole et conserve son honneur. Quelques années se passent, il fait fortune par un mariage, monte en grade et se souvient de son Italien. Il vient à Paris pour le revoir et le payer, le trouve à Clichy, et l'invite, néanmoins, à déjeuner le lendemain. En arrivant, le bon Italien trouve quarante mille francs sous sa serviette. — « Qu'est-ce que cela ? — C'est « l'argent que je vous dois. — Mais vous avez déjà « payé au triple ; vous avez donné hier cent mille « francs au créancier qui me tenait à Clichy. — Je ne « les ai pas donnés pour m'acquitter, mais pour avoir « le plaisir de déjeuner avec vous. »

On a lu quelque chose d'approchant dans les histoires de *Fra Diavolo*, à moins que ce ne soit dans celles des *Flibustiers et Boucaniers d'Amérique*. Ils avaient la main large, ces écumeurs de mer, et ils savaient disperser les quadruples lorsqu'ils venaient de prendre un gaillon ; mais ils faisaient aussi la traite, vendaient même les prisonniers comme esclaves, pillaient le pays où ils passaient, tuaient le laboureur, brûlaient sa maison, violaient sa femme et ses filles, et ne faisaient nulle difficulté, quand la faim les pressait, de manger de la chair humaine.

Le trait d'ailleurs est charmant... Je dis le trait du

chroniqueur qui invente ou qui raconte cette histoire pour faire admirer son héros.

Savez-vous, général, ce que nous trouverions beau, nous autres gens de vieilles idées: ce qui nous semblerait le trait d'une âme vraiment espagnole? Ce serait qu'ayant encore une fois demandé pardon et l'ayant encore une fois obtenu, vous profitiez de la première occasion, — elle ne saurait tarder — pour mourir en défendant votre Reine, et la paix de vos concitoyens, et la nationalité même de cette noble Espagne que la Révolution va de nouveau terriblement assaillir, parce qu'on la juge digne encore d'être le dernier rempart de la Croix.

Alors, il est vrai, l'on ne ventera plus vos cigares, ni votre large esprit, ni votre bravoure, — mais c'est de ce côté-là seulement, général, que se trouvera la bonne mort.

X

HIC ALIQUIS DE GENTE HIRCOSA....

Le sergent trônait dans le wagon. Autour de sa mine poilue, ravagée et superbe, il n'y avait que des figures absolument lisses, sur lesquelles n'existait aucun vestige d'aucune pensée. L'abbé entra et prit la seule place qui fût vacante, en face du sergent.

Étant assis, l'abbé commença de lire son bréviaire.

Le sergent tourmenta son poil. Sur l'une des figures lisses, quelques signes vagues apparurent : en examinant bien, un œil exercé aurait pu reconnaître l'écriture de M. Guéroult.

Le sergent regarda l'abbé, puis les figures lisses, et dit : — « Ce que je ne comprendrai jamais, c'est qu'un homme soit assez lâche pour aller se mettre à genoux devant un autre homme aussi coupable que lui, et souvent davantage. »

Si l'on peut conclure quelque chose de l'inspection d'une figure lisse, ce propos fut généralement approuvé. L'approbation n'était pas douteuse du côté de la figure où certains signes s'étaient déjà montrés : l'écriture d'Adolphe y devint reconnaissable tout à fait.

L'abbé leva les yeux, les arrêta un moment sur le sergent et les reporta sur son bréviaire.

Le sergent reprit : — « Selon moi, quand un homme a fait son devoir, il laisse une bonne réputation. La bonne réputation, c'est le paradis, et il n'y en a point d'autre ; et la mauvaise réputation, c'est l'enfer, et il n'y en a point d'autre. »

Cette parole parut encore (généralement) très-sage, et même, vu la présence de l'abbé, très-opportune. Car de quel droit un abbé se fourre-t-il dans un wagon plein d'honnêtes gens ? Néanmoins, l'écriture Guéroult protesta. L'œil du sergent en parut étonné ; il devint interrogateur. L'écriture Guéroult dit : — Tous les grands philosophes ont cru à l'immortalité de l'âme. Le sergent répondit : — Je vous dis que non !

Après un silence, il continua. — « J'explique ce que c'est que faire son devoir : c'est de combattre et de mourir pour la France, et de faire triompher la France. Quand on est sur le champ de bataille, on doit crier : Vive la France, et mourir. Et voilà !

« De roi, d'empereur, de république, je m'en bats l'œil. Je ne connais que la France, moi, et la liberté. Voilà !... Et ça ne me ferait rien de passer ma baïonnette à travers le ventre du Pape et de tous les calotins, parce qu'ils sont ennemis de la France et de la liberté. Voilà ! »

Le sergent poursuivit de la sorte, et plus éloquent encore. Il ne se défendit pas quelques jovialités. Mais, comme il s'exaltait beaucoup, les figures lisses ne riaient plus. Elles craignaient qu'il ne fît des gestes.

L'abbé acheva de dire son bréviaire.

A la station, toutes les figures lisses descendirent, et, au signal du départ, elles se disséminèrent dans d'autres compartiments. Le sergent seul et l'abbé reprirent leur place. Ils se trouvèrent tête-à-tête.

L'abbé dit : — Sergent, je vois que vous êtes un brave militaire. Sur sept hommes qui étaient là tout à l'heure, vous seul n'avez pas craint de rester dans le même compartiment qu'un prêtre. Honneur au courage français !

Le sergent tira sa pipe et ferma les glaces. Quand la pipe fut bien allumée, le prêtre baissa la glace et tira son chapelet. Il le montra au sergent : — Sergent, j'espère que le chapelet ne vous incommode pas?

Le sergent n'était plus aussi en verve, n'avait plus la voix si libre. Il grogna : — Vous non plus, vous n'avez pas peur ! — Peur de quoi ? dit l'abbé. Le militaire aime la gloire, et vous avez dit beaucoup de choses tout à l'heure pour éblouir ces pékins ; mais, au fond, vous n'êtes pas méchant.

— Cependant je vous tuerais, répartit le sergent. — Sans doute, répartit l'abbé ; mais pas dans ce wagon. — Pourquoi pas dans ce wagon ? dit le sergent. — Parce que vous n'avez pas d'ordre, dit l'abbé, et que votre avancement en souffrirait. Au surplus, mon cher, je vous pardonnerais tout de même.

Allons, sergent, rallumez votre pipe, et laissez-moi dire mon chapelet.

XI

COQUELET-PRUDHOMME-ET-COMPAGNIE.

Coquelet et Prudhomme sont d'énormes sots. Ils sont devenus aussi riches que sots. Ils ont fondé une banque qui est la plus puissante du monde et qui gouverne le monde. Personne n'ignore que tout se fait en Europe avec les fonds de la maison *Coquelet-Prudhomme-et-compagnie*.

Coquelet-Prudhomme-et-compagnie encouragent beaucoup les Lettres et les Arts. A bien dire, il n'y a plus d'autres Mécènes. Ils font partout des commandes, tout le Parnasse travaille pour eux. Ils choisissent les artistes que la renommée désigne. La renommé suffit. Et ils paient suivant la renommée. Seulement ils imposent leur goût. On n'entend pas dire qu'ils y rencontrent grande difficulté. Les artistes sont naturellement portés à travailler dans le goût de la maison Coquelet-Prudhomme-et-compagnie.

Le mandataire de Coquelet-Prudhomme-et-compagnie, pour la partie des Arts et de la Littérature, est un personnage qui parle haut et que l'on écoute en silence. Il a des idées qui le poussent à développer l'Art dans une certaine voie où il sera le vrai consolateur de la vie humaine, par le soin d'en montrer partout le côté riant. Le côté riant, c'est l'Amour; le petit coquin d'Amour.

Cet homme considérable qui s'appelle à lui seul *Coquelet-Prudhomme-et-compagnie,* n'ignore pas que la vie apporte des heures sévères. Il a vu plusieurs fois la Bourse baisser ou monter hors de propos, et il est de sa personne sujet aux digestions laborieuses, même à l'ennui. Il sait qu'il faut des contrastes, il en veut, il ne se porte point ennemi de quelques confections violentes, d'un peu de férocité. Une bataille, un poignardement, des têtes coupées, pourvu qu'il y ait des torses bien peints, de la lumière, des fleurs, ne font que nous allécher davantage à ce diable de petit coquin d'Amour. Passons-nous une vue de sang; mais que l'Amour souriant ne soit pas loin, qu'il reparaisse bientôt, qu'il triomphe et qu'il règne !

Ce Coquelet-Prudhomme-et-compagnie, on ne le croirait pas, il a un fonds babylonien. Quand la tristesse chrétienne n'avait pas encore envahi l'esprit humain, il s'est appelé Sardanapale.

Il tient sa cour. Inclinés devant lui, les artistes reçoivent ses instructions et attendent ses grâces.

« Peintre, tes anachorètes donneraient le goût des légumes secs, et tes saintes font prier, mais c'est toujours un peu froid. Une Vénus dans ce sentiment élevé frapperait davantage la foule. Il n'est que Vénus pour inspirer l'amour du beau ! Je mettrai le prix que tu voudras à ta prochaine Vénus, et si tu en fais deux, j'achèterai la seconde pour ma villa. — Statuaire, j'aime ton Fabricius ; il respire vraiment la majesté antique. Je te commanderais un *Ecce-Homo*, mais j'ai chargé de cet ouvrage le vainqueur de l'an passé, qui nous fit de si chaudes bacchantes. J'attends de toi une paire de danseuses nues pour ma salle de bain. Qu'elle se démènent comme il faut ! — Architecte, il semble que ta cathédrale une fois bâtie s'envolerait dans les airs, et que les anges y viendraient chanter la messe. Je veux que l'on connaisse la fécondité de ton génie : dessine-moi une écurie coquette pour les *pur-sang* de la Belle aux cheveux d'or. — Et toi, petit poète, affolé de grandiose, qui veux-tu qui lise des alexandrins ? Es-tu si amoureux de rester dans ton grenier ? Fais-nous des vers libres, mon fils, et ne jette pas le souffle frais de ta jeunesse dans ces longs tuyaux de la machine héroïque. Applique-toi au vaudeville, j'irai t'applaudir, c'est de l'argent. Tu monteras du vaudeville à la comédie, et je te pousserai de la comédie à l'Académie, d'où l'on va partout. Une fois académicien, si le cœur t'en dit, tu te pourras remettre au poëme épique. — Quant à vous, Monsieur le publiciste, en vérité, vous avez des idées pour créer un monde! Quel financier, quel administrateur, quel homme d'État, quel homme d'esprit... lorsque vous aurez l'esprit des affaires! L'expérience vous manque : passez donc à la maison, que l'on vous fasse voir les affaires d'un peu près. Mettez-y la main, donnez-nous quelques heures de votre temps; vous n'y perdrez pas : vous deviendrez l'homme nécessaire, par qui le noir et le blanc se trouveront d'accord. »

Ainsi parle le délégué de la maison Coquelet-Prudhomme-et-compagnie au département des choses intellectuelles, et il a vraiment la clef des esprits et des cœurs.

XII

EN FAVEUR DE JEANNE D'ARC.

Une belle large rue va mettre en communication directe le Théâtre-Français et l'Opéra. Elle passe sur l'emplacement de la porte par où Jeanne d'Arc entra dans Paris. A cause de ce souvenir, il serait question d'y élever un monument à la guerrière inspirée. J'ose espérer que l'on n'osera pas.

Il est doux de penser qu'un jour la France catholique sollicitera en cour de Rome la canonisation de Jeanne d'Arc, martyre de Dieu et de la patrie, libératrice de son peuple. Mais il faut laisser passer le siècle du libérateur Garibaldi.

L'hommage que Paris lui offrirait présentement, Jeanne d'Arc ne le trouverait pas digne d'elle et ne voudrait point l'accepter. L'hommage auquel elle a droit, Paris ne le lui voudrait point rendre et n'a pas droit de le rendre.

Quoi de commun entre Jeanne d'Arc et la civilisation parisienne? La civilisation parisienne a placé la statue de Voltaire au fronton d'une église, de l'église consacrée à sainte Geneviève, patronne de Paris. Voilà ce que sait faire la civilisation parisienne, les traits où elle se peint et s'admire.

Un monument à Jeanne d'Arc sur le chemin de l'Opéra! Il n'y serait pas plus déplacé sans doute que sur le quai Voltaire, ou dans le Panthéon, derrière l'image de Voltaire; il n'y serait pas moins ridicule, insolent et menteur.

Il attesterait notre douce tolérance, cette impertinence qui prétend mettre partout le bien et le mal sur le même pied, établir partout le vice égal de la vertu. Paris contient assez de ces témoignages-là! Il en faudra sans doute subir bien d'autres, mais ne les provoquons point.

Que l'on fasse plutôt une nouvelle édition de la *Pucelle,* réimprimée ces jours-ci trop grossièrement; que ce soit une merveille de la typographie, que l'on en confie l'illustration au concours des crayons les plus experts, ils ne manquent pas! Voilà un monument qui aura sa date, son caractère, sa sincérité.

Mais un moment à Jeanne d'Arc, tout le génie de l'époque peut s'y mettre : il ferait invinciblement du faux et de l'absurde, un anachronisme qui déparerait la belle rue de l'Opéra. Je sais qu'ils croient avoir des peintres et des statuaires pour Jeanne d'Arc, comme ils en ont pour Laïs et pour Phryné, et que ce sont les mêmes peintres; mais ils se trompent.

Laissez, laissez! Votre siècle appartient à d'autres gloires, et vos artistes sont nés pour créer d'autres œuvres.

Nous voyons dans un jardin public la statue de Laïs, en costume de sa profession. Voilà le type des décoration qu'attend la rue nouvelle. Les acteurs, les mimes, les joculateurs de tous genres, toute la race précieuse des esclaves publics ne sont point encore honorés comme il faut. Brisez le préjugé qui écarte de leurs fronts les couronnes civiques, donnez toute la belle rue à ces gloires trop longtemps négligées et à votre reconnaissance trop longtemps muette.

Quant à nous, si nous avions un vœu à former, ce serait qu'on ôtât des étalages non pas les statues des grands hommes qui nous appartiennent, — il y aurait trop de vides, — mais au moins les statues de nos saints, qui n'appartiennent plus qu'à nous.

Otez-les! ôtez saint Bernard du voisinage de Voltaire et saint Grégoire de Tours de la compagnie de Rabelais, et mettez à leur place Diderot et Béranger que vous faites trop attendre. Prévenez le jour où les lecteurs du *Siècle* et de l'*Opinion nationale* viendront brutalement les renverser au risque d'endommager la maçonnerie

En vérité, plusieurs sont là, qui n'y voudraient pas être. Et comme cette voix prodigieuse qu'on entendit dans le monde aux jours de l'entrée du Christ, annonçant que le règne du mensonge expirait, des voix retentissant dans vos temples de tolérance. C'est la voix du vrai, cette fois, qui proteste; ce sont les vrais grands hommes, les hautes consciences et les hautes intelligences qui disent : Sortons d'ici!

XIII

UNE ANNONCE.

A l'occasion de la grande Exposition, un grand braire a commandé une grande description de Paris à une cohorte de grands écrivains. M. Hugo fournira le grand chapitre.

Ce sera Paris à vol d'oiseau, pour faire suite ou pendant au célèbre *Paris à vol d'oiseau* de *Notre-Dame de Paris,* ce livre si admiré lorsqu'on le lut, qui étonne tant lorsqu'on le relit.

M. Hugo, certainement, est l'un des puissants ouvriers de la civilisation contemporaine; nul peut-être n'y a plus enfoncé son empreinte. Il a pris ce personnage immense et rebelle qu'on appelait en 1831 l'ÉPICIER, c'est-à-dire la BÊTE; il l'a pris dans le propre giron des Quarante, il l'a pétri comme une cire molle, il l'a peint de ses couleurs, il l'a rempli de ses sonorités et il en a fait le romantique.

Il a ravi l'épicier et n'en a rien laissé à personne; il l'a tout gardé pour lui. Il l'a ôté à Delille, à Tissot, à Casimir Delavigne, à Béranger, à Lamartine. Dans ses serres, il l'a porté d'*Arbogaste* à *Hernani,* de *Frétillon* aux *Petites Épopées,* des *Méditations Poétiques et Religieuse* aux *Chansons des Rues et des Bois.*

Trois noms dominent la civilisation contemporaine :

Hugo, George Sand et Garibaldi. Hugo est le père, George Sand est la mère, Garibaldi est l'enfant. Dans le reste du monde, il n'y a que des disciples ou des proscrits.

Néanmoins M. Hugo a neigé beaucoup de neiges d'antan. Le roman de *Notre-Dame de Paris* est sorti du rang des chefs-d'œuvre pour n'y rentrer jamais, et le célèbre *Paris à vol d'oiseau* a fondu comme Claude Gueux. Il convient d'en faire un autre.

En ce temps-là, M. Hugo était pour le gothique. Il s'amusait fort des régularités modernes. Je me souviens de son rire sur ces lignes droites qui présentent ce je ne sais quoi de beau et d'inattendu qu'offre l'aspect d'un damier. Il avait aussi des images à lui pour exprimer la physionomie des monuments plus ou moins imités de l'antique : la Halle-au-Blé, une casquette de jockey posée sur une échelle; les tours de Saint-Sulpice, deux clarinettes; le Panthéon, un gâteau de Savoie. Je suis curieux de voir quelle métaphores mettront en relief les admirations que lui inspire ce que l'on a fait depuis.

Je l'attends à ces bonnets de police dont a été coiffé le nouveau Louvre, à ce bonnet de coton ceint de bouffettes qui dénonce si ingénieusement le Tribunal de commerce, à ces daubières puissantes qui ornent la place du Châtelet, à ces maisons de coin en cercueil, à ces triangles et à ces pentagones qui traînent sur le damier des quartiers neufs comme les pièces impossibles à réunir d'un casse-tête chinois.

Mais ce qui demandera tout l'effort de son imagination, ce sera le nouveau Temple du bric-à-brac industriel qui s'élève dans le Champ-de-Mars pour exciter l'étonnement de toute la terre. Jamais boudin de pareille taille fût-il roulé dans un plat de telle dimension, — avec du persil autour?

Je me demande si le plus grand de nos poètes est né parce qu'il devait décrire cette merveille, ou si cette merveille a été confectionnée pour donner au plus grand de nos poètes l'occasion de la décrire?

XIV

HOMMES IMMENSES!

Dans le monde révolutionnaire, qui est l'Église renversée, M. Hugo et Garibaldi représentent assez bien, — à l'envers, — l'un le pontife, l'autre le soldat. Même quand il chante les *Chansons des Rues et des Bois,* M. Hugo pontifie; le « torchon radieux » est un symbole. Même quand il cultive ses choux à Caprera, Garibaldi guerroie; le chou est la victoire du soldat laboureur.

On leur peut trouver aussi un air de Trissotin et de Vadius.

A propos du million de fusils que Garibaldi demandait pour affranchir les Italiens, le pontife et le soldat ont échangé des lettres qui sont à mourir de rire. Par malheur, c'est aussi pour mourir de honte à vivre en un temps qui voit pareilles scènes, et de tels sires tenir le haut du pavé.

« — Cher Hugo ! — Cher Garibaldi ! — Cher grand génie, j'ai besoin d'un million de fusils, aidez-moi ! — Cher grand génie, j'y tâche ; mais je veux vous donner en même temps un million de cœurs. — Homme immense, si tu veux me donner le monde, je l'aurai. — Homme immense, si je peux te donner ce monde, tu l'auras ! »

Et ces galants disposent bien, en effet, d'une partie du monde. Prudhomme avec admiration, Coquelet avec terreur écoutent la fausse lyre, contemplent le faux sabre et, prosternés, disent sincèrement : Hommes immenses !

Mais je voudrais savoir ce qu'au fond le pontife Hugo et le soldat Garibaldi pensent de Mazzini.

J'observe que Mazzini ne se laisse pas tutoyer.

XV

CECI TUERA CELA.

Parmi les dits mémorables de M. Hugo, il y a le fameux : *Ceci tuera cela,* qui date de son antiquité. Je ne sais plus quelle chose est *ceci* ni quelle chose est *cela.*

M. Hugo possède un coup de massue formidable, mais on ne se souvient guère que du bruit qu'il a fait. Néanmoins je présume que *cela,* qui va périr, est d'un ordre moral supérieur à *ceci,* qui va tuer ; et la grande popularité de l'auteur ne permet guère de douter qu'il applaudit au triomphe de *ceci* et à la défaite de *cela.*

J'hésite à croire que M. Hugo soit prophète, mais certainement il est vaticinateur. Il a prononcé plusieurs des mots du siècle, celui-ci est un des plus grands. Le siècle veut partout la victoire du mauvais sur le bon et du pire sur le mauvais, il y travaille, il suscite sans relâche quantité de *ceci* qui ont pour destinée d'exterminer quantité de *cela.*

On en ferait un beau dénombrement.

Ceci, qui était le cordeau, a tué *cela,* qui était le contour.

Ceci, qui est le moellon, a tué *cela,* qui était le jardin.

Ceci, qui est la fantaisie stérile, a tué *cela,* qui était la règle féconde, et *ceci,* qui est le délire stupide, a tué *cela,* qui était la riante fantaisie.

Ceci, qui est le plaisir, a tué *cela,* qui était la joie ; et *ceci,* qui est la volupté, a tué *cela,* qui était le plaisir ; et *ceci,* qui est la brutale débauche, a tué *cela,* qui était la volupté.

Ceci, qui est le coton, a tué *cela,* qui était la chaude laine et le lin frais.

Ceci, qui est le feu intense et la fumée âcre et salissante, a tué *cela*, qui était la flamme vive, s'élançant comme pour ressaisir son léger panache d'ombre qu'emportait le vent.

Ceci, qui est le café, a tué *cela*, qui était le salon; et *ceci*, qui est la tabagie, a tué *cela*, qui était le café.

Ceci, qui est la maîtresse, a tué *cela*, qui était l'amante et l'épouse ; et *ceci*, qui est la courtisane, a tué *cela*, qui était la maîtresse ; et *ceci*, qui est la gourgandine, tuera la courtisane et la femme.

Ceci, qui est *Valjean*, a tué *cela*, qui était *Gil-Blas*; et *ceci*, qui est *Rocambole*, a tué *cela*, qui était Valjean; et *ceci*, qui est le feuilleton cru et saignant de la Cour d'assises, tuera *Rocambole*.

Ceci, qui est *Hernani*, a tué *cela*, qui était *Cinna*; *ceci*, qui est *Marion Delorme*, a tué *cela*, qui était *Iphigénie*; et *ceci*, qui est le montreur de bêtes, a tué *cela*, qui était *Hernani*; et *ceci*, qui est la *Belle Hélène*, a tué *cela*, qui était *Marion Delorme*.

Ceci, qui est Beaumarchais, a tué *cela*, qui était Molière ; et *ceci*, qui est Scribe, a tué *cela*, qui était Beaumarchais ; et *ceci*, qui est sorti de Scribe et qui n'a de nom dans aucune langue, s'est rué sur *cela*, qui était Scribe, et l'a dévoré ; et *ceci*, qui est la jambe ignoble de la figurante, écrase et les débris de Molière, et les débris de Beaumarchais, et jusqu'à cette pullulation innommée que Scribe engendra et qui le dévora.

Ceci, qui est Montesquieu, a tué *cela*, qui était Bossuet ; et *ceci*, qui est Carrel, a tué *cela*, qui était

Montesquieu; et *ceci*, qui est Havin, a tué *cela*, qui était Carrel; et *ceci*, qui est Millaud, est en train de tuer *cela*, qui fut Havin. — Havin est trop beau pour le monde, le ciel ne nous l'aura montré qu'un jour !

Ceci, qui est la nourrice, a tué *cela*, qui était la mère ; et *ceci*, qui est la spéculation, a tué *cela*, qui était la nourrice, et tue l'enfant.

Ceci, qui est la crèche, a tué *cela*, qui était le berceau.

Ceci, qui est la philanthropie, a tué *cela*, qui était la charité ; et *ceci*, qui est le bureau, tuera *cela*, qui était la philanthropie.

Ceci, qui est la liberté, a tué *cela*, qui était le pouvoir nécessaire, c'est-à-dire l'ordre ; et *ceci*, qui est la force, c'est-à-dire l'ordre nécessaire, tuera *cela*, qui était la liberté.

Ceci, qui est l'égalité, a tué *cela*, qui était la hiérarchie ; et *ceci*, qui est l'esprit de servitude, unique fruit de l'égalité, tuera *cela*, qui était l'égalité.

Il ne manque pas d'autres *ceci* qui sont en train de tuer d'autres *cela*. Je m'arrête, parce que *ceci*, qui est la conquête de 89 et l'affranchissement de l'esprit humain, a tué *cela*, qui était, avant 89, le droit d'exprimer toute pensée qui n'offensait ni Dieu ni les hommes, et qui ne s'en prenait qu'à l'erreur publique.

XVI

PHILOSOPHIE DE L'HISTOIRE.

Mon cher Coquelet, j'ai l'honneur de vous présenter M. Jacques P..., mon ami, peintre distingué, qui s'est fixé à Rome depuis longues années, et qui connait Rome comme s'il l'avait bâtie.

Mon cher Jacques, j'ai l'honneur de vous présenter M. Martin Coquelet, mon ami, avocat, membre de la Société d'Économie politique, abonné de la *Revue des Deux-Mondes,* et bientôt, nous l'espérons tous, l'un des deux cents de l'Institut.

Je vous aime beaucoup tous deux, car vous êtes tous deux fort gens de bien, et très-éclairés, chacun dans un genre différent. Causez librement, vous pourrez vous instruire l'un l'autre. Si vous parvenez à vous entendre, j'en serai profondément étonné.

La conversation s'engagea. Coquelet félicita le peintre d'être venu en France et à Paris. — Que vos yeux savants, lui dit-il (car la pensée de Coquelet ne va jamais sans quelque pompe), que vos yeux savants et artistes doivent être charmés des merveilles toutes neuves qu'ils peuvent contempler ici !

Que ces splendeurs, que cette régularité, que cette police diligente partout répandue, que cette vie abondante, que cette propreté enfin doivent flatter des yeux fatigués des pauvretés, des immondices, des incommodités accumulées dans ces tortueux corridors qu'on appelle les rues de Rome!

Il parla longtemps, je m'attendais à voir bondir le peintre, mais il écouta en silence, aussi patient qu'un moine romain. Seulement je m'aperçus qu'il ne pouvait parvenir à rouler sa cigarette, et il me semblait qu'il aurait pu parfois l'allumer au seul feu de ses yeux. Enfin Coquelet se tut.

———

— Monsieur Coquelet, dit le peintre, vous parlez bien et je vous honore. Ce qui m'étonne, c'est que vous ne soyez pas encore membre de l'Institut. Mais on nous donne en France une éducation pleine de préjugés contre laquelle je ne trouve point que la *Revue des Deux-Mondes* réagisse assez puissamment.

Vous trouvez donc que les rues de Rome, non-seulement pèchent contre l'alignement, mais encore sont « mal tenues. » C'est votre mot. Vous autres, avocats français, vous parlez sans cesse de *tenir ;* en tout vous avez des idées de contrainte.

Dans notre France, si bien tenue, le mot que je remarque le plus souvent est : DÉFENSE. *Défense* d'entrer, *défense* de sortir, *défense* de passer, *défense* ici, *défense* là ; *défense*, *défense !* C'est le fond de la langue.

Cela m'ennuie, Monsieur Coquelet ! Ce mot est raide comme un bâton; il frappe, à ce qu'il me semble, mes épaules autant que mes yeux. J'avoue que la France est bien tenue, mais je me sens moi-même un peu trop tenu.

Et quand par hasard je ne lis pas *défense !* une autre chose me gêne. Je me dis : Je tourne à droite, je tourne à gauche, je vais devant moi par permission. Il y a quelqu'un que je ne vois pas, qui me permet de remuer !

Et quand j'aperçois un sergent de ville, un gendarme, un gardien, un agent quelconque en épée, en sabre, ou en collet, — ce qui ne tarde guère, — instinctivement je reste immobile, ne sachant plus si je marche sur le bon chemin.

Mais revenons à Rome. Voilà des rues tortueuses ! Oui, Monsieur Coquelet, et c'est pourquoi on y trouve de l'ombre, et pourquoi aussi la tramontane ne les transperce pas de bout en bout. Ces tortuosités sont des remparts contre la fluxion de poitrine.

Ces rues tortueuses sont mal tenues. L'on y trouve de la poussière ou de la boue, suivant la saison. Je jure par Son Excellence M. Haussmann, que j'ai trouvé ces deux choses en pleine rue de la Paix, suivant la saison.

De plus, je l'avoue, on rencontre parfois dans Rome

des épisodes à la Teniers, qui sont moins fréquents dans les rues de Paris. Mais sans parler du reste, les garçons de police, Monsieur Coquelet, sont plus rares dans les rues de Rome.

Tout compte fait, un goujat dans cet état de nature qui force à détourner les yeux, est moins saisissant à voir qu'un sergent de ville. Le goujat ne me force qu'à prendre le large, le sergent de ville me coupe le chemin.

La liberté, Monsieur Coquelet, c'est une belle chose ! J'aime mieux, moi, rencontrer le voleur que le sergent de ville. Car le voleur ne me prendra que mon mouchoir, et je peux le rattraper ; mais le sergent me prend ma liberté. Qui la rattrapera ?

Le jour où l'on pourra faire dans la rue de Rivoli ce qui vous indigne dans les rues de Rome, la rue de Rivoli paraîtra moins propre, mais le monde sera sauvé. Alors il n'y aura plus de sergents de ville, alors donc le monde aura suffisamment de tenue intérieure pour se tenir lui-même.

En compensation de cette petite ordure, que la liberté peut-être nous rendra, que d'ordures auront disparu, emportant le sergent de ville ! Oui, le sergent de ville est beau dans son genre ! Mais l'inconvénient de cette fleur est de n'éclore que sur le vol et la prostitution.

Oh ! le beau jour où, faute d'engrais, le sergent de ville dépérira ! Toutefois, consolez-vous, Monsieur Coquelet, nous ne verrons pas ce jour. Sans être prophète, ni fils de prophète, j'ose dire que nous avons du sergent de ville pour longtemps !

Nous sommes devenus un peuple fort propret; nous avons pris le pli de la propreté. Or, il n'y a que les peuples négligés sur cet article qui aient empire sur eux-mêmes ; ils ont le même empire sur le monde.

L'empire appartient aux peuples malpropres. Je me contente d'énoncer cette grande vérité politique. Je pourrais ici la démontrer historiquement; mais le développement nous mènerait trop loin. L'axiôme suffit à un esprit de trempe supérieure. *Intelligenti pauca.*

Ces grands vieux Romains, ces politiques et ces législateurs si justement admirés, ne voulaient pas que les maisons se touchassent dans la ville. Par là point de difficulté sur le mur mitoyen, et, ce qui valait mieux, autour de chaque maison, un cloaque toujours florissant.

Ils étaient forts. Remarquez que tous les amants de la propreté sont faibles. Et cela doit être. Quoi qu'ils prétendent, le corps humain est fait de saleté. Dieu le tira de la boue ; naturellement il ne peut trouver de force que dans ses principes constituants.

Mais feignant de croire, comme dit l'*Autre*, qu'il est né de sa propre puissance, qu'il est maître, ce stupide corps renie son origine et se vautre dans toutes les propretés imaginables, ce qui l'énerve et le tue.

L'âme, à la bonne heure, doit être propre ! Née

d'un souffle de Dieu, l'âme est la pureté même, et ne vit que de pureté. Mais, voici le grand mal: Les délicatesses du corps paralysent et trompent l'âme.

S'apercevant, *poverella!* que son esclave perverti ne lui rend plus les services qu'elle est en droit d'exiger, elle aussi marche à contrepente, imaginant qu'il lui faut de la saleté pour remédier à sa langueur.

Elle s'en donne! Elle en prend, Dieu sait! et elle en demande encore, et elle en prend toujours. Elle s'incorpore à la souillure, elle se fait souillure et n'en a pas assez; elle en meurt et ne dit pas assez.

Avez-vous lu *Lélia?* Je crains, Monsieur Coquelet, que vous ne lisiez pas vos auteurs! Lélia vous donne la plainte d'une âme qui ne peut pas s'engloutir assez dans la fange et qui gémit de surnager toujours.

D'un autre côté, Lélia est une personne propre et recherchée, et qui sent la poudre d'iris. Elle a grand soin de son haleine, de ses cheveux, de son linge; elle ne marche que dans le parfum des violettes. Bergère, elle arrose de benjoin la litière de ses cochons.

Grand désordre, Monsieur Coquelet, que le corps exhale des parfums et l'âme de putridités! Et quand ce désordre est général comme à présent, cela ne peut pas finir agréablement pour l'âme ni pour le corps.

Les Moscovites se flattent de prendre l'empire du monde, et la chose aurait lieu que je n'en serais pas étonné. Ce triomphe ne dépend pas de leur progrès dans la civilisation, mais de la force et de la durée de leur goût pour le suif de chandelle.

Ce sont les Moscovites qui vaincront le monde, non les Russes. Les Russes parlent français, font des livres, trichent aux cartes et jouent du piano; ils n'iront pas loin. Mais les vrais Moscovites, les Mougiks, ceux qui mangent de la chandelle.

Ceux qui oignent de suif et d'huile rance leur barbe et leurs cheveux; voilà les vainqueurs du monde. Les hommes frottés de suif et d'huile rance doivent changer les hommes frottés de benjoin et d'eaux de senteurs.

Et Lélia se détournant de vous, pauvre Monsieur Coquelet, se tournera vers ces forts, et leur enverra des baisers.

―――

Quant à notre Rome, elle n'est que trop nettoyée!

Les Français du premier Empire imaginèrent de la paver : c'est peut-être le plus mauvais service qu'ils lui aient rendu.

Avant ce temps, quand le soir était venu, il fallait un carrosse pour aller dans la ville; et, faute de pavé, un carrosse n'allait guère sans une paire de bons chevaux.

Alors, chacun se renfermait chez soi, et l'on jouait ou l'on priait en famille, ou l'on interrogeait les livres, et l'on se levait matin pour reprendre le travail. En ce temps-là, il y avait des théologiens et des savants ailleurs que dans les monastères.

— Donc, s'écria Coquelet, il faudrait dépaver la ville ! — Le peintre reprit : — Je ne vous dirai pas plus de choses que vous n'en pourriez porter.

Puisque Rome a été pavée, Dieu seul la dépavera, si elle doit l'être. Dieu a ses *dépaveurs* comme il a ses autres ouvriers. Il les appelle et ils viennent. Toute ville est sujette au dépavement.

Vous n'empêcherez pas l'opération, et moi j'ai peine à croire que je fasse une neuvaine pour obtenir que Dieu la remette à une autre fois. Je me soucie bien de votre pavé !

Que m'importe à moi, que vous puissiez commodément porter dans quatre ou cinq salons, le même soir, votre habit noir et vos idées économiques, sociales et religieuses !

Que m'importent votre civilisation, vos trottoirs, votre gaz, vos pommades, vos chaudrons qui volent sur la terre et sur l'onde, vos pensées de Buloz et d'Havin estampillées par la police !

Que m'importent vos lithographies, vos photographies, vos galvanoplasties, vos chorégraphes, et vos parfumeries ! Que m'importe votre poésie de vaudeville et votre musique de café-chantant !

Que m'importe qu'il vienne des cataclysmes, d'ailleurs désirés de vous, qui enterreront tout cela sous les pavés retournés !... Il n'y aura pas de tremblement de terre qui exhale de pareilles puanteurs, ni de chaos qui ne soit plus beau que votre gâchis d'âmes mortes.

Vous avez poussé à bout les âmes qui vivent encore. Vous êtes si moulés et pétrifiés dans le lieu commun, si monstrueusement épris de la symétrie, si furieusement ennemis de la beauté, de la liberté, de la pensée et de la vie;

Vous êtes si stupidement satisfaits d'amener le monde à l'égalité et aux commodités du régime cellulaire, vous avez si peu besoin de l'air et de la vue du ciel, vous vous vantez si haut de rogner toutes les tailles, d'arracher toutes les ailes, d'éteindre tous les feux,

Qu'enfin les âmes qui vivent encore n'en peuvent plus et demandent d'être délivrées à tout prix; et qu'un jour ce sera une allégresse d'entendre un fou qui proposera aux hommes de marcher nus et de brûler le monde.

LIVRE VIII

SUR LES QUAIS

LE DROIT AU SONNET.

Le quai de la rive gauche, entre le pont Royal et le pont d'Iéna, est l'endroit de Paris qui sont le moins Paris. On n'y voit point de cafés ni de bouquinistes. Là où le bouquin manque, l'on peut trouver la foule, mais non les passants. Sur ce long quai, vous trouvez la solitude comme en plein boulevard de Sébastopol, mais avec l'avantage de n'être point coudoyé. Vous ne rencontrez guère que des conseillers d'État, hommes graves et absorbés, qui ne coudoient ni ne rconnaissent personne. C'est le bon endroit pour faire des sonnets. Je n'y manque pas, surtout quand j'ai pris ma promenade d'un peu haut, de l'Institut, par exemple. L'Institut est encore dans Paris. Paris continue jusqu'à la rue du Bac.

Pour atteindre du pont des Arts, en face l'Institut,

au pont Royal, par où le grand courant d'air parisien pénètre dans la rue du Bac, il faut suivre le quai Malaquais et le quai Voltaire. Ce terrain peuplé de librairies, de bouquineries et d'imageries, est particulièrement fourni d'idées à tourner en sonnets. Elles sortent de toutes les vitrines, il y en a des quantités qui dorment dans les flancs de bouquins morts, et le moindre frôlement les réveille; il en vient de l'autre côté de l'eau, où le vrai Paris se fait déjà sentir à travers cette belle et incomparable forteresse neuve que forment le Louvre et les Tuileries; il s'en échappe même du dôme de l'Institut. Que j'en ai levé par-là, de ces idées de sonnet! Souvent je les ai suivies jusque vers les profondeurs du champ de Mars; plusieurs m'ayant leurré longtemps, ont fini par s'envoler dans les arbres d'un parc voisin, où la chasse n'est pas permise; d'autres, qui se sont laissé prendre aisément, étaient des traîtres oiseaux à qui j'ai tordu le cou, de peur qu'ils n'allassent redire ce qui se passe chez moi.

J'en ai gardé une vingtaine qui chantent à peu près comme je veux, dans le ton de ce livre. Les voici. Beaucoup de gens m'avertissent que c'est honteux de faire des sonnets lorsqu'on écrit en prose, et plus honteux de les montrer. Ils me conseillent de relire tout ce qu'Alceste dit à Oronte. Dieu merci, je le sais par cœur. J'ai quelque chose à répondre.

Alceste donc avoue qu'il pourrait avoir le malheur de faire de méchants vers, mais alors il se garderait, dit-il, de les montrer. Je voudrais qu'il en eût faits, pour voir. Cependant Alceste a raison ; mais il n'a raison que s'il s'agit de lui-même et d'Oronte. Il a tort lorsqu'il s'agit de Vadius, de Trissotin, de Molière (lequel montra *Mélicerte*), de nous tous qui fabriquons ces petites choses et qui sommes, hélas! diversement contraints de les montrer.

Homme du monde, et non pas auteur par profession, Oronte ayant fait des efforts illégitimes d'esprit devient blâmable lorsqu'il en importune les gens. Il outrepasse son droit. Vadius et Trissotin, exercent le leur. En fréquentant Vadius et Trissotin, l'on sait à qu'on l'on s'expose. On se place de plein gré devant les meurtrières d'où jaillissent les rondeaux, les sonnets, les madrigaux, les ballades, les odes. Oronte est un traître; sa prétention est aussi insupportable que s'il imaginait de vous prendre mesure d'un habit. Ajoutez que n'ayant pas le droit de vous lire ses quatorze vers, il peut cependant exiger que votre politesse les admire. Le bon usage veut que vous écoutiez patiemment ce fâcheux, que vous lui lâchiez même quelque bout de compliment. Ainsi l'ennuyeux indiscret vous impose encore une sorte de mensonge.

Mais, grand Dieu! si M. de Rothschild faisait des sonnets et poussait la rage jusqu'à vouloir être loué, et laissait entrevoir qu'il y saura mettre le prix, quelle presse à le supplier de se faire entendre, et qu'Henriette elle-même aurait de peine à dire qu'elle n'écoute pas! Quand M. de Saint-Rémy, très-grand personnage sous un autre nom, faisait jouer sur le théâtre d'un palais politique des « pièces » qui eussent été refusées au théâtre de la foire, toute la fleur du monde se pâmait. Qui doutera que maint académicien n'ait mis M. de Saint-Rémy, parlant à sa personne, au-dessus de Molière? Helvétius n'était que fermier général : il voulut rimer, Voltaire le mit au-dessus de Boileau.

Le pauvre Vadius, le pauvre Trissotin et moi, nous n'en sommes point là. Nous nous mettons à l'aise entre nous, on est à l'aise envers nous. Nous avons le droit de produire nos vers, chacun a le droit de fuir. — Monsieur Trissotin, bonsoir! Aujourd'hui je n'ai pas le temps.

———

Aucune loi de l'art ne défend au statuaire de sculpter des médaillons, au peintre d'histoire de faire des croquis et d'esquisser même des caricatures, au prosateur d'accoupler des rimes. Certaines pensées ne reçoivent leur véritable forme qu'en vers. Les rimes sont des dents, des ongles, des ailes. Tous les prosateurs l'ont senti, presque tous ont tenté quelque essai, rarement heureux, je l'avoue.

Ceux qui purent se garder le secret, et jeter au feu leurs vers mal contournés n'étaient pas, comme nous autres d'à-présent, assujettis à la production continuelle. L'homme de lettres est devenu un personnage. J'y trouve des inconvénients, et entre autres celui-ci, que la littérature est devenue un métier, même pour ceux à qui elle est une vocation. L'homme de lettres, installé personnage, se voit condamné à la gêne pour ne pas dire à l'ignominie de vivre de sa plume; et le temps approche, s'il n'est déjà venu, où sa plume ne le nourrira que par des travaux qu'il aimerait mieux ne pas faire. De plus en plus il est forcé de choisir entre deux manières d'être, qui l'une et l'autre le diminuent sensiblement, tout personnage qu'il est. Ou il doit exploiter son talent, et il devient manœuvre; ou il doit le vendre, et il devient prévaricateur. Heureux qui saura opter courageusement pour le rude métier! Malgré les périls de la production trop abondante et les agonies de la pensée surmenée, le travail libre reste plus près de l'art.

Un très-bon gentilhomme, grand propriétaire, me disait: — Je ne sais pourquoi l'on me traite d'oisif, et pourquoi mon voisin Baudrillon, qui s'est enrichi dans le commerce des laines, me regarde comme un citoyen inférieur. Je suis vigneron, bûcheron, meunier, charbonnier, éleveur, marchand de blé, de poisson, de volaille, fournisseur de gibier; je *tiens* aussi le porc, les œufs, le lait, les fruits, les légumes; je vends même des fleurs. Je bâtis, je défriche, je plante; je suis gendarme volontaire, médecin et pharmacien en dépit des lois. Excepté l'usure, je ne sais quel négoce et quel métier je ne fais pas. Dites-moi pourquoi le voisin Baudrillon me méprise, et quelle gloire spéciale prétend-il de n'avoir vendu que des laines et agioté un peu?

— Ainsi faisait ce grand propriétaire. Je ne vois pas

pourquoi je craindrais de l'imiter. Dussent les Baudrillon qui ne tiennent que l'article *chronique*, ou l'article *variété*, ou l'article *sciences*, ou l'article *discours*, me couvrir de leurs mépris, je cultive partout mon petit champ, je récolte même les fleurettes; et pourvu que la denrée soit saine dans sa qualité inférieure, j'envoie tout au marché.

— Mais cette comparaison est ambitieuse. J'en prends une autre, plus sortable à ma condition.

J'ai lu qu'un soldat espagnol, ayant eu la main fracassée d'une arquebusade, fut emmené captif chez de certains Barbaresques, lesquels ne lui firent d'autres mauvais traitements que de le huer lorsqu'il passait, et de ne point le mettre au bagne, ce qui l'obligea de pourvoir aux nécessités de sa vie, à quoi il avait assez d'empêchement par sa main mutilée. Ne voulant pas mendier, ni embrasser la religion dominante, il imagina de se munir d'une guitare, et d'aller par les places et lieux publics, chantant certaines chansons qu'il avait composées. Il chantait d'une voix âpre, et s'accompagnait sur la guitare assez rudement, de cette main jadis dressée à manier le fer. Néanmoins quelques uns se plaisaient à ses chansons et lui en achetaient des copies, et ainsi il parvint à vivre sans mendier et sans changer de religion. S'il eut tort, je suis à reprendre, car c'est à peu près ce que je fais. Quelquefois les Barbaresques, surtout les alguazils, et il n'y en avait pas peu, se moquant, lui disaient : — N'as-tu pas honte, vieux soldat, de traîner une guitare ? Il leur répondait : — Laissez libre la main qui me reste, et vous me verrez faire autre chose.

I

LES SAGES.

Entre ceux que j'aspire à ne pas voir souvent,
Je compte des premiers ces amples personnages,
Ces doctes et ces forts qui, pleins de verbiages,
Vont la tête en arrière et le ventre en avant.

Je les trouve partout gonflés du même vent :
Ils savent qu'ils sont gros, ils savent qu'ils sont sages,
Et fiers de tant peser, épanchant des adages,
Estiment de nul prix tout autre être vivant.

Enfermés dans le lard de la fortune faite,
Pour le juste et le vrai leur froideur est complète.
Ils sont placés, rentés, et rien plus ne leur chaut.

Par ma foi je m'en veux! mais j'ai des allégresses,
Lorsque je pense au jour, dut-il être un peu chaud,
Qui viendra fondre enfin ces glaces et ces graisses!

II

LE SIÈCLE.

De l'Art et du savoir les secrets colportés
Ne laissent nulle part subsister nul mystère ;
S'il en reste un ou deux au ciel ou sur la terre,
Babinet avant peu les aura dépistés.

Trimm, pour un sou, nous vend les suprêmes clartés
Et donne en sus un meurtre ou bien un adultère.
Gallimard et Ponsard commenteraient Homère ;
Nous possédons les *trucs* de toutes les beautés.

Nous n'avons plus besoin pour rien d'un ciel propice.
L'homme vit par lui-même ; il fait, par artifice,
De l'argent, du guano, du bœuf, des rois, du vin.

O siècle incomparable et fécond en merveilles !...
Il offense pourtant mes yeux et mes oreilles
Par trop de ressemblance avec Monsieur Havin.

III

DEUX AMANTS.

Vers Monte-Mario nous allions lentement,
Causant de Dieu, de l'Art et de l'âme immortelle.
La journée était claire et le chemin charmant;
Jamais Poussin n'a vu la nature si belle.

Sur un sommet plus doux, planté plus richement,
Parmi les vieux cyprès et la vigne nouvelle,
Un casin, ombragé de verdure éternelle,
Reflétait ses balcons dans le Tibre dormant.

Comme un grand livre ouvert, la campagne romaine,
Nous déroulait au loin toute l'histoire humaine,
Et ce beau jour avait les repos de la nuit.

Or, quand nous rêvions là, qui d'amour, qui d'étude,
Deux amants internés dans cette solitude
Achevaient un bézigue et se crevaient d'ennui..

IV

MARSYAS.

Dans ce grand Vatican tout rempli de merveilles,
A l'angle d'un plafond des peintres recherché,
On voit par Apollon Marsyas écorché.
Près de là sont les saints et les muses vermeilles.

Au tronc d'un arbre mort, le rimeur accroché
Baisse son front couvert de hontes non pareilles.
Du pitoyable sort de l'écorcheur d'oreilles,
Le Dieu tranquille et fier semble fort peu touché.

L'œuvre est de Raphël. Depuis le second Jules,
Là le Pape signait ses rescrits et ses bulles :
C'est un lieu presque saint. J'ai rêvé, j'ai trouvé :

Marsyas n'est point là, sans doute par rencontre ;
Il est pour enseigner : A mon avis, il montre
Que ce n'est point péché qu'épiler Legouvé.

V

PRÈS DU PONT.

Assez, poëte, assez de tragiques rebuts !
Et toi, musicien, assez de doubles croches !
Statuaire, respecte enfin le marbre brut !
Peintre, fais enfin trêve ! En paix laissez les cloches.

Puisque l'Art indigné dut souffrir vos bamboches,
Puisque à tous vos méfaits la critique se tut,
Puisque vous voilà ronds, membres de l'Institut,
Le laurier au collet et de l'or plein vos poches,

Taisez-vous maintenant, dormez ! C'est bien le moins
Que vous alliez mourir sans bruit et sans témoins,
Et sans accabler l'Art de nouvelles offenses.

O traîtres ! convaincus de lèse-majesté,
Vous auriez, s'il était d'équitables vengeances,
Un carcan immortel aux pieds de la Beauté.

VI

LE LION PEINTRE.

Ce n'est pas que le lion ne sache peindre aussi,
Mais jamais le bourgeois ne goûta sa peinture :
« C'est mal léché, dit-il; c'est trop cru, trop nature,
« Et par d'autres côtés encor peu réussi.

« Le lion tombe souvent dans le tort que voici :
« Il peint un lion bonhomme, en tranquille posture,
« Point du tout furieux, d'ordinaire stature :
« Et pourtant à le voir vous demeurez transi.

« Quoi de plus faux qu'un lion bonhomme? Et de moins juste
« Qu'un petit lion qui fait transir l'homme robuste,
« Si bien que la main tremble en fouillant au carquois?...

« Le vrai peintre du lion, voyez-vous, c'est le singe!
« Il le fait gros, terrible... Et sans mouiller son linge,
« On peut le contempler. » Ainsi dit le bourgeois.

VII

M. LE MAIRE.

Au grand jour de saint Empereur,
C'est alors que Monsieur le Maire
Ne traite plus Dieu de chimère,
Et fait voir la foi de son cœur.

Il a même de la ferveur;
Il en a plus que le notaire,
Il égale le commissaire,
Il surpasse le percepteur!

Dans l'église il amène en pompe
Les pompiers, et jusqu'à la pompe.
Un employé qui parlerait,

Ce jour-là, de manquer la messe,
N'eût-il que péché de paresse,
Comme on te l'excommunierait!

VIII

L'HERBE.

Lorsque César Néron bâtit sa maison d'or,
Du vaste emplacement il fit arracher l'herbe.
Le sol fut dénudé. Mais sous l'œil du superbe,
L'humble gazon détruit en un jour, sans effort,
Disait : Ici pourtant, je veux germer encor.
Et comment feras-tu ? dit le maître du monde.
L'herbe dit : Je vivrai. César dit : Je prétends
Entasser là des blocs à crever les Titans :
Tu crois les soulever ? L'herbe reprit : J'abonde.
César dit : J'ai le fer ! L'herbe dit : J'ai le temps.

IX

PALLAS.

Quand l'esclave Pallas, le fléau de la terre,
Le meurtrier par qui tout l'empire vivait,
Fut préfet du trésor, cent fois millionnaire,
Et tout enflé du sang de Rome, qu'il buvait;

Un Scipion, flanqué d'un autre consulaire,
Réclama du Sénat, où la haine couvait,
Des honneurs et de l'or pour l'homme de Tibère :
On le fit, et sur bronze on grava le brevet.

Pallas refusa l'or ; il le prenait lui-même.
Il reçut les honneurs d'un visage indulgent.
Le Sénat insistait : Seigneur, aussi l'argent !

Mais Pallas : Non encor ! Austérité suprème !
Et Rome y voulut voir tout l'éclat abattu
De la grandeur frugale et de l'âpre vertu.

X

NOS PAIENS.

Ces païens enragés que l'on voit par essaims
Envoler tous les ans de l'École normale,
Ces grands adorateurs de Vénus animale,
Qui parlent de reins forts et de robustes seins ;

Regardez-les un peu : la plupart sont malsains.
Cuirassés de flanelle anti-rhumatismale,
Ils vont en Grèce avec des onguents dans leur malle,
Et ne peuvent s'asseoir que sur certains coussins.

Tel jure par Hercule et par les Grâces nues,
Qui porte un dos voûté sur des jambes menues
Et n'a ni cœur, ni voix, ni poignet, ni jarret.

Pied-plat ! que n'es-tu né dans ta Sparte si chère !
Bâti comme tu l'es, plein de honte, ton père
T'aurait fait disparaître au fond du lieu secret.

XI

LA SONDE.

Assez de grosses têtes m'ont
Donné l'honneur d'une audience ;
J'ai vu seul à seul, front-à-front,
Mainte Altesse et mainte Excellence.

Quant à nos aigles de chiffon
Si considérables en France,
Plus d'une longue conférence,
M'a fait voir en eux jusqu'au fond.

Docteurs, visirs et journalistes,
Me laissent des sentiments tristes
Comme sujet, comme abonné.

Quelquefois, mesurant la sonde,
On sort vraiment bien étonné,
D'auprès de ces maîtres du monde !

XII

DODO, L'ENFANT DO!...

Où donc est le bonheur, disais-je, infortuné!
De qui ce vers mollet, plein de candeur première?
— De toi, petit! — De moi? Non, ni de Baudelaire!
Comment l'aurai-je fait si je n'étais point né?

Or ce qui vient après est encor plus eau claire :

Le bonheur, ô mon Dieu, vous me l'avez donné!
Naître et ne pas savoir que l'enfance éphémère,
Ruisseau de lait qui fuit sans une goutte amère...
— C'est Mollevaut! — Il n'a pas si faux bourdonné.

Si je lâchais le nom, vous seriez étonné.

Mais écoutez la fin, et sachez que : *L'enfance*
Est l'âge du bonheur et le plus beau moment
Que l'homme, ombre qui passe, ait sous le firmament!

La platitude ici dorlote l'innocence.

Et c'est ainsi que vers mil huit cent trente-sept,
Le fougueux romantisme épouvantait la France;
Et sur son vieil utrecht l'Institut frémissait.

O bonheur d'être né quand Baour florissait!

XIII

VAPNREAU.

Gustave Vapereau, « littérateur français »
Plutarque universel par ordre de libraire.
    Nous donne en son *Dictionnaire*
    Deux colonnes de ses hauts faits :

    Sur le doux sol orléanais,
    Il naquit de ses père et mère,
    Fit ses classes avec succès,
    Devint l'orgueil d'un séminaire,

    Et se poussa dans la grammaire
    Jusqu'à l'ortographe, — à peu près.
    L'aurait-on deviné jamais !

Mais voici l'étonnant dans l'extraordinaire,
L'étrange, l'inouï des événements vrais :
    Hachette avec lui fait ses frais !!

XIV

BRIDOUX.

Bridoux est mort, cet homme immense !
Les grands journaux, la larme à l'œil,
Ont dit : Quelle perte, quel deuil
Pour tout le monde et pour la France !

Il avait partout son fauteuil,
Des traitements en abondance ;
Depuis longtemps sa conscience
Savourait la paix du cercueil.

Fin personnage, et de ressource !
Il entendait les lois, la Bourse,
Tenait pied dans les mauvais pas
Et tirait de tout quelque somme.

Il est donc mort !... Je ne vois pas
Que je doive en perdre le somme.

XV

PRÈS DU PONT.

J'ignore, je l'avoue, absolument en quoi
Basset de l'Institut s'est pu rendre notable :
Est-il homme de plume, ou d'épée, ou de table ?
Celui qui le peut dire en sait plus long que moi.

Et Guimauve, qu'assis parmi les dieux je voi,
Quel grand coup lui valut un destin si sortable ?
On dit qu'il fit rimer *spectacle* et *détestable*
Et qu'il eut un parent qui fit parler de soi.

J'ignore encor cela. Dans ce monde sonore,
Je suis émerveillé de tout ce que j'ignore.
Et Robinet ? Tient-il la lyre ou le compas ?

Et Clampin ? Est-il là pour prose ou pour chimie ?
Qui me dira comment se fait l'Académie,
Pourquoi Pantoufle en est, et Sabot n'en est pas !...

XVI

FUREUR POÉTIQUE.

Un enfant d'Apollon, pris du sacré délire,
Va par la rue, heurtant les passants alarmés,
Rentre, met ses deux poings sur ses yeux enflammés,
Fait cent contorsions, souffle, geint, se détire,

Jette sur le papier des mots mal conformés,
Rature, rétablit, biffe encor, remet pire,
Et de quatorze vers bien rimés, très-limés,
Accouche après deux jours de travail, pour nous dire,

Qu'on lit sur son papier, billet d'enterrement :
« L'Amour est... décédé muni des sacrements. »
Et tel était l'objet de tant d'efforts robustes.

Mais tout est bien payé par cet heureux trait-là !
Le poète est content et se repose. Il a,
D'un seul crachat, couvert deux choses très-augustes.

XVII

LE PETIT CHANSONNIER DES GRACES.

Des bouquets, des épithalames,
Des sonnets frais et diaprés,
Des madrigaux très-bien poudrés,
Vous en aurez de moi, Mesdames,
Tout autant que vous en voudrez.

Aimez-vous que l'on vous compare
Aux fleurs qu'avril fait entr'ouvrir?
Faut-il à vos pieds se mourir,
Ou quelque chose de plus rare?
Demandez, faites-vous servir.

Souhaitez-vous que l'on s'embarque
Sur les étangs de la fadeur?
C'est là que l'on est fin rameur.
On a médité son Pétrarque,
On sait son Démoustiers par cœur.

Il va sans dire que la touche
Sera donnée au goût du jour!

On possède aussi l'air farouche ;
Hugo nous a formé la bouche,
A rugir le doux mot : Amour.

Mais êtes-vous de ces sévères
Dont le cœur froid et l'œil altier
Semblent réciter le psautier?
Êtes-vous saintes? Point d'affaires !
Cela n'est plus de mon métier.

N'attendez pas que je vous chante
Les grands combats, le lourd devoir.
Dans ce thème ennuyeux et noir,
Où trouver la note touchante
Qui fasse mouiller le mouchoir ?

Je suis un poète de joie :
Je chasse et m'en vas racollant
Pour fournir à l'amour sa proie.
Vive l'amour ! Je suis du clan,
Du bon sir Pandarus de Troie.

XVIII

UN VERS D'ANDRÉ.

Souffre, ô cœur gros de haine, affamé de justice!...
En nos jours infestés de triomphes pervers,
Plein d'horreur et d'ennui, je me redis ce vers
Comme André dut le dire au chemin du supplice.

Il faut se taire, il faut que le juste pâtisse,
Que sa lèvre et son bras portent les mêmes fers,
Que l'insulte s'ajoute à tant de maux soufferts,
Et qu'à masque levé la fraude s'applaudisse.

Nul refuge! Partout on les verra vainqueurs.
Ceux dont ils n'ont pas fait des sbires sont claqueurs;
Le monde est leur conquête et veut qu'on le salisse.

Point de lutte! Écrasé du flot des apostats,
Raillé, muet, il faut mourir sous les pieds-plats.
Souffre, ô cœur gros de haine, affamé de justice!

XIX

LE SEMEUR.

Seul à son grand labeur sous le ciel inclément,
Le semeur dans le champ promenait sa main lente.
Un charlatan sonnant sa fanfare insolente,
Sur un tertre voisin monta pompeusement.

Il eut autour de lui la foule en un moment,
Fit ses tours, harangua de façon turbulente,
Flatta fort ces oisons et, séance tenante,
Leur vendit son remède à tous maux, chèrement.

Le semeur dans le champ menait son pas tranquille.
Le charlatan piqué tança cet indocile :
— Eh! là-bas, l'homme au sac qui promènes ta main,

Sais-tu pas que je vends la vie et l'espérance !
Que fais-tu quand ceux-ci boivent l'eau de Jouvence ?
L'autre, continuant, dit : — Je leur fais du pain.

XX

AVIS DERNIER.

Vous êtes de grands fous, gens d'esprit qui croyez
Que l'on se peut passer de Jésus en ce monde !
Jésus est la fontaine, et l'eau courante est monde :
Et voyez le flot noir dans lequel vous grouillez.

Jésus est la fontaine et l'eau courante est monde,
Et ne savons-nous pas que nous sommes souillés !
Qui donc vous nettoiera, gens d'esprit qui croyez
Que l'on se peut passer de Jésus en ce monde ?

A l'heure des effrois, quand viendra le cercueil,
Quand il faudra franchir le formidable seuil,
Qui rendra sa candeur à l'âme polluée ?

Qui rendra purs les doigts crochus du million ?
Qui dissoudra le fard épais de l'histrion ?
Qui lavera le corps de la prostituée ?

FIN

TABLE DES MATIÈRES

	Pages.
Paris et Rome	V

LIVRE Ier. — La Grosse Presse.

I. — Le Renfermé	1
II. — Vue générale	14
III. — Deux Figures	31
IV. — Boniface	35
V. — Trois autres Figures	36
VI. — Chronique de grosse presse	40
VII. — A M. Louis Jourdan, rédacteur du *Siècle*	46

LIVRE II. — La Petite Presse.

I. — Vue générale	59
II. — Les Boulevardiers	62
III. — Le Respectueux	67
IV. — Le Narquois	77
V. — L'Honneur du genre	84
VI. — Querelles d'amoureux	91
VII. — Les Annonces de Polydore	94
VIII. — Les Romains de Couture	99
IX. — Le Cosaque	107
X. — Les Favoris de l'injuste sort	110
XI. — L'Honneur est satisfait	115

LIVRE III. — LES DIVERTISSEMENTS.

I. — Le Théâtre 125
II. — Scribe 127
III. — L'Idéal 131
IV. — Au Café-Chantant 142
V. — Bataclan 146
VI. — Quatre Bustes 151
VII. — Tigruche 156
VIII. — Un *Mot* 161
IX. — Triomphes de Giboyer 162
X. — La Confession de Sauret 170

LIVRE IV. — BEAUX-ARTS ET BELLES-LETTRES.

I. — La Peinture 187
II. — Le Louvre 193
III. — Haute Critique 198
IV. — Un Poète 206
V. — Trissotin réhabilité 217
VI. — Fantasio 221
VII. — Le vrai Poète parisien 230
    Note 244
VIII. — Tibulle Mouton 246
    Trois Flammes : I. L'Amante 247
                    II. L'Épouse 248
                    III. La Maîtresse 251
IX. — Bétinet, vengeur des Lettres 254
X. — L'humble *Chose* et son humble libraire 257
XI. — La Tragédie 261
XII. — Gens de lettres et Gens de bien 270

LIVRE V. — LA SCIENCE.

I. — Deux Confessions 275
II. — Le Sage doux 305
III. — L'immense M. Quinet 312

IV. — Un très-grand Savant	314
V. — Le Carnaval de la Science	318
VI. — Le nouvel Ordre du Monde	321
VII. — Les Économistes	328
VIII. — Le Droit d'aînesse	332
IX. — Petite Déconvenue de la Science	335

LIVRE VI. — QUELQUES TÉMOINS.

I. — Deux vues de Paris	347
II. — La Journée d'un Voyou	355
III. — Autour de l'Échafaud	360
IV. — Le petit *Moniteur*	363
V. — Les Infortunes du Théâtre	366
VI. — Parenthèse sur Béranger	369
VII. — Le Comble de la Gloire	374

LIVRE VII. — COQUELET ET COMPAGNIE.

I. — Le Rêve du Loup	383
II. — Coquelet et Compagnie	386
III. — M. Buloz	388
IV. — Un Fils des dieux	390
V. — Le Bleu-Buloz	391
VI. — Plaintes du Locataire	401
VII. — Apollon fils	404
VIII. — Le Marquis de Villemer	408
IX. — Un Héros	411
X. — *Hic aliquis de gente hircosâ*	415
XI. — Coquelet-Prudhomme-et-compagnie	418
XII. — En faveur de Jeanne d'Arc	422
XIII. — Une Annonce	425
XIV. — Hommes immenses	427
XV. — *Ceci tuera Cela*	428
XVI. — Philosophie de l'Histoire	432

LIVRE VIII. — Sur les Quais.

Le Droit au sonnet	441
I. — Les Sages	448
II. — Le *Siècle*	449
III. — Deux Amants	450
IV. — Marsyas	451
V. — Près du Pont	452
VI. — Le Lion peintre	453
VII. — M. le Maire	454
VIII. — L'Herbe	455
IX. — Pallas	456
X. — Nos Païens	457
XI. — La Sonde	458
XII. — Dodo, l'Enfant do!	459
XIII. — Vapereau	460
XIV. — Bridoux	461
XV. — Près du Pont	462
XVI. — Fureur poétique	463
XVII. — Le petit Chansonnier des Grâces	464
XVIII. — Un Vers d'André	466
XIX. — Le Semeur	467
XX. — Avis dernier	468

FIN DE LA TABLE DES MATIÈRES.

www.ingramcontent.com/pod-product-compliance
Lightning Source LLC
Chambersburg PA
CBHW052336230426
43664CB00041B/1756